KB101939

기계비평   이영준

wo
rk
ro
om

일러두기

이 책은 2006년에 발간된 『기계비평: 한 인문학자의 기계문명 산책』(현실문화연구)을 복간한 것이다.

복간에 부쳐: 기계비평 10년

2006년에 『기계비평: 한 인문학자의 기계문명 산책』이란 책을 냈을 때 내 생각은 나만의 작은 놀이터를 만들자는 것이었다. 기계라는 나만의 장난감을 가지고 나의 놀이 방식으로 노는 작은 방 같은 것을 생각했었다. 그런데 10여 년이 지나니까 그 놀이터에 사람들이 모여들기 시작했고 나의 장난감과 놀이 방식을 재미있어 했다. 그들 중 미디어 비평가 임태훈은 가장 열성적으로 기계비평을 추구했고 이 책의 복간본 출간을 제안하고 추진했다. 10년 전의 원고를 다시 들여다보니 부끄럽기만 하지만 있는 그대로 다시 내기로 했다. 그 책을 그대로 다시 내는 것은 책이 잘나서가 아니라 2006년의 출간을 하나의 출발점으로 삼고 2019년의 복간본을 중간 점검 지점으로 삼자는 심산이리라. 그 덕에 2006년 이후로 무슨 일들이 있었나 회고하게 됐다.

　내가 기계비평이란 말을 처음 쓰면서 비평 활동을 하게 된 것은 하나의 풍경에서 시작된 일이다 2005년쯤 아는 분의 배려로 인천항을 들어가볼 기회가 있었는데 그때 본 항만 설비와 선박들의 모습에 나는 깊은 감명과 충격을 받았고 이 엄청난 광경을 비평의 대상으로 삼아야겠다고 다짐했다. 항만은 일반인의 출입이 철저하게 통제된 곳이라 그때 본 광경은 더 비밀스러웠고, 배에 실을 짐을 나르는 갠트리 크레인 등 기계들은 신비로워 보이기만 했다. 그때 무모하게도 정박해 있는 남의 나라 화물선에도 막 올라가보고 그랬는데 그때 본 대형 선박의 깊은 곳에 감춰져 있는 엔진 같은 설비들은 놀라움 그 자체였다. 아무 허가 절차도 없이 남의 배에 무작정 뛰어올라갔는데 그리스인 선장과 필리핀 선원들이 친절하게 배의 이곳저곳을 보여준 바람에 심지어는 방향타를 조절하는 러더 스티어링 기어실 같은 비밀스러운 곳도 볼 수 있었다. 대형 선박의 방향타는 엄청난 물의 압력을 버티면서 동시에 정밀하게 각도를 조절하며 유지해줘야 하는데 그것은 인간으로 치면 아킬레스건 비슷한 것이었다. 이미지로만 보던 그것을 실제로 봤을 때의 감동이란 문화재 전문가가 막 발굴된 신라 유물을 처음 접했을 때의 놀라움과 신비감 같은 것이었다.

그 후로 화물선과 항만을 좀 더 들여다보자는 열망이 강해졌고 마침내는 일반인은 탈 수 없는 자동차 운반선과 컨테이너선 같은 화물선을 타고 여행하며 샅샅이 관찰하고 기록하여 글을 써서 책으로 내게 됐다. 『기계비평: 한 인문학자의 기계문명 산책』(2006)에는 자동차 운반선 항해기가 실렸고 『페가서스 10000마일』(2012)은 컨테이너선을 타고 보고 겪은 일에 대해 쓴 책이다. 처음에는 복잡한 설비들이 뒤엉켜 있어서 뭐가 뭔지 몰랐지만 다양한 선박들을 보고 세계의 주요 항만들을 들르며 설비들을 보자 대략 어떤 메커니즘으로 선박과 항만이 돌아가는지 알게 됐고 이른바 독해 능력, 즉 기계에 대한 리터러시가 생기게 됐다. 특히 중국 상하이의 양산항이나 홍콩항같이 세계에서 가장 큰 항만을 보고 나서는 처음 봤던 인천항은 규모나 복잡성에서 아무것도 아니라는 것을 알게 됐지만, 나에게 최초의 충격을 준 곳이라는 점에서 인천항은 뇌리에 영원히 남는 모습이며 일종의 기계비평의 모태 같은 곳으로 남아 있다.

그런데 이런 게 도대체 뭘까. 비평이란 원래 무엇이길래 나는 기계들을 탐색하고 다니는 걸까. 비평의 정의가 무엇인가는 복잡한 문제지만 나는 그것도 기계적으로 설명하고 싶다. 기계비평의 관심사는 기본적으로 기계 속에 숨어 있는 메커니즘에 대한 관심사다. 아주 쉽게 설명하면 KTX가 서울역에 도착한 다음의 상황과 비슷하다. 대부분의 승객들은 서울역에 도착하면 자신이 타고 온 열차의 구조와 메커니즘이 무엇인지, 도대체 어떤 힘과 장치가 자신을 부산에서 서울까지 2시간 만에 옮겨놨는지, 매일 그렇게 다녀도 탈이 없는 건지, 탈이 없다면 도대체 누가 어떤 일들을 하길래 그런 건지 전혀 관심이 없다. 재빨리 서울역을 빠져나와 노숙자들을 지나쳐 자기 갈 곳으로 가버릴 뿐이다.

기계비평의 관심은 다르다. 서울역에 도착한 KTX는 고양 행신 차량기지로 가는데 거기서 무슨 대접을 받는지, 어떤 식으로 검수(철도에서는 정비를 검수라고 부른다)가 이루어지는지, 차량의 구조에 어떻게 손대는지 하는 것을 알고 싶어 한다. 즉 기계비평은 일반인이 관심 없는 기계의 속 구조를 알고 싶어 하는 것이다.

그런데 비평이라는 것 자체가 똑같은 속성을 가지고 있다. 어떤 예술 작품이 있을 때 왜 그것이 감동을 주는지, 왜 걸작으로 불리는지 설명하기가 무척 어렵다. 비평은 작품이 의미를 가지는 속 구조를 파헤치는 지식 활동이다. 그런 점에서 비평은 기계의 속을 들여다보는 행위와 비슷하다. 사실 티브이에 나와서 몇 번의 붓질로 금세 나무도 그리고 구름도 그리는 밥 아저씨의 그림과 세잔느의 그림은 얼핏 보기에도 하늘과 땅 차이지만 그런 차이의 근원은 설명하기 어렵다. 비평은 온갖 소스가 되는 지식들을 동원하여 그 차이를 설명하려고 한다. 여기에는 역사적인 배경(그림이 언제 어떻게 값싼 소비품이 됐는지), 그림을 원하는 후원자 층의 차이(티브이로 그림을 접하는 자본주의 사회의 일반인 vs. 갤러리에서 작품을 사거나 미술관에 가서 그림을 보는 감상 층), 그림 그리는 방식의 차이(소비품 vs. 예술 작품), 창작 방식의 차이(후딱 그려서 싸게 팜 vs. 그림의 역사 전체를 성찰하며 오랜 시간을 끌어안고 고민하고 실험함) 등 수많은 차이의 층위들이 있다. 그렇게 하여 하나의 그림이 나타나기까지 속에 숨어 있는 구조와 메커니즘을 설명하는 것이 비평이다. 예술 작품도 기계처럼 여러 개의 층위들이 쌓여서 감각과 의미의 복합체를 이룬다. 다만, 예술 작품은 기계적으로 작동하지 않을 뿐이다. 예술비평이 작품의 비밀스러운 층위들을 하나씩 파헤쳐보려는 행위인 것처럼, 기계비평은 기계의 비밀스러운 속 구조를 들여다보려 한다.

그러나 기계의 속 구조를 들여다보는 것은 의외로 쉽지 않다. 거기에는 많은 이유들이 있다. 첫째는 KTX의 경우이다. KTX는 일반인이 접근할 수 없는 곳에서 작동한다. KTX의 차량 기지에 일반인은 들어갈 수 없고, KTX가 운행하는 레일 주변은 고속으로 운행하는 열차의 특성상 위험하여 모두 펜스로 차단돼 있다. 사실 디젤기관차의 겉 패널은 누구나 손으로 래치를 제치면 열어서 엔진을 볼 수 있지만 KTX는 그런 것이 불가능하다. 선박이나 항공기 등 보안과 안전을 아주 중요시하는 영역들도 다 일반인의 접근을 불허한다. 항만도 그렇고, 인천 공항에서 승객들에게 금지된 구역에 들어가려면 엄격한 신원 조회와 보안 검색을 거쳐야 한다. 그래도 다행스러운 것은 인터넷의 도움으로 KTX에 어떤 견인 전동기를 쓰는지, 전기회로는 어떤 계통으로 돼 있는지, 대차의 구조는 어떤지 정도는 누구나 알 수 있다.

기계의 속 구조를 들여다보기 어려운 두 번째 경우는 아이폰과 같이 아예 뜯을 수 없는 기계들이다. 오늘날 많은 기계들이 뜯기 힘들게 만들어져 있다. 소비자가 섣불리 뜯었다가는 나중에 정식 서비스를 받을 수 없는 경우도 많다. 아이폰의 메시지는 겉에서 슬슬 만지기만 할 뿐 절대로 속을 들여다보려고 하지 말라는 것이다. 그리고 소비자들도 자신이 쓰는 기계의 속 구조가 어떤 것인지 관심이 없기도 하다.

그러나 기계의 속 구조를 들여다볼 수 없는 마지막 이유는 가장 근본적이고 풀기 어려운 문제이다. 그것은 나의 무지다. 설사 아이폰을 어찌어찌 해서 뜯었다 치자. 눈에 잘 보이지도 않는 회로와 소자들을 보고 내가 알 수 있는 것이 무엇일까? 어떻게 해서 아이폰은 내가 살짝 터치만 해도 온갖 기능을 하는지, 어떻게 해서 기지국과 소통해서 통화를 가능케 하는지, 벨은 어떻게 울리고 내 목소리는 어떻게 상대방에게 전달되는지 등등에 대해서 이해하기는 대단히 어려울 것이다. 사실 이동통신 기술의 핵심은 통신 방식인 CDMA2000이라고 할 수 있는데, 이쯤 되면 그 기술적인 면을 이해하기 무척 어려워진다. 우리가 알 수 있는 것은 CDMA2000의 특허권을 가지고 있는 미국의 퀄컴 사에 한국의 이동통신 회사들이 매년 엄청난 액수의 로열티를 지불하고 있다는 사실뿐이다. 결국 하나의 기계를 작동시키는 근본적인 원리를 이해하는 것은 쉽지 않다. 모든 기계에는 물리학이나 화학, 수학 같은 기초과학에서부터 전자공학, 동역학, 정역학, 열역학, 유체역학, 인체공학 등 수많은 과학기술들의 원리가 구현돼 있다. 이런 원리들은 전문가가 아니고서는 수박 겉핥기식으로만 알 수 있다. 뉴턴 물리학의 유명한 공식인 f=ma(힘은 질량×가속도)도 조금만 파고들어가면 이해하기 어려워진다.

그렇다면 기계란 영영 이해하기 어려운 것일까? 하지만 기계에는 기계적인 측면만 있는 것은 아니다. 기계는 항상 인간과 사회와 맞닿아 있다. 기계의 한쪽에 구조, 기능, 재료 등 기계적인 측면이 있다면 또 다른 쪽에는 기계에 대한 인간의 필요, 욕망, 그것을 가능케 해주는 사회의 인정, 시스템, 담론 등이 있다. 즉 기계는 두 얼굴을 하고 있는 것이다. 기계의 기계적인 측면에 대해 엔지니어가 잘 알고 있다면 기계의 사용자들인 우리는 후자의 측면에 대해 어느 정도 익숙하다. 스마트폰의 구조와 회로에 대해서는 아는 것이 없어도 지하철에서 일제히 스마트폰만 들여다보고 있는 오늘날의 인간상이 무엇인가에 대해서는 해석해볼 수 있다. 결국 기계비평이란 기계와 인간, 사회가 만나는 접착 면을 들여다보는 행위이다. 결국 기계는 인간적, 사회적이고, 인간과 사회도 기계적이기 때문에 기계비평은 오늘날 우리가 의지해서 살아가는 사물들과 그것의 시스템을 이해하려는 일이다. 사실 기계비평이 가능해진 가장 중요한 이유는 기계의 사용을 통해 인간, 사회, 역사, 제도, 문화 등 많은 것들이 기계적으로 됐기 때문이다. 우리는 기계에 의해 지배받는 시대에 살고 있는 것이 아니라 위에 말한 모든 국면들이 물에 젖듯이 기계에 젖어 있는 시대에 살고 있다.

사실 내가 처음부터 기계비평가였던 것은 아니다. 나의 애초의 관심은 사진 비평이었다. 내가 비평을 시작하던 1998년 무렵, 지금은 믿을 수 없지만 사진은 첨단 매체였다. 디지털 사진이란 존재하지도 않았고 필름으로 찍어서 현상 용액으로 현상하는 그 사진이 말이다. 하지만 내가 당시 사진을 비평하겠다고 마음먹었던 가장 큰 이유는 사진이 기계적으로 만들어지는 이미지였기 때문이다. 따라서 이른바 '사진 예술가'들이 기계의 냄새를 지우고 예술의 향기만을 불어넣고 싶어 하던 사진은 내 관심 밖이었다. 나는 기계화되고 산업화된 이미지로서의 사진에만 관심 있었다. 내가 가장 관심 있었던 사진은 인공위성 사진이나 감시 사진이었다. 그러다가 2006년 들어서 기계비평을 본격적으로 해야겠다고 마음먹은 가장 큰 이유는 기계의 욕망이 다른 이미지에 대한 욕망을 뚫고 강하게 겉으로 분출됐기 때문이다. 그러나 내게 사진 비평과 기계비평이 별개의 문제는 아니다. 나는 남들이 하지 않는 새로운 비평의 영역을 열고 싶었다. 그래서 무모하게도 이 세상에 존재하지도 않는 기계비평이란 말을 써가면서 비평 행위를 하게 된 것이다.

아이작 뉴턴이 말했다던가. "나는 바닷가 모래밭에서 더 매끈하게 닦인 조약돌이나 더 예쁜 조개껍데기를 찾아 주우며 놀지만 거대한 진리의 바다는 온전한 미지로 내 앞에 그대로 펼쳐져 있다"고. 이 세상의 기계들을 비평의 대상으로 삼자고 무모하게도 기계비평이란 말을 만들어서 스스로를 기계비평가라고 칭하고 다니는 나의 처지가 위의 인용문을 닮았다. 기계의 세계는 알면 알수록 더 어렵고 깊고 넓고, 내 지식은 한없이 모자란다는 것만 입증될 뿐이다. 공학자도 아니고 엔지니어도 아니면서 기계를 비평해보겠다고 덤빈 나의 무모함은 내가 생각하는 가장 이상적인 인간관에 기초를 두고 있다. 내가 좋는 인간상은 화살 같은 사람이다. 그런 사람은 일단 쏘면 앞뒤고 옆이고 돌아보지도 않고, 물론 그럴 능력도 없으니까, 무조건 목표를 향해 날아가서 꽂힌 후에는 스스로 파멸하든지 꽂혀서 꼼짝 못 하든지 하는 무모한 타입이다. 나에게 비평이란 그런 것이었다. 앞뒤 가리지 않고 해석의 세계에 뛰어드는 것. 내가 기계비평이란 것에 뛰어든 지 10년이 더 지났지만 아직도 나는 기계비평을 어떻게 해야 하는지 잘 모른다. 일단 눈앞의 기계를 이해하고 해석해보자는 생각밖에 없다. 그런 점에서 기계비평은 여전히 무모한

지식이다. 구조와 기능의 복합체인 기계를 비평의 대상으로
삼겠다는 생각 자체가 무모한 것인지도 모른다. 그것은 좋게
말해서 남들이 안 간 길을 가는 탐험적인 시도이고 나쁘게
말하면 충분한 배경 지식도 없이 오로지 기계에 대한 일편단심
사랑으로 좌충우돌하는 시도일 수도 있다.

　　좀 거창하게 말하면 기계비평은 라이트형제가 인류
최초로 '인간이 조종하는, 공기보다 무거운 동력 비행기의
비행에 성공한' 과정과 비슷하다. 참으로 흥미롭게도
라이트형제는 비행기를 발명하는 데 필요한 항공공학의
지식을 가지고 있지 않았다. 대학교도 나오지 않은 그들은
비행기를 발명하는 데 필요한 지식과 데이터를 자전거를
만들면서 터득해나갔다. 그들이 만든 비행기는 오늘날의
비행기처럼 똑바로 날지 않았고 계속 고개를 쳐들었다 아래로
처박다 하는, 피치 운동을 반복했다. 그들은 항공공학의 체계적
지식이 없었기 때문에 엔진의 위치를 앞뒤로 움직여보면서
문제를 해결하려 했다. 그들은 끈질긴 관찰과 경험으로
문제들을 해결해나갔다. 그들이 만든 비행기는 직진만 할 수
있었다. 오늘날의 비행기같이 조종간이 없었기 때문에 그들은
온몸을 비틀어 비행기의 방향을 바꿀 수 있었다. 어찌어찌해서
선회하는 방법을 알아냈지만 이번에는 선회를 멈추는 방법을
알 수 없었다. 그들은 또 몇 달을 고심참담하면서 선회를
멈추고 다시 똑바로 나는 데 성공했다. 어찌 보면 무모하고
바보 같아 보이는 이런 시도에 대해 「라이트형제가 비행의
메커니즘에 대해 안 것과 모른 것」이라는 논문을 쓴 캘리포니아
공대의 프레드 컬릭은 그런 점 때문에 라이트형제의 시도를
폄하하는 것이 아니라 오히려 반대로, 제대로 된 공학적
지식도 없는 상태에서 관찰과 경험으로 비행기를 발명해낸
라이트형제의 능력에 대해 높이 평가하고 있다.[1]

1　　Fred E.C. Culick, "What the Wright Brothers Did and
Did Not Understand About Flight Mechanics—In
Modern Terms," California Institute of Technology,

위에서 예술비평이 작품 속에 숨어 있는 의미의 층위들을 파헤치는 일이라고 했는데, 예술비평이 기계비평보다 쉬운 딱 한 가지 지점은 예술 작품은 비평과 어느 정도는 짝을 이루고 있다는 점이다. 그래서 예술의 제도와 기관들은 비평의 존재와 방식에 대해 어느 정도는 알고 있고 비평가의 접근에 대해 열려 있다. 내가 국립현대미술관에 비평을 위해 자료를 요청하면 받아볼 수 있다. 그리고 예술 작품은 어느 정도 해석의 지평이 준비돼 있기도 하다. 만일 피카소를 비평한다고 하면 다짜고짜 작품에 달려드는 것이 아니라 이제까지 피카소에 대해 나와 있는 수많은 책들과 논문들, 담론들을 매핑하는 일부터 해야 할 것이다. 예술비평은 그런 준비된 담론들을 발판 삼아 이루어진다. 즉 기존의 담론을 수정하거나 대체하거나 거부하고 새로 쓰는 식으로 이루어진다. 기계비평에는 그런 담론의 발판이 없다. 특히 기계 산업이 아주 빠르게 성장했고 기계 문화가 거의 전무한 한국에서는 기계에 대한 담론은 메커니즘을 어떻게 다뤄야 한다는 실용적인 것을 빼고는 전혀 없기 때문에 비평을 펼치기도 어렵다. 예를 들어 미국의 경우는 제트엔진에 대한 역사적, 비평적 담론이 매우 풍부하다. 조지 스미스와 데이비드 민델이 오늘날 여객기와 군용기의 보편적인 제트엔진의 형태가 된 터보팬 엔진의 출현 과정에 대해 쓴 논문인 「터보팬 엔진의 출현」은 제트엔진의 진화 과정에서 어떻게 터보제트가 터보팬으로 바뀌면서 보편화될 수 있는지 산업계의 현실에서 나온 풍부한 사례들을 담론화하고 있다.[2] 이런 노력에 의해 터보제트엔진은 단순히 시끄러운 소리를 내는 금속 부품의 덩어리가 아니라 역사적이고 문화적인 존재가 된다. 즉 의미가 부여되는 것이다. 현대자동차의

2001.

2   George E. Smith, David A. Mindell, "The Emergence of the Turbofan Engine," *Atmospheric Flight in the Twentieth Century*, Springer, 2000, pp.107-155.

쏘나타가 처음 나타난 것이 1985년이고 지금까지 국민차의 위상을 누리고 있다면 쏘나타의 역사와 의미에 대해 최소한 책 한 권은 나와야 하는 것 아닌가? 아마도 그것이 기계비평의 몫이 아닌가 싶다.

그러나 기계는 애초부터 감상자나 비평가를 위해 만들어지지 않기 때문에 기계를 다루는 사람들은 비평가의 접근을 이해하기도 어렵고 낯설고 두려워하기도 한다. 발전소나 조선소, 철도 차량 정비소 등 상당히 많은 기계들의 현장에 접근하려고 했으나 거절당한 적도 많고, 설사 구경한다고 해도 잠깐만 보여주고 내보낸 적도 많았다. 『한국일보』에 '프로메테우스 만물상'이란 제목으로 기계의 현장들을 연재했었는데, 어느 패스트푸드 식당의 주방을 방문했을 때 이것저것 물어보고 사진 찍는 나를 두려운 눈으로 보던 직원들을 잊을 수 없다. 그들은 '비평가'라는 생소한 타이틀을 가지고 나타난 나를 외계인처럼 낯설고 두려워했던 것 같다. 그럼에도 불구하고 기계비평이 계속해서 기계에 접근하는 이유는 기계에 많은 이야기들이 있기 때문이다. 그 이야기는 어떤 기계가 탄생하기까지의 역사적 과정이기도 하고, 기계의 구조와 기능, 재료에 대한 것이기도 하고, 기계가 세상에 나타나서 사용자에게 도움이 되고 세상을 바꾼 과정에 대한 것이기도 하다. 기계를 설계해서 제작하는 사람만이 아니라 그것을 사용하는 사람들이 만들어내는 수많은 이야기들이 비평의 대상이다. 그러나 이야기들만 꺼냈다고 해서 비평이라고 할 수는 없다. 반 고흐의 생애 이야기를 잔뜩 늘어놔봤자 비평이라고 할 수 없기 때문이다. 비평은 그 이야기들에 해석의 색채를 부여한다. 비평가는 어떤 이야기의 층위에 더 밝은 색을 입히고 어떤 층위에 어두운 색을 입힐지 고민한다. 지난 10여 년간 기계들에 어떤 해석의 색채를 부여했는지 나 스스로 평가하는 것은 적절치 않아 보인다.

그간의 성과를 객관적으로 바라보기 위해서 있는 그대로의 사실만 나열해보기로 하자.

①

『기계비평: 한 인문학자의 기계문명 산책』 출간
현실문화연구, 2006

사실 지금도 그렇지만, 기계비평은 사물로서의 기계가 가진
독특한 존재감에서 많은 자극을 받아서 시작됐다. 이 책은
철도, 선박, 항공기들을 승객의 입장이 아니라 조종자의
입장에서 보고 그런 기계들의 존재감에 대해 쓴 글로
구성돼 있다. 사실 생애 최초의 대형 화물선 항해도 그렇고
평생을 동경하던 디젤기관차의 운전실에 타본 것도 그렇고,
나로서는 평생 잊을 수 없는 경험이었다. 그런 경험의 속살을
설명해보자는 것이 이 책의 의도였는데 지금 봐도 그것은
감탄사로 축약될 수 있는 빈약한 성찰의 수준을 보여주고
있을 뿐이다. 그래도 그런 기계들에 대한 경험이 어떻게
인간을 기계적 존재로 변화시키는지 설명하기 위해 나는
기계기(인간의 성장 발달 단계에서 기계가 중요한 위치를
차지하는 시기), 속도미, 죽음감 등의 말을 썼다. 나의 글
쓰는 스타일이 체계적으로 계획을 세워놓고 자료를 꼼꼼히
수집해서 쓰는 식이 아니라 그때그때 생각나는 대로 마구
쓰는 스타일이라 이 책은 산란한 잡문들의 모음일 뿐이었다.
그럼에도 이 책이 가진 작은 의미를 한마디로 정리하면
기계라는 낯선 사물을 비평의 대상으로 떠올렸다는 점이다.
일단 시작은 한 것이다.

②
『기계산책자: 비평가 이영준, 기계들의 도시를 걷다』출간
이음, 2012

이 책은『기계비평』이 나온 지 6년 후에 나왔다. 이 책의
주제와 소재는 산만 기계, 노이즈의 기계, 기억의 기계,
맹목적성의 기계, 종이라는 기계, 액체 공포, 마이크 공포증,
귀뚜라미의 존재론, 내비게이션 시스템, 감시카메라,
명박산성, 비만 문제 등『기계비평』때보다 더 잡다해졌다.
머리말에서 '상호기계성'이라는 말로 그것들을 한데 묶고자
했으나 산만한 글쓰기 스타일은 여전했다. 상호기계성이란
인문학에서 말하는 상호텍스트성(intertextuality)에서
빌려온 말인데, 하나의 기계는 다른 기계에 의존하여 관계를
맺을 때만 존재하고 기능한다는 것이다. 이때부터 슬슬
뭔가 한 가지 기계에 집중해서 책을 써야겠다는 생각을 하기
시작했다.

③

『페가서스 10000마일』 출간
워크룸 프레스, 2012

2006년에 처음으로 대형 화물선을 타고 나서는 이제는
배에 대한 욕망은 다 채워졌다고 생각했는데 무슨 잠복기를
거치고 난 병처럼 배에 대한 욕망이 다시 일어났다. 그래서
더 큰 컨테이너선을 타고 한 달을 항해하고 나서 쓴 책이
『페가서스 10000마일』이다. 정확히 말하면 항해하고 나서
쓴 것이 아니라 항해 동안에 쓴 것이다. 항해에서 보고
듣고 겪은 것들이 너무나 강렬해서 매일 일기처럼 썼는데
어느덧 책 한 권 분량의 원고가 되어 자연스럽게 책을 낼 수
있게 됐다. 이 책은 배라는 하나의 기계에 대해 처음으로
집중적으로 쓴 것이다. 그러나 배는 하나의 기계가 아니다.
10만 마력의 메인 엔진, 다섯 대의 3000마력 발전용 디젤엔진,
터보차저, 보일러, 수많은 평형수 탱크들과 펌프들, 바우
스러스터, 러더 스티어링 기어, 레이더, 통신 시설 같은 필수
장비에다가 사람이 먹고 자고 사는 데 필요한 주방, 침실,
휴게실 등 수많은 기계들의 집적이었다. 게다가 컨테이너선은
항만이라는 복잡한 기계 장치와 연결 접합돼서 작동한다. 한
달 동안 그 수많은 기계들을 샅샅이 살펴보고 그것을 다루는
사람들을 인터뷰해서 쓴 책이『페가서스 10000마일』이다.
사실 기계비평을 처음 시작할 때부터 내 관심은 기계와
연관된 사회, 문화, 역사, 정치 등 온갖 차원을 다루는
것이 아니라 기계 사물 자체에 집중해서 다루는 것이었다.
앞으로는 배보다 훨씬 작으면서 일상에 더 가까운 기계에
대해 이런 식으로 집중적으로 다루는 연구를 하게 될 것 같다.

④
『우주생활: NASA 기록 이미지들』 전시 기획
일민미술관, 2015

이제는 사진 비평가라는 직함은 더 이상 쓰지 않지만 2015년
당시만 해도 사진 비평도 같이 하고 있었다. 오래 전부터
나의 관심을 끈 것은 과학 사진이었고 나사의 사진은 대상의
범위나, 기록의 정확성, 데이터의 풍부함 등 모든 면에서
가장 매력적인 대상이었다. 게다가 나사의 저작권 정책은
매우 관대해서 일부 예외를 빼면 전시든 출판이든 무엇이든
할 수 있다는 것도 큰 매력이었다. 그래서 나사 홈페이지에
있는 수많은 사진들 중 우주 개발에 대해 잘 알려주는 것,
시각적으로 매력 있는 것, 역사적 의미가 있는 것들 100여
점을 골라서 전시했다. 나사 홈페이지에는 사진만 아니라
우주개발 때 사용했던 수천 페이지의 매뉴얼들이 스캔되어
PDF 파일로 올라와 있는데, 아폴로 11호의 우주인들이 사용한
매뉴얼을 실제와 같은 크기와 종이로 출력하여 관람객들이
마치 우주인이 된 것처럼 매뉴얼을 한 페이지씩 볼 수 있게
했다.

'기계비평' 심포지엄 개최
대중서사학회 주최, 성균관대학교, 2015년 10월

『기계비평』의 출간보다 더 의미 있는 일은 '기계비평'
심포지엄이었다. 기계비평을 시작할 때만 해도 나 혼자
노는 작은 놀이터 같은 것을 생각했었다. 그런데 의외로
기계비평에 흥미를 느낀 사람들이 생겨났고 그중 미디어
비평가인 임태훈은 가장 적극적이었다. 그의 주도로 열린
심포지엄에서 나는 '기계비평의 창시자'라는 칭호를 얻게
됐는데 산만한 글쓰기 외에 한 것이 없어서 쑥스러운 마음에
'기계비평의 시작자'로 축소해서 불러달라고 요청했다.
임태훈, 강부원, 오영진, 조형래 등 각 발표자들의 발표도
흥미로웠지만 이 심포지엄에서 가장 뜻깊었던 것은
기계비평의 전망에 대한 문제였다. 기계비평이 대학에서
학과가 돼야 하는가 하는 문제가 나왔는데 사실 나 스스로도
혼자 하기보다는 뭔가 제도적인 뒷받침을 받으면 공부도
더 열심히 하게 되고 연구를 위한 지원도 쉽지 않을까
생각했었다. 그러나 기계비평은 한 가지 학문이나 지식의
분과가 아니라 과학, 공학, 철학, 역사학, 인류학 등 여러 지식
분야들을 가로지를 때만 의미가 있을 거라는 쪽으로 논의가
귀결되어, 혹시라도 대학에 기계비평학과가 생기지 않을까
하는 나의 꿈은 접게 됐다.

⑥
한양대학교 기계비평 강의 개설
2015

2015년부터 한양대학교 안산캠퍼스에서는 '기계비평'이라는 제목의 교양 강의가 열렸다. 임태훈만큼이나 기계비평에 열정적인 오영진이 개설한 이 강의는 기계에 대한 인문학적 지식을 다양한 전공의 학생들에게 전하기 위해 개설된 것이었다. 사실 내가 몸담고 있는 대학에서도 기계비평이란 강의는 없는데 남의 학교에서 먼저 개설된다는 것이 좀 쑥스럽기도 했다. 그러나 거꾸로 생각해보면 기계비평의 저변이 그만큼 넓어진다는 것을 의미하기도 했다. 나도 두 번 정도 강의했는데, 되도록 추상적인 주제는 피하고 버스나 기차, 비행기 등 우리 주변에서 찾을 수 있는 구체적인 탈것의 의미에 대해 얘기했다. 다른 강사들도 사진기, 스피커, 복사기, 인터넷, CCTV, 아두이노, 항공모함, 미사일 등 이 세계를 이루고 있는 기계들에 대해 강의했다. 기계 하면 기능과 용도만 생각하던 학생들에게 기계가 얼마나 다양하고 깊은 인문학적 성찰의 계기를 제공하는지 보여줬다는 것이 이 강의의 가장 큰 의미인 것 같다. 매주 강사가 바뀌어서 학생들은 좀 정신이 없었겠지만 그만큼 다양한 지식의 세계를 접한다는 점에서는 소중한 자리였을 것으로 생각된다. 2016년에도 계속해서 개설된 이 강의의 또 하나의 성과는 과학기술사, 문학, 비평, 작가 등 다양한 전공의 사람들이 기계비평이라는 언덕에 모였다는 점이다. 그것은 허울만 좋은 융복합이란 간판 너머에서 '기계비평'이 어떻게 기계와 연관된 다양한 지식들을 하나로 꿰어낼 수 있는지 보여준 소중한 자리였다.

⑦

『우주 감각: NASA 57년의 이미지들』 출간

워크룸 프레스, 2016

일민미술관에서의 『우주생활』 전시에 이어 한 해 뒤에는 『우주
감각』이란 책을 내게 됐다. 나사의 사진들을 모은 책이라는
점에서는 『우주생활』과 비슷한 기획이기는 하지만 『우주
감각』은 좀 더 깊게 과학 사진의 문제를 파고들었다. 한국
우주개발의 역사를 가장 체계적으로 연구하고 있는 안형준은
1957년부터 시작된 한국의 우주개발 역사에 대한 글을
기고해서 이 책을 알차게 만들어줬다. 나는 이 책에 세 편의
글을 썼는데, 서문 「인간이 우주를 감각해온 역사」는 우리가
지지고 볶고 살아가는 재미없는 현실과 우주는 다른 차원이
아니라는 점을 주장하고 있다. 사실 38만 킬로미터 떨어진
달만 해도 쳐다보고 있으면 너무 까마득히 멀어서 도대체
저기서 벌어지는 일이 나와 무슨 상관이 있을까 생각이 든다.
그러나 내가 맛있게 먹는 서해안산 가재미는 어부가 달의
영향으로 생기는 사리와 조금 때를 잘 타서 잡아온 것임을
생각하면 달과 나의 생활은 직결되는 것이다. 결국 우주
감각은 먼 우주로만 향하는 것이 아니라 우리의 자잘한 삶의
차원을 우주로 확대하는 감각임을 역설했다. 그리고 「과학을
기준으로 한 사진의 분류」라는 글에서는 사진이 얼마나
과학적인가에 대해 체계적으로 분류표를 만들어 따져봤다.
수많은 나사 사진들을 치밀하게 분석해본 결과 나사 사진이
다 과학 사진은 아님을 알게 됐기 때문에 그런 글을 쓰게
됐다. 크게는 과학 사진이라는 범주로 묶을 수 있겠지만
단순히 나사 과학자들이 찍은 기념사진도 있고, 과학적 기록
관찰을 위해 찍었지만 각도가 비스듬해서 별로 과학적이지
않은 것들, 거꾸로 우연히 찍혔는데 과학적 증거가 돼는 것들
등, 과학적 기록 사진의 범위는 꽤 넓었다. 어쩌면 우주만큼
넓은지도 모른다. 마지막 글은 나 자신의 우주여행기였다.
그렇다고 내가 실제로 우주여행을 한 것은 아니고 플로리다에

있는 케네디 우주센터에 관광객으로 간 것이 전부였다. 그러나 그런 여행을 우주여행이라고 부른 이유는 우주는 아득히 먼 하늘 저 끝에 있는 것이 아니라 우리가 숨 쉬는 지구의 공간이라는 생각 때문이었다. 결국『우주 감각』은 우리와 우주의 관계를 어떻게든 이어보려는 시도였다.

⑧
「프로메테우스 만물상」 연재
한국일보, 2015

2015년은 내가 아니라 임태훈이 도약한 해라고 할 수
있다. 그는 나보다 더 열심히 기계비평에 대한 기획들을
만들어냈다. 앞서의 기계비평 심포지엄도 그렇고,
『한국일보』에 연재로 실린 '프로메테우스 만물상'도 그렇고,
임태훈의 열정으로 만들어낸 일이었다. 오늘날의 기계
문명의 여러 면모들을 살펴보고 비평적으로 다루자는 취지로
기획된 이 연재에서 나는 평소 가보고 싶었던 기계들의
현장을 찾아가서 취재하고 관찰할 수 있었다. 『한국일보』의
도움으로 수술실, 발전소, 상수도 사업소, 인쇄소, 야구장
관리실, 빌딩 관리실 등 비밀스런 곳들을 찾아가 기계가
작동하는 현장을 관찰하는 것은 나에게는 오싹할 정도로
재미있고 흥분되는 일이었다. 그런 다양한 현장에서 기계들이
작동하는 것을 보니 기계가 발달할수록 생명체를 닮아간다는
생각을 하게 됐다. 빌딩의 경우 공기의 흐름이 중요하며 전기,
가스, 유류 등 새로운 동력원을 받아들여야 하며 그것들을
신진대사시켜야 한다. 이 모든 것들은 두뇌에 해당하는 중앙
통제실에서 모니터링하면서 관리한다. 이 모든 것들은 마치
하나의 몸이 공기를 호흡하고 영양분을 섭취해서 신진대사를
통해 생명을 유지하는 것과 비슷했다. 반면, 정말로 생명의
최첨단을 다루는 수술실에서는 오히려 사람의 몸을 마치
기계처럼 떼어다가 옮겨 붙이고 하는 장면을 보고 놀라기도
했다. 사람의 몸이 기계가 된다면 정말로 어떻게 되는 걸까
하는 생각을 심각하게 하기도 했다. 이때의 생생한 경험들은
다시 정리되어 『시민을 위한 테크놀로지 가이드』(반비,
2017)로 묶여 나왔다.

지난 10여 년간의 기계비평의 성과를 아주 간단하게 요약한다면, 그간 나를 '사진 비평가'나 심지어는 '미술 비평가'로 소개하던 사람들이 이제는 '기계비평가'로 소개한다는 점이다. 내가 과연 그런 타이틀에 걸맞는 능력을 가지고 있는지는 많이 의심스럽다. 임태훈을 비롯한 미래의 학자들이 보충해줄 것으로 믿고 나는 무책임한 출발 신호만 보낸 것이 아닌가 하는 생각도 든다. 그래서 계속 무모하기로 했다. 앞으로 기계비평가로서 할 일을 전망해보면 다음과 같이 정리할 수 있을 것이다.

㉠ 과학기술과 공학에 대한 지식을 쌓아 기계의 원리를 더 잘 이해한다. 혹은 더 삐뚤게 이해한다.

㉡ 질베르 시몽동, 루이스 멈포드, 폴 비릴리오 등 기계에 대해 철학적 성찰을 한 이들의 저작들에 대해 더 연구하여 나의 철학적 패러다임의 밑거름으로 삼는다.

㉢ 국내외에서 수집한 기계에 대한 여러 가지 문헌들을 연구하여 지식의 패러다임을 만든다. 물론 누군가가 뒤집을 수도 있다.

㉣ 구체적인 기계 사물로 범위를 좁혀 집중적으로 연구한다. 현재 내 관심은 우리가 타고 다니는 운송기계들이다. 특히 제트엔진의 메커니즘을 어떻게 철학적으로 해석해볼까 하는 것이 내 관심사다. 나는 제트엔진에 대해 중학교 때부터 관심이 있었다. 이제는 그 관심을 성숙한 성찰로 완성할 때다.

㉤ 연구 주제들을 개발한다. '엔진의 역사와 철학'은 오랜 기간 준비해서 책으로 만들어보고 싶은 주제다. 증기기관에서부터 이온 엔진에 이르는 온갖 종류의 엔진들은 인류를 앞으로 나아가게 만들었고 또한 사고로

이끌기도 했다. 우리의 삶은 엔진에 이끌려온 것이라고
해도 과언이 아니다. 그 엔진이란 도대체 어떤 존재인가
연구하여 철학적인 성찰의 틀을 만든다. 두 번째 연구
주제는 '기계 사물과 에너지'다. 에너지는 태양에서 나오는
무한정의 것부터 사람의 정신 에너지같이 오락가락하는
것까지 범위가 넓다. 나는 범위를 좁혀서 우리의 삶을
이루는 기계와 시스템을 따라 흐르는 에너지 대사에
관심을 가지고 연구할 생각이다. 에너지라는 주제는
범위를 넓히면 곧바로 정치적이고 사회적인 문제가
되지만 그렇게 확대된 범위는 다룰 생각이 없다. 특정
기계 사물을 관찰하고 분석해서 거기에 어떤 식으로
에너지가 투여되고 결과물을 낳는지 해석해볼 생각이다.
그래서 이 세상의 메커니즘을 어느 정도 이해할 수 있게
된다면 만족스러울 것 같다.

ⓗ 발표의 플랫폼을 만든다. 책, 강연 등의 플랫폼들은 대개
꼴이 정해져 있어서 뭔가 새로운 것을 시도하는 데 한계가
있다. 그래서 내가 최근 개발한 플랫폼은 학술 공연이다.
기존의 렉처 퍼포먼스라는 것들도 결국은 강연장을 약간
무대같이 만들어놓고 퍼포먼스라는 이름을 붙인 강연일
뿐이다. 퍼포먼스라는 말을 쓸 때는 사람이 하는 역할에
대해 뭔가 트위스트와 성찰이 있어야 한다. 즉 사람이
말하고 걸어 다니고 숨 쉰다는 것이 무엇일까에 대해 깊이
성찰하게 만드는 것이 퍼포먼스의 핵심이다. 내가 하는
학술 공연은 좀 더 퍼포먼스의 비중을 높여서 실제의
공연으로 만든 것이다. 표도 팔고 연출과 무대 감독,
조명 감독도 있고 시나리오와 콘티가 있는 진짜 공연을
하는 것이다. 대사가 사랑과 배신 이런 것이 아니라
비평적이고 학술적인 내용이라는 점이 다를 뿐이다. 학술
발표를 공연의 형식으로 하는 이유는 좀 더 그럴싸하게
보이기 위해서가 아니라 학술적인 내용을 발표한다는
퍼포머티비티란 과연 무엇일까에 대해 스스로 성찰하기

위해서다. 기계비평이라는 새로운 분야에는 새로운 플랫폼이 필요하다.

2018년 안양,
이영준

초판 서문:
기계비평이라는 것, 그 낯설고도 특수한 담론

기계를 비평하겠다는 생각은 아무거나 비평해보겠다는 더 엉뚱한 생각에서 비롯했다. 그것은 이 세상 모든 것이 인간의 눈길이 닿는 순간 의미의 꺼풀이 씌워져버리는데, 평론가가 굳이 예술 작품이라는 특권화된 대상에만 비평의 부채질을 할 필요는 없다는 자각에서였다. 대개 어떤 것이 평가의 대상이 되는 것은 그 범주가 충분히 전개되었을 때, 혹은 이제 더 이상 눈앞에서 윙윙 돌아가기를 멈추고 고즈넉한 마지막 숨을 몰아쉴 때다. 그것은 지금 한참 먹고 있는 음식에 대해서는 제대로 평가할 수 없는 것과 마찬가지다. 그런 점에서 비평은 시간차 공격이다. 그것은 주어진 담론에 대한 메타 담론인데, 메주 띄운 물에 꺼풀이 생기려면 시간이 필요하듯, 메타 담론이 생겨나는 데는 시간이 필요하다.

　비평의 경우 그 시간은 몇 시간이 아니라 역사 시간이다. 즉, 대상을 둘러싼 역사적 범주가 좀 묵어서 발효가 된 뒤에야 누룩을 채취할 수 있는 것이다. 더 이상 기계의 시대가 아닌 요즘이야말로 기계에 대한 담론들을 정리해 근대 초기의 눈이 빙빙 돌아가던 어지러운 마음을 가라앉히기 좋을 때다. 한때 대지를 활보했던 공룡이 지층을 파헤치는 고생물학자의 눈길과 손길을 만나서야 그 계보를 드러내듯이, 근대 인간의 몸과 마음을 지배했던 기계는 비평가(혹은 계보학자나 역사가)를 만나서야 그 의미의 지층을 드러내기 시작한다. 물론 이 책에서는 철도, 항공, 선박 같은 거대 기계만을 다뤘지만, 앞으로의 기계비평은 더 작고, 낙후한 상황에서 전수되고 전승되고 개발되는 기계기술의 계보학을 따지게 될 것이다. 새우잡이 배나 낡은 선풍기 같은, 아무도 눈길 안 주는 기계 말이다. 하지만 모른다. 「반지의 제왕」에서처럼 누군가 어두운 지하실에 숨어서 그런 기계에 엄청난 비밀의 지식을 불어넣고 있을지. 그래서 비평은 사소한 것에 대해서도

겸손하게 다뤄야 할 것이다. 온갖 풍상을 다 겪은 기계를
다루는 비평은 말할 것도 없고 말이다. 욕심 많은 비평가는
그런 지식을 어둠으로부터 구원해내고자 한다.

　　아마도 기계비평의 근거는 기계인간의 출현과
관계있을 것이다. 기계가 한낱 도구가 아니라, 자신의 존재
깊숙이 들어와 있어서 뗄 수 없는 처지가 되어버린 인간들
말이다. 물론 근대·탈근대의 인간은 정글의 왕자 타잔
빼고는 대부분이 기계인간이다. 신체의 말단에서부터 내장
깊숙이, 표현의 감정에서부터 무의식에까지 기계의 영혼이
바이러스처럼 깊숙이 침투해 있는 인간 말이다. 이 책에
실린 글 중 철도에 대한 것을 중국 선양의 동북대학에서 열린
동아시아 과학기술철학회에서 발표했을 때 중국의 학생과
교수들은 아무 반응을 보이지 않았다. 물론 당시 통역이
제대로 되었는지는 상당히 의심스럽지만, 그 사회에서는
아직은 기계인간은 오지 않은 것 같다. 기계가 하도 피부와
모공 깊숙이 배어 있어서 지나가는 기계만 보면 맥박 수가
올라가고 머릿속이 온갖 지식과 감각과 역사에 대한 상상으로
고속 회전하게 되는 그런 인간은 중국에 아직 오지 않았거나,
그 세미나장에는 오지 않았던 것 같다. 적어도 나의 발표를
들은 동북대학의 청중 속에는 그런 인간은 없었던 것 같다.
내가 『기계비평』이란 책을 쓰게 된 것은 나 자신이 그런
인간이기 때문이다. 물론 이 세상에는 다양한 인간들이 있다.
미술인간, 철학인간, 도박인간, 살인인간, 폐인간 등등 자신을
사로잡고 있는 타자의 존재에 감염되어, 인간은 특수한
형태를 띠게 된다. 기계인간은 그런 인간들 중 하나의 특수한
존재 형태다. 역사적이고 문화적이고 지역적인.

　　기계인간에는 또한 다양한 종류가 있다. 어릴 적부터
마찌꼬바에서 선반 깎는 법을 익혀, 대강 손으로 깎아도
전산수치제어(CNC) 선반보다 정밀하게 쇠를 깎을 수 있는
인간부터, 쓸데없이 지식욕이 높아서 어른이 되어서도
계속 기계 그림책을 끼고 살아 기계 오타쿠가 된 사람, 폴
비릴리오처럼 기계에 대한 철학자가 되어 기계에 대한 성찰과

사유를 세계의 존재근거에 대한 철학적 회의의 수준까지
끌어올린 사람, 스스로 기계 평론가는 아니지만 기계를
철학사상의 주요 범주로 삼은 질 들뢰즈까지, 그리고 실패한
기계, 우울한 기계를 상상해내는 파나마렝코에서 레베카
혼, 이형구와 잭슨홍에 이르는 예술가들까지, 기계인간의
스펙트럼은 넓고 다양하다.

『기계비평』은 인간이 아니라 기계에 대한 책이지만,
이런 인간들의 스펙트럼이 달무리처럼 아롱져 있으니
비로소 나올 수 있는 것이다. 물론 기계라는 것이 인간이
만든 것이고, 인간의 체취가 스며 있고, 기계가 인간화되고
인간이 기계화되는 변증법적 과정 속에서 찌개가 끓듯 지지고
볶는다는 것은 알고 있지만, 이 책에서 다루는 것은 마치
인간이 떠나고 난 세계 속에 버려진 듯한 기계의 풍경이다. 그
풍경을 해석해, 그 풍경 속에 들어앉아 있는 세계의 얼개를
이해하려는 것이 이 책의 목적이다. 오늘날 그 풍경이란 하도
다양해져서 말이다.

그런데 '기계적'이라는 말은 흔히 부정적인 의미로 많이
쓰인다. '역사에 대한 기계적 이해'라고 하면 역사의 복합성과
풍부함을 보지 못하고 단순한 인과원리로 역사적 사건을
설명하려는 편협한 태도를 지칭한다. 그러나 기계의 역사를
살펴보면 하나의 기계가 등장하기까지 사회, 경제, 문화 등
수많은 요인들이 얽혀 있고, 기계는 다층적 함의를 가지고
발전해왔으며, 인간에게 많은 의미로 다가온다. 기계라는
대상은 또한 예술 작품 못지않게 풍부한 감각적 층위를
지니고 있으며, 인간의 주체적 조건에 깊숙이 들어온다.
기계를 다룰 수 없는 인간은 인간이 아니기 때문이다. 21세기
우리들의 감수성은 이미 텔레비전이나 카메라, 자동차 같은
기계의 감각에 깊숙이 삼투되어 있다. 우리가 세상을 보는
관점은 이미 이런 기계들에 의해 착색되어 있는 것이다.
젓가락이나 볼펜같이 더 단순한 기계는 말할 것도 없고
말이다. 이제 인간의 개념은 기계의 개념과 뗄 수 없는 것이다.
'기계적인 것'을 뺀 순수한 인간적 본질이란 이제는 상상할

수 없다. 문제는, 그간 기계에 대한 이해가 '기계적'이었던 데 있다.

그런 기계적인 기계 이해를 벗어나려면 평론가는 대상의 섬세하고 복잡한 층위들을 파헤쳐, 그것들을 자신이 가진 담론들의 가짓수와 곱해 나오는 무지 많은 경우의수를 창출해낼 만한 둔갑술의 재간을 가져야 할 것이다. 그러나 이 책에서는 애써 객관적인 척하려 했다. 여기서 다루고 있는 기계들은 폭 1,434밀리미터의 표준 철도 궤도에서부터 선박의 만재수량에까지, 객관성이 이 세상의 온갖 모험과 풍상을 겪고 돌아와 대자적(對自的) 상태에 이른 그 풍경 속에 놓여 있다. 그러므로 그것은 객관성이기는 하되, 수많은 주관성을 거친 다음에야 오는 고달픈 객관성이다. 쉽게 말하면 온갖 비극을 다 겪고 나서 알게 되는 희극 같은 것이랄까.

그러므로 기계의 객관성은 역설의 풍경이다. 원칙적으로는 그 풍경 안에는 인간이 들어갈 자리는 없다. 기계의 오류는 항상 인간 오류(human error)이고, 그걸 막기 위해 증기기관차에서부터 복사기에 이르기까지 인간의 개입이 없는 기계를 만들어나간 것이 근대 기계의 역사이기 때문이다. 그러나 그럼에도, 평론가인 나 자신은 전혀 휴머니스트가 아님에도, 기계의 풍경은 인간의 풍경이 되고 만다. 물론 그 풍경은 자면서도 기계에 대한 꿈을 꿀 정도로 기계화된 인간에게만 보이는 풍경이다. 『기계비평』이 『철도공학 개론』 같은 기술 서적과도 다르고, 매니아들이 보는, 주로 일본에서 출간된 『세계 잠수함 연감』 같은 책들하고도 다른 점은 기계를 인문학의 관점에서 보았다는 것이다. 그것은 기계의 존재 근거와 방식, 그 역사의 연속성과 불연속성을 따지는 것이다. 꼭 인문학이 잘나서 기계비평을 하겠다고 나서는 것은 아니다. 이유는 한 가지뿐이다. 인문학은 담론에 대한 담론, 즉 메타 담론을 꿈꾸기 때문이다. 기계에 대한 가치 부여와 평가, 예찬과 거부, 두려움과 탐닉의 담론들을 재료로 삼아 반죽을 만드는 메타 담론 말이다. 메타 담론은 사실 냉정해야 한다. 더군다나 객관적인 기계를 다루는 메타 담론으로서 평론은 더 그렇다.

　그런데 빈 철길만 봐도 어린애같이 가슴이 뛰는 나 같은 인간이 그런 평론을 할 수 있을까? 평론은 논쟁의 장에 뛰어들어 특정한 자리에 깃발을 꽂고 그런 위치 설정의 리스크를 고스란히 뒤집어쓰는 일인데, 냉정하지 못한 평론가가 어떻게 기계를 다룰 수 있을까? 기계비평이 가능한 이유는 역설적이게도 '기계의 예술'과 '예술의 기계'라는 변증법 때문이다. 즉 기계가 예술 못지않게 아름답고 파란만장한 감각의 삶을 살아온 이력이 있는 한 그것은 비평적 해석의 대상이 되는 것이다. 우리는 기계의 목소리를 들어보았나? 기계는 여러 목소리를 지니고 있다. 피스톤의 폭발음, 기어의 마찰음, 액슬의 회전음, 압축공기가 새는 소리 등등. 하나의 기계를 만드는 데 짧은 시간이 걸렸고 긴 시간이 걸렸다(이는 원래 화가 샘 프랜시스가 자기 그림에 대해 한 말이지만 슬쩍 맥락을 바꿔봤다). 기계의 소리는 역사의 소리다. 하나의 톱니바퀴를 만들기까지 오랜 역사가 걸렸지만 톱니바퀴는 역사에 저항한다. 기계는 공기의 마찰과 물의 마찰을 뚫고 앞으로 나아가며, 역사의 마찰을 뚫으려 한다. 마르크스가 역사 발전의 원동력으로 말한, 생산관계와 생산력의 갈등은 기계에도 적용된다. 기계를 만든 근대의 테크놀로지는 이제 탈근대의 테크놀로지에 뒤쳐져서, 이 기계의 진행을 가로막는다. 그러므로 기계는 다중의 싸움을 벌여야 한다. 그는 물리적 저항에 맞서 싸워야 하고, 기계를 사로잡고 있는, 그 기계를 태어나게 한 패러다임의 낡음이 가해오는 저항에 맞서서 싸워야 한다.

　하지만 기계를 묶고 있는 것은 타자로서 역사의 물결이 아니라 기계를 낳은 바로 그 토대의 변증법이다. 어떤 패러다임이 생겨난 순간 그 패러다임은 곧바로 낡은것이 되어버리고, 그 새로움의 생명이 곧바로 자신을 죽이는 바로 그 숨 가쁜 변증법이 기계에 숨어 있다. 말하지 않는 기계의 다층적 목소리를 듣는 것, 그 목소리의 근원까지 파내려가는 모험을 하는 것은 기계를 만든 인간의 운명을 듣는 길이다. "좋은 기계는 좋은 소리를 낸다." 이는 악기에서 경주용자동차에까지 두루 적용되는 말이다. 기계의 목소리는 해석을 기다리고 있다. 목소리가 허공에 울려 퍼져 사라지지 않으려면 해석되어야 하는 것이다. 기계에 대한 해석은 기계의 목소리를 메아리의 잔향보다 조금 더 긴 시간 속에 보존하기 위한 노력이다.

　　기계는 조작의 대상이지만 조작을 거부하기도 한다. 기계와 인간의 싸움에서 누가 승리할 것인가. 수많은 인터페이스들이 기계를 둘러싸고 있다. 기계-인간, 기계-환경, 기계-기계 등 여러 차원과 층위의 인터페이스들이 기계의 운명을 결정한다. 물론 그것을 못 견디고 박살 나는 기계도 있다. 우리는 기계에 대해 내적인 환경과 외적인 환경을 구분할 수 있을 것이다. 실린더 내의 압력과 온도, 폭발력과 마찰력의 조합은 내적인 환경을 만들어내며, 실린더 밖의 대기 온도, 밀도, 습도는 외적인 환경을 만들어낸다. 기계는 두 가지 환경을 다 다뤄야 한다. 일상의 기계가 반드시 전쟁 기계보다 더 좋은 환경에 있다고 할 수는 없을 것이다. 열 대의 휴대전화는 아무리 잘나도 6개월 이상을 버틸 수 없기 때문이다. 이때 불쌍한 휴대전화에 적대적인 환경은 밀도나 습도나 그런 것이 아니라 스타일 수명이라는, 가장 가혹한 시간의 환경이다. 누가 시간의 흐름을 거역하겠는가. 기계가 조작을 거부한다는 차원은 인간이 기계를 만들었지만, 그것은 이미 인간의 의지를 떠난 운명을 띤다는 걸 의미하는 것이다. 그 운명을 읽는 것이 기계비평의 목적이다. 우리 삶 주변에 포진해 있는 기계들의 계보학을 작성하는 것이 기계비평의 최종 목적일 것이다.

　　이제, 세상 참 좋아졌다. 평론과 기계 애호 취미와 역사와 철학을 들치근하게 섞어 빚어놓은 이런 글도 책이 될 수 있으니 말이다. 아마 세상이 복잡해지고 워낙 권태로운 인간들이 많으니 이런 종류의 글쓰기를 평론의 반열에 올려놓아도 아무도 나서서 끌어내리지 않는 모양이다. 좋게 해석하면, 이제는 새로운 종류의 지식을 필요로 하기 때문인 것 같다. 사실 그간 기계와 지식은 서로 다른 분야가 아님에도 서로 너무 소원했었다. 기계와 지식이 깊은 관계에 있다는 것은 기계에 딸려오는 매뉴얼의 양만 봐도 알 수 있다. KTX의 매뉴얼은 1만 3000쪽에 이른다고 한다. 자신이 가지고 있는 휴대전화의 매뉴얼을 다 읽은 사람은 없을 것이다. VCR이나 디지털텔레비전의 매뉴얼은 말할 것도 없고 말이다. 그렇게 회사에서 정해놓은 지식에다가, 사용자가 쓸어 담아놓은 지식들, 나름대로 익힌 노하우들, 후대에 역사가가 엉뚱하게 해석한 지식들, 오해들, 곡해들까지 다 합치면 기계란 엄청난 지식의 지층이다. 그걸 파헤치는 고고학이 기계비평이다. 그러므로 기계비평은 새로운 형태의 지식이라고 참칭할 수 있는 것이다. 이제 와서 기계와 지식의 양자가 만나는 것은 전혀 어색한 일이 아니다. 오히려 너무 늦었다. 우리는 근대가 물러날 때까지 기다려야 했으니 말이다.『기계비평』이 새로운 종류의 지식인지, 낡은 지식에 새로워 보이는 껍데기만 씌운 것인지는 세월이 판명해줄 것이다. 한 가지 분명한 것은, 기계는 해석을 기다리는 복잡한 대상이라는 점이다. 이 책에서 다루는 크고 복잡한 기계뿐 아니라 선풍기나 주판 같은 기계도 비평의 대상이 될 것이다. 비평은 말해질 수 없는 것을 말하게 하는 것이기 때문에.

　　이 책을 내면서 여러 사람들에게 감사하고 싶다. 우선은 멀쩡하게 다니던 자연과학대학을 내팽개치고 예술계를 기웃거리던 자식 때문에 적잖이 속을 썩으시면서도 무던하게 참아주신 부모님께 감사드리고 싶다. 이제 와서 이런 책이나마 내게 된 것은 부모님 은혜에 대한 간접적인 보답이라고 생각한다. 내가 생각해도 허술하기 짝이 없는 글들을 모아 책으로 내주신 현실문화연구의 김수기 선생님, 좌세훈 선생님께 정말로 감사드린다. 현실문화연구는 나에게 많은 지적인 자극을 주었고, 내가 가진 모든 생각에 흥미를 보여주었고, 항상 연구하도록 이끌어주었다. 지식인에게 이보다 더 소중한 출판사는 없을 것이다. 척박한 한국의 지적 풍토에서 현실문화연구의 존재는 더 빛난다. 이 책을 지금의 모양으로 만들어주신 디자이너 슬기와 민께 많이 감사드린다. 그분들은 책의 내용에 맞는 디자인을 하기 위해 원고를 꼼꼼히 읽고 기계비평이라는 개념에 걸맞은 쿨한 디자인을 해주었다. 그분들의 노력 덕에 이 책은 평범함을 벗어날 수 있었다. 그분들의 작업이 새로운 디자인의 패러다임이 되기를 바란다. 누구보다도 감사드릴 분들은 무섭고 위험한 기계의 현장에서 나를 안내해주고 지켜준 수많은 엔지니어들, 경비원들, 과장, 차장, 부장들이다. 그분들은 내가 뭐 하는 사람인지도 모르고 열심히 나를 데리고 다니며 이것저것 내 질문에 답하고 안내해주었다. 못 찍은 사진을 수정해준 김대남 씨에게도 감사한다. 마지막으로, 이 책을 소비해주실 미래의 독자들께 미리 감사드린다. 독자야말로 책이 나오는 근거이고 이유이며 기반이기 때문이다.

2006년
이영준

비평가의 항해 일지

선명: 그랜드 머큐리
호출부호: HOOC
선종: RO/RO ship PCC(Pure Car Carrier)[1]
선적: 파나마
소속 회사: 시도상선
만재배수량: 5만 9000톤
재화중량: 2만 톤[2]

---

[1] RO/RO는 차량이 드나드는 램프(roll on/roll off)가 있다는 뜻.

[2] Dead Weight. 국제만재흘수선조약(International Load Line Convention: ILLC) 등에 기준을 둔 하계 만재흘수선(滿載吃水線)상에 떠 있는 상태가 만재 상태이고 여기서 화물, 연료, 밸러스트(ballast), 청수(淸水: fresh water), 승조원, 휴대품, 식료품 등의 중량을 뺀 것이 경화 상태다. 이때의 흘수를 경흘수(輕吃水)라고 한다. 해사 관계에서 경화중량이라고 하면 그 선박이 화물을 적재할 수 있는 능력(만재 상태와 경화 상태의 중량 차)을 말한다. 즉 화물, 연료, 윤활유, 음료수, 식료품, 승조원, 휴대품, 기타 법정 이외의 예비품, 밸러스트 등의 중량의 완화가 재화중량이다. 선박은 이 재화중량을 넘어 화물을 적재할 수 없다. 따라서 컨테이너 1개당 평균 중량이 클 경우에는 컨테이너의 최대 적재 가능 개수를 넘는 재화중량 즉 흘수는 가득하게 되고, 반대로 컨테이너 1개당 평균 중량이 적을 때에는 적재 가능 개수가 가득 사더라도 재화중량 즉 흘수에는 여유가 있게 된다. 이러한 능력은 중량의 단위인 톤수로 나타낸다. 이는 또 재화량톤수(Deadweight Tonnage: DWT) 혹은 중량톤수라고 한다. 중량 단위의 톤수는 세 종류가 있는데 1K/T(=1000kg=2204lbs)과

파나마 선적, 배수량 5만 9000톤의 자동차 운반선 그랜드 머큐리. 나는 이 배의 전체
모습을 찍을 수 없었다. 길이 200미터, 높이 46미터나 되는 이 배를 찍으려면 뒤로
최소 1킬로미터는 물러나야 하는데 항구에서 그런 시간 여유는 주어지지 않는다. 왼쪽에
보이는 램프도어로 차들이 들어가고 나온다고 해서 Ro-Ro(Roll on-Roll off)선이라고
부른다. 배의 옆구리에 나 있는 사각형의 창은 연료로 쓰이는 벙커시유를 넣는 벙커링
스테이션, 그 옆의 창은 파일럿이 올라타는 파일럿 스테이션이고, 길쭉한 홈은 다른
램프도어다.

화물량: 자동차 6500대(현대 베르나 기준)

선원: 선장(이광기), 기관장(김종태), 선원 18명(전부
필리핀 사람)

길이: 199.27미터

폭: 32미터

엔진: 1만 8900마력의 연료분사식. 8기통

연료: 벙커시유

분당 최고 회전속도: 120회

1일 소모 연료량: 65톤

순항속도: 20노트

최고 속도: 23노트

역회전해 급정거할 경우 서는 데 걸리는 시간: 8.8분

급정거 시 미끄러져 나가는 거리: 9270피트=2800미터

앵커: 12섀클(1섀클=27.5미터)

「꽃 피는 팔도강산」(윤혁민 극본, 김수동 연출, 1974)은
1970년대에 KBS에서 박정희 정권의 홍보용으로 상영된
드라마라는 태생적 한계는 있지만 산업적 스펙터클에 대한
매료를 기본으로 하고 있다는 점에서는 시사하는 바가
매우 크다. 더군다나 박정희 시절 포항제철, 현대자동차
등 산업생산 시설은 조국 근대화의 상징으로 드라마와
수학여행지로서 많이 표상되면서 독재 정권을 미화하는
수단으로 쓰이긴 했지만 그 근저에 있는 산업적 스펙터클은
실로 대단한 것이다. 히틀러에서 무솔리니, 수하르토 등 많은
독재자들이 도시 개발과 스펙터클의 창출, 정비에 관심이
많았다는 것은 무척이나 흥미로운 일이다. 그들은 스펙터클이
갖는 압도적인 효과, 때로는 어안이 벙벙해서 비판이나
성찰이 불가능해지는 그 효과를 감각적으로 잘 구현해냈다.

1L/T(=2240lbs), 1S/T(=2000lbs)이다. 이는 용선료
산출의 기준이 된다. 출처: http://www.cargonews.co.kr/
tmdict/adminKeyList.php

그것은 어떤 맥락이나 지식, 정보를 이루는 텍스추얼한 차원이 배제된 순수하게 시각적인 현상이자 체험이다.

김희갑, 황정순이 전국 곳곳의 산업체에서 근무하는 자식들을 차례차례 방문하면서 아들딸들의 효성과 나라의 발전상에 감복한다는 「꽃 피는 팔도강산」은 그 줄거리가 비록 이타미 주조의 「산다는 것은」을 베낀 것이기는 하지만 산업적 스펙터클에 대한 놀라움과 감탄을 포함하고 있다는 점에서는 흥미로운 드라마다. 경제를 주도하는 것이 더 이상 무겁고 단단한 물건을 생산하는 산업의 형태가 아니라 정보, 생명공학, 서비스, 금융 산업 등 소프트하고 형태가 만져지지 않는 산업으로 바뀐 요즘, 산업적 스펙터클은 대중의 시각적 관심에서 사라져버렸다. 단지 문제는 '자주적' 근대화 시기의 대한민국에서 산업적 스펙터클은 나라 사랑과 독재 정권 홍보라는 상징성을 항상 머리에 덧쓰고 있었다는 데 있다. 당시에 공장 굴뚝은 그냥 굴뚝이 아니라 조국 근대화의 상징이었고, 공장 노동자는 생명을 지닌 인간 주체가 아니라 '조국 근대화의 역군'이었다. 이제 그런 상징적 함의는 우리의 머리를 떠난 지 오래므로, 산업적 스펙터클은 다른 의미로 다가온다. 산업적 스펙터클은 디스커버리 채널의 엔지니어링 다큐멘터리라는 형태를 통해 흥미로운 지식과 감각적 체험의 표상으로 더 다가오는 것이다.

인간이 만들어낸 산업이라는 것이 지구의 환경을 바꿔놓을 정도로 대단하니 만큼, 항구에 따르는 스케일과 무게도 엄청나다는 것을 항구를 볼 때마다 실감하게 된다. 싱가포르항도 그렇다. 몇 킬로미터를 뻗어 있는지 알 수도 없는 접안 시설, 수를 셀 수 없는 화적기(貨積機)와 크레인들, 그 하나하나의 무게가 수백 톤에 나가는 괴물들, 한도 끝도 없이 세워져 있는 수출용 자동차들…. 그중에 가장 놀라운 것은 그런 것들에 찰싹 들러붙어 있는 엄청난 양의 지식과 정보들이다. 산업은 물질로만 구성되어 있지 않다. 산업은 엄청난 지식과 정보와 항상 밀착되어 있다. 모든 산업 시설은 방대한 지식, 정보를 품고 있는 매뉴얼과 항상 같이 가며,

산업 시설을 다루는 사람들은 그 매뉴얼을 달달 외우고 있어야 한다. 역사·상식 등 교양지식과 산업적 지식이 서로 다른 점은, 통시적·공시적 풍부함에도 산업적 지식은 그 분야 이외의 사람들에게는 필요한 것으로도, 의미 있는 것으로도 다가오지 않는다는 데 있다. 거기에 바로 산업적 지식의 특성이 있다. 역사·철학·시사 등 누구나 교양으로 배워야 하며 확산을 특징으로 하는 지식과 달리, 산업적 지식은 해당 분야에 한정되어 있고 그 안에 폐쇄되어 있다는 특징이 있다. 그 결과, 교과서, 일반 상식, 교양, 흥밋거리, 심층적 연구서, 소설, 오락물 등 전문인과 비전문인을 위한 다양한 형태의 가시적 표상물을 담고 있는 다른 지식과 달리, 산업적 지식은 일반인들에게 가시적이지 않다. 일반인들은 배나 항공기가 움직이기 위해 얼마나 많은 지식과 정보가 필요한지 알지도 못하고, 또 알 필요도 없다. 예를 들어, **KTX**의 매뉴얼은 1만 3000쪽에 이른다고 한다. 하지만 그 보이지 않는 지식은 오늘도 소리 없이 작동하고 있다. 소리 없는 작동, 혹은 작동은 보여주지 않고 결과만 보여준다는 선택적 가시성은 산업적 표상의 특징이다. 그 소리 없는 작동 중에서 스펙터클만 뽑아 조국 근대화라는 상징성을 첨가한 것이 「꽃 피는 팔도강산」인 셈이다.

비평가가 만재배수량 5만 9000톤의 자동차 운반선 그랜드 머큐리의 항해에 동승한 이유는 그런 기계의 작동과 그 배후에서 작동하는 지식과 정보가 어떤 것이 있나 알아보려는 데 있다. 그 지식과 정보는 여러 층위로 되어 있는데, 첫째는 엔지니어링의 지식이다. 배를 만들고 움직이는 근간이 되는 지식이다. 사실 엔지니어링의 지식은 그것을 다루는 사람에게는 당장 눈앞의 공시적 차원만 중요하지, 그 지식이 역사적으로 어떻게 형성되었는지는 중요한 게 아니다. 디젤엔진을 작동시키기 위해 디젤엔진의 역사를 알아야 하는 건 아니다. 더군다나 업데이트가 빠른 엔지니어링 분야에서 역사적 지식은 곧바로 사장된다. 그랜드 머큐리의 브리지에는 과거 항해에서 배의 위치를 파악하는

그랜드 머큐리의 브리지. 브리지에서 바다는 네 가지 다른 방식으로 나타난다.
아이러니하게도, 창을 통해 눈으로 직접 보는 바다는 참고용일 뿐이다. 눈에 보이는
바다보다 아직 안 보이는 바다가 더 중요하기 때문이다. 중요한 것은 레이더에 나타나는
바다다. 눈으로 보는 것보다 훨씬 먼 범위의 바다를 보여주며, 육안으로는 확인할 수 없는
다른 배에 대한 정보를 보여주기 때문이다. 그리고 바로 앞에 펼쳐져 있는 해도는 앞으로
갈 바다의 전체적인 상을 보여준다. 해도 옆에 있는 기상정보는 미래에 닥칠 바다의
모습을 보여준다.

데 쓰였던 육분의(六分儀: sextant)가 GPS가 있는 요즘에는 구석에 처박혀 있는 것이나, 항해사들이 일출과 일몰 시각을 계산하는 법을 잊어먹었다든지 하는 것이 그 예다.

선박의 엔지니어링은, 선박이 크고 구조가 복잡하기 때문에 다차원적이고 다양하다. 예를 들어 배에는 엔진 이외에도 여러 가지 펌프, 발전기, 여과기, 공기 조절기, 보일러, 항법 장비, 소화 시설 등 수많은 종류의 기계들이 있는데, 그 각각은 다른 종류의 지식을 요구한다. 선박을 운용하는 사람은 그 지식에 통달해 있어야 한다. 그 1차 책임자는 기관장이다. 그 아래에 기관사들이 있는데 그들은 자기들이 막히는 경우 기관장에게 의존한다. 기관장은 선박 엔지니어링 지식의 최종 책임자인 것이다.

둘째는 항해와 천기에 대한 지식이다. 이는 선장과 항해사의 몫이다. 항해의 지식은 항로를 어떻게 잡고 어디서 변침(變針)하고 어느 웨이브 포인트에서 보고할 것인가 등 배의 기본적인 운항에 대한 지식이다. 또한 파일럿이 올라타는 파일럿 스테이션은 어디고, 다가오는 선박은 어떻게 회피할 것인가 등을 결정하는 것도 선장의 몫이다. 배의 선장은 일기예보 정도는 쉽사리 해낼 수 있을 정도의 기상학 지식을 지니고 있다. 그에게 일기는 배의 운명을 좌우하는 중요한 사항이기 때문이다. 배에서는 풍향, 풍속, 해수 온도 등의 정보가 항상 표시되며, 수시로 천기도가 팩스로 들어온다. 내가 일등항해사에게 왜 해수 온도가 표시되어야 하느냐고 묻자, 그는 배의 많은 기계들이 해수를 이용해 냉각되는데, 해수 온도에 따라 냉각 효율이 달라지므로 해수 온도를 아는 일이 중요하다고 했다. 싱가포르 근해(북위 3도)에서 26도였던 해수 온도는 홍콩(북위 22도)에 오자 17도로 떨어졌다. 그러나 묘하게도 다이원을 향해 북상하고 있는 지금은 23도로 해수 온도가 다시 올랐다.

배를 움직이는 세 번째 지식은 행정적 차원이다. 오늘날 기계는 행정의 지배를 받고 있다고 말할 수 있을 정도로 방대한 행정적 지식이 배의 작동과 운항에 수반된다. 오늘날 선장의 역할이 서류 작업을 하는 사람으로 바뀌었다고 푸념을 할 만큼 행정적 지식의 양과 종류는 방대하다. 배가 입출항할 때 선원 명부부터 온갖 보안 규정에 대한 기록들, 폐기물 관리 기록, 엔진실부터 주방까지 여러 시설물의 관리 현황에 대한 기록 등 실로 방대한 지식들이 배를 따라다닌다. 배의 곳곳 다양한 시설물들에는 여러 지침들과 주의사항들이 붙어 있다. 그 대부분이 '~하지 말 것' 등의 금제로, 대강 나열해보면 다음과 같다. '만지지 말 것, 접근하지 말 것, 마시지 말 것, 끄지 말 것, 켜지 말 것, 닫지 말 것, 작업 중인 인원 건드리지 말 것, 들어오지 말 것, 접근하지 말 것, 담배 피지 말 것, 성냥 켜지 말 것, 작동하지 말 것, 쓰레기 버리지 말 것, 물로 끄지 말 것, 열지 말 것, 방해하지 말 것, 밸브 열지 말 것, 밸브 닫지 말 것, 스타트 하지 말 것' 등등등.

화물선이라는 시설 자체가 위험한 것이 많고, 바다라는 험한 환경에서 작동하는 기계이기 때문에 다양한 금제는 어찌 보면 당연한 것인지도 모른다. 선박의 운항만큼 아버지의 이름이 강하게 작용하는 것도 없을 것이다. 물론 그 아버지의 이름은 선장이다. 선장의 말은 절대 권위를 지닐 뿐 아니라, 심한 경우는 명령에 따르지 않거나 난동을 부리는 선원을 감금할 수 있는 사법적 권한까지 갖는다.

항해에 대한 행정은 9·11 테러 이후 생겨난 '국제 선박 및 항만시설 보안규칙(International Ship and Port Facility Security [ISPS] Code) 때문에 더 까다로워지고 복잡해졌다. 예를 들어 배가 입항할 때는, 테러리스트가 브리지에 들어와 배를 조종해 9·11 테러범들이 비행기를 몰고 빌딩에 자살 테러를 했듯이 하는 일을 막기 위해, 번호를 눌러야 열 수 있는 자물쇠를 설치하는 일 같은 조치들이 그 예다. 그리고 해적의 존재 때문에 말라카 해협 부근의 항구를 입출항하는 선박들은 실내로 통하는 대부분의 문을 잠근 채 24시간 해적 당직을 세워야 한다든가 하는 규정들도 있다. 입출항할 때 꼭 선원 명부를 제출해야 하는데, 미국에 입항하면서 낸 선원 명부에 이름 철자 하나가 틀렸다고 미국 보안당국이 벌금 5000달러를 매겼다고 한다. 그랜드 머큐리의 모두가 5000달러에 벌벌 떨고 있었다. 타이완의 에버그린 해운사는 폐수를 버릴 때 여과하지 않고 폐유를 같이 버렸다가 15억 달러라는 천문학적인 벌금을 무는 바람에 회사가 기울어지기도 했다. 그만큼 환경에 대한 규제는 까다롭다. 환경문제에 대한 인식이 박약한 중국인 선원이 문제였지만, 그 모든 책임은 선장과 선사로 돌아간다.

　　마지막 차원의 지식은 소문들, 미신들, 징크스들이다. 배 안에서는 살아 있는 것은 죽이지 않는다는 식의 지식을 말한다. 거친 바다에 실존적으로 내던져진 작은 인간으로서는 이런 미신적 지식이라도 붙들고 싶어지는 것이다. 검증된 사실인지는 모르겠지만, 인체 구조상 남자는 롤링(rolling: 배나 비행기가 좌우로 흔들리는 것)에 약하고, 여자는 피칭(pitching: 배나 비행기가 앞뒤로 흔들리는 것)에 약하다는 얘기도 있다. 배의 좌현을 포트(port), 우현을 스타보드(starboard)라고 하는데, 아마 통상적으로 배가 좌현으로 접안을 하기 때문인 것 같다. 그러나 내가 탄 자동차 운반선은 램프가 오른쪽으로 나 있기 때문에 스타보드로 접안한다. 미신이나 징크스는 사실 해군에 많다. 오른쪽 통로로는 다니지 않는다든가, 침몰할 배는 출항 전에 쥐들이 미리 알고 다 배에서 내린다든지 하는 얘기들이다. 배가 거친 환경에서 가혹한 운명을 견뎌야 하기 때문에 징크스가 많은 것 같다.

싱가포르항에서 출항을 기다리는 그랜드 머큐리의 브리지에서 첫날 화두는 해적이었다. 유럽을 떠나 말레이시아와 인도네시아 사이의 말라카 해협을 지나 싱가포르에 늘어온 그랜드 머규리가 제일 신경 쓰는 것은 해적이었다. 해적의 출몰이 잦아서 말라카 해협을 지날 때는 24시간 해적 당직을 세우고, 브리지에는 해적이 나타났을 때를 대비한 비밀 비상 스위치까지 있었다. 그 스위치를 누르면 인근 해상경찰에 연락이 닿아 곧바로 헬리콥터 편으로

지금은 중국 상하이에 세계 최대의 자리를 넘겨주었지만, 싱가포르항은 세계에서 제일 큰
항구였다. 지금 보고 있는 모습은 아주 일부분에 지나지 않는다.

경찰이 출동한다. 그러나 해적은 나날이 고속화, 지능화, 흉포화하고 있다. 하나의 바다에 여러 부류의 사람들이 살고 있다는 걸 알 수 있었다. 내가 탄 배는 자동차 운반선이기 때문에 갑판이 높아 해적이 기어 올라오기 힘들지만 석유를 잔뜩 실으면 흘수선(吃水線: 배가 물 위에 떠 있을 때 배와 수면이 접하는 경계선)이 낮아지는 유조선 같은 경우는 해적이 쉽게 올라탈 수 있다고 한다.

대개 해적이 출몰하는 밤 10시에서 새벽 5시 정도까지 해적 당직을 세워놓는데, 한번은 6시 50분에 파일럿[3]이 타기로 되어 있었다고 한다. 그래서 사다리를 내려주고 파일럿을 태웠는데 총을 차고 있어서 누구냐고 물어보니 파일럿(pilot)이 아니라 파이럿(pirate: 해적)이었다는 웃지 못할 에피소드가 있다. 모든 것이 첨단화된 21세기에 해적이라니. 텔렉스로 들어온 해적 경보를 그대로 옮겨보았다.

+ 동아프리카, 인디아, 동남아를 항해하는 선박들은 해적과 무장 강도를 조심할 것.

+ 2006년 1월 25일 0152시 북위 13도 27분 06초, 동경 42도 59분, 홍해 남부에서의 사건: 불을 켜지 않은 쾌속선이 컨테이너선을 추격했다. 쾌속선은 35노트까지 속도를 올려 1.5마일 범위까지 다가왔다. 선박은 진로를 바꿨고 쾌속선에 탐조등을 비추자 쾌속선은 속도를 줄이며 추격을 멈췄다.

+ 2006년 1월 20일 0700시 북위 05도 25분, 동경 52도 34문, 소말리아 동부해안: 모선에서 출발한 두 척이 쾌속선이 벌크 캐리어를 추격했다. 한 배에는 기관총으로

---

3   배가 항구에 입출항할 때 복잡한 물길을 안내해주는 인원. 통상 그 항구에 있는 파일럿이 동승하여 안내해준다.

컨테이너를 가득 싣고 멀리 항해를 떠나려는 태즈만 오리엔트 사의 태즈만 트레이더호. 총톤수 1만 7731톤. 이번 항해에서 제일 두드러지게 눈에 띄는 것은 수많은 컨테이너들의 존재였다. 우리가 사용하는 재화의 상당 부분은 컨테이너에 실려 전 세계의 바다 이곳저곳을 떠돌다 온 것들이 많다. 컨테이너는 단순히 운반 용기가 아니라 오늘날 사물이 존재하는 주요한 존재 방식 중의 하나가 되었다. 어떤 역사가는 컨테이너의 발명은 종이 봉지의 발명 이후로 물류에 가장 큰 영향을 미친 사건이라고 평하기도 했다.

무장한 세 명이 타고 있었고 또 다른 배에는 두 명이 타고 있었다. 그들은 브리지를 향해 사격했다. 이들은 선박에 접근, 올라타려 했다. 선박은 속도를 올려 회피기동을 했다. 이후 쾌속선은 추격을 그만두고 모선으로 돌아갔다.

+ 2006년 1월 17일 0245시 인도네시아 바라 앵커리지: 세 명의 강도가 벌크 캐리어에 올라타서 브리지 근무자를 칼로 위협하고 인질로 잡았다. 당직사관이 워키토키로 근무자를 불러도 대답을 안 하자 경보를 울리고 선원들을 소집했다. 강도들은 배 밖으로 뛰어내려 달아났다.

+ 말라카 해협: 해협의 인도네시아 쪽 연안에 정박하지 말 것. 아체 부근 해안은 특히 납치의 위험이 높음.

+ 2006년 1월 27일 06시 북위 11도 55분, 동경 51시 19분, 소말리아 케이프 과르다퓌 부근: 기관총과 로켓 발사기로 무장한 해적 다섯 명이 쾌속선을 타고 벌크 캐리어에 사격했다. 선장은 회피기동을 하며 경보를 발동, 선원들을 소집해 소방용 호스로 물을 뿌리기 시작했다. 해적들은 계속 사격해 브리지 유리창과 객실을 파손했다. 그들은 인근의 목조 어선에서 탄약을 보충한 후 사격을 계속했다. 검은색의 철조 어선이 다가와서 사격했다. 연합군 전투선이 경보에 응했고 0740시에 헬리콥터가 도착하자 해적들은 사격을 멈췄다. 이는 지난 열 달간 이 지역에서 일어난 37번째 심각한 공격 사례였다. 선박들은 소말리아 북동해안에서 최소한 200마일 떨어져서 운항할 것을 권장한다.

+ 선박들은 해적 당직을 세우고 모든 해적들의 공격과 의심스러운 선박의 행동들을 쿠알라룸푸르에 있는 해적 센터에 보고할 것. 센터는 매일 24시간 열려 있으며 해적 신고 전화 603-2031-0014, 팩스 603-2078-5769,

그랜드 머큐리는 어둠 속에 싱가포르항을 떠나 홍콩으로 향한다.

드디어 출항 시각이 되자 나는 해적 걱정이고 뭐고 흥분되기
시작했다. 출항 시각이 18시 정각이기 때문에 저녁을
한 시간 앞당겨 먹고 출항 준비를 시작했다. 선장은 배
전체에 방송으로 전 인원은 자기 위치에서 출항 준비를
하라는 방송을 한다. 드디어 긴장감이 돌기 시작한다. 어느
항구나 그렇지만, 배들이 빡빡한 항구에서 만재배수량 5만
9000톤의 배를 끌고 안전하게 나간다는 것은 긴장되는 일일
수밖에 없다. 브리지에 있는 모두의 표정은 굳어진다. 이때
어떤 사람이 말레이시아 국기를 펼쳐놓고 그걸 담요 삼아
이슬람식으로 기도를 하고 있었다. 브리지에서 기도하는
모습이 이채로워 사진을 찍었는데, 이 사람이 무서운 얼굴로
나한테 화를 내는 것이었다. 이 배에서 나는 정중한 대접을
받는 손님이기 때문에 누구도 나한테 함부로 하지 못할
텐데 나한테 맞장 뜨는 이 사람이 누군가 했는데 알고 보니
파일럿이었다. 파일럿은 배를 인도해 안전하게 항구를
빠져나가게 해주는 사람이기 때문에 권위가 있었다. 그래서
나에게 함부로 대한 것 같다. 선장이 사진 찍는 대학교수라고
나를 소개하자 그제야 그 파일럿은 표정을 풀었지만, 이슬람
사람이 고약하다는 나의 편견만 더 강해졌을 뿐이다.

　　계류용 밧줄을 풀고 두 척의 터그보트(tugboat)에 끌려
배가 천천히 부두에서 멀어지기 시작하자, 드디어 일생일대의
항해가 시작된다는 생각에 내 온몸은 전율로 휩싸였다.
그리고 기왕에 항해를 할 바에는 바다가 좀 험한 것이 더
진한 체험도 할 수 있고 멋지지 않을까 하는 망상에 가까운
기대도 해보았다. 나중에 그 기대가 얼마나 시건방진 것인지
알게 되었지만…. 출항 전 싱가포르에서 홍콩, 타이완을 거쳐
일본의 지바항까지 가는 항로는 기상은 그리 나쁘지는 않고,
다만 바람의 세기를 1에서 12까지 놓았을 때 풍력계급 6, 즉
된바람(풍속 22~27노트, 시속 39~49킬로미터)이 있을 거라는

높이 46미터의 그랜드 머큐리의 브리지를 파도가 후려치는 믿을 수 없는 광경. 바다의
낭만이고 서정이고 뭐고 싹 달아나고, 어떻게 하면 살 수 있을까 하는 생각만 들었다.
이때 나의 유일한 생존 전략은 다른 사람들의 표정을 살피는 것밖에 없었다. 다행히도
그들은 태연했다. 만일 그들이 불안해하거나 허둥대면 그건 진짜로 심각한 상황일
것이다.

예상이 나왔다. 그래서 속으로 좀 실망했다. 기왕이면 엄청난 황천을 만나 아주 제대로 된 항해 체험을 할 수 있어야 할 텐데 하는…. 이 실망이 망상이었음은 나중에 드러난다.

그랜드 머큐리에는 도서관이 있다. 그런데 이 도서관은 선원들이 여가를 보내라고 있는 것이 아니다. 이 배에는 책이 많으나 모두 선박의 운항에 관한 책들이다. 브리지의 상단을 꽉 채우고 있는 운항 관련 책들은 각종 규정집, 매뉴얼, 핸드북, 지침서, 배의 도면 등 이루 헤아릴 수 없을 정도로 많고 다양하다. 배는 실로 엄청나게 많은 정보를 싣고 달린다고 할 수 있을 정도로 다양한 지식, 정보를 품고 있다. 당장 이 배에서는 역사적 지식은 푸대접을 받지만, 눈에 보이지 않는 역사적 지식까지 합하면 그 양과 복잡성은 이루 가늠할 수 없을 정도다. 물론 선장이나 사관들(항해사, 기관사)이 그 지식을 다 숙지하고 있어야 하는 건 아니다. 하지만 그 모든 지식은 배가 앞으로 갈 잠재적인 항구에 대한 안내와 규정들을 품고 있기 때문에 언젠가는 알고 있어야 하는 것들이다. 선박은 실로 지식의 화신이라고 할 수 있다. 그 지식의 범위도 선박 구조, 기상, 해도와 항법, 입항하는 항구의 보안 규정, 입출항 절차, 통신, 선원들의 복무규정, 비상시 대처 및 대피 요령, 폐기물 처리 방법과 규정 등 그 끝을 짐작할 수 없을 정도다.

지금 바다는 내가 이제까지 겪어본 것 중 제일 험악한 모습을 띠고 있다. 만재배수량 5만 9000톤이나 하는 배가 수평선이 보였다 안 보였다 할 정도면 엄청난 바람이고 파도다. 물론 선장이나 선원들은 아무렇지도 않다는 표정이며, 지극히 정상이라고 하지만 내 눈에 보이는 것은 미쳐 날뛰는 바다다. 누가 바다를 낭만과 연결시켰는가. 온 바다의 표면이 흰 파도로 뒤덮이고, 어찌나 바람이 센지 바람의 방향에 따라서 물이 흰 금을 긋듯이 바다 표면을 수놓고 있다. 바다 위에 있는 건 어떤 것이든지 뒤집어버리고 부숴놓겠다는 듯 사정없이 몰아치는 파도다. 바다가 미쳐 날뛰면 어떤 것도 살아남을 수 없다. 모든 것을 품어주는

요동치는 파도 속에도 수출입용 자동차들은 카 덱에 단단히 묶인 채 잠들어 있다. 차들의 간격은 10센티미터. 차를 카 덱에 싣고 나면 그랜드 머큐리 쪽에서 적재 상태를 확인하고 서류에 사인한다. 그 후에 차에 대해 일어나는 모든 일은 그랜드 머큐리의 책임이 된다. 혹시 차에 사소한 흠집이라도 있으면 모두 기록해 사후 분쟁에 대비한다.

그랜드 머큐리에는 이런 카 덱이 7개 층이 있으며, 승용차를 총 7000대 실을 수 있다. 배가 높아서 무게중심이 높아 불안정해 보이지만, 기관장 말로는 자동차는 빈 공간이 많기 때문에 배에 싣는 화물 중에는 비중이 낮은 편이라고 한다. 그리고 차를 가득 싣고 나면 배의 밑창에 있는 밸러스트 탱크에 물을 채워 무게의 균형을 맞춘다. 물론 배에는 밸러스트 탱크가 여러 개 있기 때문에 이들 사이의 균형을 맞추는 것은 섬세한 오케스트레이션을 요구한다.

대지와 달리, 바다는 모든 걸 분쇄해버리는 무서운 유동체다. 바다는 블랙홀이고 초대형 믹서다. 1006헥토파스칼의 열대성저기압 근처에 있는 건데도 이 정도니, 태풍 근처로 가면 어떨지 상상만 해도 모골이 송연하다. 가끔은 파도가 높이 46미터나 하는 그랜드 머큐리의 브리지 창을 때리며 온통 흰 거품으로 뒤덮을 정도로 세다. 하지만 그런 일도 선원들을 놀라게 하지는 않는 듯하다. 하긴 세계 여러 나라의 많은 항구를 다니며 산전수전을 다 겪은 이들이 풍력계급 7(센바람, 풍속 28~33노트, 시속 50~61킬로미터) 정도의 바람에 눈 하나 깜짝 안 하는 것도 신기한 일은 아니다. 그들은 더 최악의 상황도 겪어보았을 것이다. 당장은 테이블 위의 컵이 뒤집어지는 정도는 아니지만 전화기에서 텔레비전까지 모든 게 튼튼한 로프로 단단히 묶여 있는 걸 보면 이보다 훨씬 무시무시한 파도가 있음을 짐작할 수 있다. 나중에 항해일지를 샅샅이 뒤져서 읽어본 결과, 이 배가 항해한 몇 달간 오늘 내가 만난 풍력계급 9의 바람(큰센바람, 풍속 41~47노트, 시속 75~88킬로미터)과 파도가 제일 센 것임을 알게 되었다. 이 무슨 기구한 운명인가. 나 때문에 파도가 센 것 같아서 선장님께 죄송스러워졌다. 옛날 같으면 재수 없다고 나를 바다에 던져버렸을지도 모른다.

　　　이런 황천이 한 가지 좋은 점은 미학에서 말하는 숭고미가 무엇인지 온몸으로 느낄 수 있다는 것이다. 숭고미의 특징은 인간의 스케일을 초월하는 압도적인 광경 앞에서 실존적 존재의 위협과 미적 쾌감을 동시에 느끼는 묘하고 모순적인 성격에 있다. 지금이 바로 그런 상태다. 물론 바람과 파도가 이 배의 운항에 위협이 될 정도는 아니고, 다만 최고 속도에 훨씬 못 미치는 시속 9노트 정도로 나갈 수밖에 없지만, 그래도 이러다가 배기 뒤집힐 수도 있겠구나 하는 생각이 들 정도로 배의 요동은 심하다. 그런데 하얗게 미쳐 날뛰는 바다를 보고 있으면 묘한 쾌감이 들면서 자연의 경이를 가까이서 온몸으로 체험하고 있다는 데 상당한 만족감마저 드는 것이다. 물론 배가 온전히 항해를 할 수

깜깜한 바다를 보는 데 불빛이 방해가 되지 않도록, 브리지와 해도가 있는 방 사이에는 두껍고 검은 커튼이 쳐 있다. 레이더 스크린에 아무것도 없다는 것은 주위에 땅도 배도 없음을 의미한다. 요즘의 항해에서는 사람이 할 일은 별로 없다. 항로는 GPS에 입력되어 있어 변침하기 5마일 전에 신호를 준다. 인간이 하는 일은 뭐 잘못된 것이 없나 점검하는 것뿐이다. 하지만 아무리 첨단기술이 발달한다고 해도 그 모든 것들은 인간이 관장해야 한다. 기계가 자동화될수록 인간은 자동화되어 있는 시스템을 관장해야 하기 때문에 더 많은 것을 다루고 봐야 한다.

있다는 전제하에서 말이다. 숭고미는 인간의 감각과 인식을 초월해 있기 때문에 적절히 말로 기술하기가 어렵다는 특징이 있다. 지금의 상태가 그렇다. 날씨가 좋아질 거라는 예보와는 달리 바람은 점점 거세지고, 밤으로 가면서 배의 바닥이 바다 위로 붕 떴다가 수면 위에 떨어지면서 "쾅" 하고 배 전체를 울리며 육중한 진동을 일으키는 파운딩(pounding) 현상도 점점 잦아지고 거세진다. 그러나 이런 상황이 묘한 쾌감을 불러일으키는 것이다. 물론 그 쾌감에는 웬만한 사람이면 멀미로 나가떨어질 조건에서 멀쩡히 버티고 있다는 사실에서 오는 쾌감도 있다.

밤에 브리지로 나가보았다. 해도를 보는 곳은 불을 켜놓고, 창문 쪽은 두꺼운 검은 커튼으로 가려 있어 브리지에는 완전한 어둠만이 있었다. 그 커튼을 젖히고 창문 쪽으로 나가자 바다는 칠흑에 쌓여 아무것도 보이지 않았다. 달이 떠 있고 기상이 좋으면 밤에도 수평선이 보인다고 하지만 지금은 달도 안 떠 있고 기상도 안 좋아 아무것도 보이지 않았다. 당직사관은 그 어둠을 응시하고 있었다. 다가오는 선박을 미리 보고 조치를 취하는 일, 그게 그의 임무였다.

　　어둠 속을 한참 보자 파도가 희끄무레하게 나타났다. 바다는 밤에도 여전히 거칠었지만 당직사관은 그게 정상이라고 했다. 여기 사람들은 그런 식으로 1년 중 9개월을 바다에서 보낸다. 그 어둠을 채우고 있는 것은 레이더와 조타기의 계기판을 비추는 희미한 불빛뿐이었다. 당직을 서고 있는 삼등항해사의 말에 따르면, 바깥을 보려면 이쪽에 빛이 없어야 하기 때문에 빛을 차단한 것이라 했다. 그러고 보니 선박과 항공기 사이에 많은 유사성이 생각났다. 항공기의 조종석노 야간에 바깥을 볼 수 있도록 계기판의 불빛을 제외하고는 모든 불빛을 꺼놓고 있었다. 그 외에도 좌우를 포트와 스타보드로 부르는 것, 노트와 피트 등의 단위들, 시간의 스케일은 십 몇 시간에서 십 며칠로 다르지만 상당히 긴 거리를 가면서 엔진이 계속 돌아가는 것 등등 많은

선박에서 모든 장치들은 안전을 위해 삼중 백업 시스템으로 되어 있다. 그랜드 머큐리에는 GPS가 3개 있으며, 제일 오른쪽의 빨간 글씨는 해수 온도 표시기다. 해수 온도가 중요한 이유는 해수가 엔진 냉각에서 식용, 청소용 등 다양하게 쓰이기 때문이다.

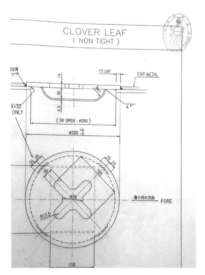

선박에 있는 모든 것은 안전과 효율을 위해서 선급협회의 인증을 받아야 한다. 자동차를 바닥에 묶어둘 때 줄을 거는 래싱 홀(lashing hole)의 규격도 선급협회의 공인을 받은 것이다. 브리지에 있는 문서들을 펼쳐놓고 사진을 찍을 때 나의 심정은 흡사 산업스파이가 된 것 같았다. 비평가와 산업스파이의 차이는 무엇일까 곰곰이 생각해보았다. 산업스파이가 찾는 것이 돈이 되는 정보라면, 비평가가 찾는 것은 정보의 근거일 것이다.

것에 유사점이 있었다. 그 가장 큰 이유는 항공기와 선박이 운항하는 스케일이 대륙을 가로지른다는 점, 따라서 항공기가 참조할 수 있는 운항의 지식 중 가장 유사한 게 선박이었기 때문일 것이다. 물론 양자 간에는 다른 점도 많지만 말이다.

바닷사람의 책임감은 인상적이다. 그들이 어떤 힘든 일도 마다하지 않고 불평 없이 해내는 것을 본 것은 공교롭게도 파티 때였다. 바다 위에서 생활하다 보니 크리스마스와 신년을 놓친 이들은 이것들을 몰아서 파티를 하려는 참이었다. 보통 브리지 가까운 데서 하던 관례와는 달리 이번 파티는 바람 때문에 선미에서 하기로 했다. 브리지에서 선미까지 150미터를 걸어가야 할 뿐 아니라 좁고 가파른 계단을 걸어 내려가야 했다. 선원들은 음식에, 음료에, 식탁에, 의자에 많은 것들을 이고 지고 가는 데 한마디 불평이 없었다. 선원들이 하는 말을 알아들을 수 없어서 확인을 할 수는 없지만 최소한 그들의 얼굴이 밝은 것으로 봐서는 그들은 힘든 일쯤은 일상다반사고, 자신이 해야 하는 일은 반드시 한다는 책임감 때문에 척척 해내는 것 같았다. 그들은 파티 장소에 의자를 딱 세 개만 갖다놓았다. 선장 것, 기관장 것, 내 것. 그 의자에 앉기가 미안했지만 배가 위계 사회라는 것은 그들이 더 몸으로 체득하고 있으므로 나는 굳이 사양하지 않고 의자에 앉아서 음식을 먹었다. 하지만 갑판에 쭈그리고 앉아서 먹고 있는 사관들과 선원들에게는 미안한 노릇이었다. 선박은 철저한 위계 사회고, 선장의 말은 곧 법이기 때문에 지체 없이 "예 써!" 하고 실행하는 데 익숙해 있으며, 선박의 많은 일들은 대단히 위험하고 힘든 게 많기 때문에 명령에 따르지 않거나 제대로 하지 않는 일은 많은 사람에게 피해를 입히는 걸 의미한다.

기관실에 가보았다. 기관실은 배 밑바닥, 가장 깊숙한 곳에 자리 잡고 있다. 심장이 몸 가장 깊숙한 곳에 자리 잡는 건 당연한 일이다. 1만 5000마력짜리 디젤엔진이 숨어 있는 기관실에는 여러 가지가 있다. 발전용 디젤엔진 세 대. 주

그랜드 머큐리의 심장. 이 사진은 출력 2만 마력의 디젤엔진의 최상층으로서, 엔진은 3개 층으로 되어 있는데, 한 번에 다 볼 수 없다. 엄청난 소음과 진동과 열기는 사진에 나타나지 않는다. 살아 있는 기계의 무섭고 위험한 기운도 사진에 나타낼 수 없다.

엔진의 제일 아래층. 이 엄청난 기계의 내부에 들어가서 이리저리 얽혀 있는 기계의 구석구석을 마음껏 구경하며 질문하고 사진 찍으면서, 기계의 내장 속이 편안하다고 느꼈다. 자기가 가장 관심 있는 대상 속에 깊숙이 들어와 있는 비평가만큼 행복한 사람이 있을까.

발전기, 보조 발전기, 비상 발전기다. 하나가 꺼지면 다른 하나가 즉시 자동으로 작동하게 되어 있다. 배에서는 안전이 중요하기 때문에 모든 것은 이중, 삼중의 백업 시스템으로 되어 있다. 통신용 인마새트[4] 송수신기도 세 대, GPS도 세 대, 공기압축기도 세 대, 워터 펌프도 세 대. 기관실과는 벽 하나를 사이에 두고 구별되어 있는 엔진 조종실은 조용하고 시원하고 깨끗하다. 기관실이 공장의 모습이라면 조종실은 사무실의 모습을 하고 있다. 이곳은 온갖 규정과 서류가 가득 찬, 행정의 방이다.

엔진이란, 모든 기계 중에서 제일 책임감 있는 기계다. 다른 모든 기계를 돌아가게 만드는 원동력이자 심장이며, 모든 것들의 생명의 원천이 되는 만이 같은 것이기 때문이다. 출력이 3000마력인 디젤기관차를 탔을 때 멀리 아스라이 매달려 오는 수백 톤 무게의 객차와 화차들을 보면서 엔진의 엄청난 인도력과 책임감에 가슴이 저렸었는데, 높이가 3층에 이르고 출력은 1만 9000마력에 이르는 선박 엔진을 보았을 때는 그저 전율스럽기만 했다. 매혹 혹은 전율에 엔진의 로망이 있는 것 같다. 매우 독특한 동력의 장치에 대해 독특한 감정을 느끼는 것 말이다. 엔진에 대한 로망은 폴 비릴리오가 "수송 엔진의 미학"[5]이라고 부른 것의 화신에 다름없다. 강력한 추진력으로 물리적 공간의 경계를 뛰어넘고 한계를 극복할 수 있게 해주는 원동력, 그리하여 새로운 속도를 보장하고 그 속도는 새로운 신진대사를 가능케 하고, 새로운

---

[4] 국제해사위성기구에서 주관하는 통신 서비스로 적도 상공 3만 5786킬로미터 정지궤도에 있는 인마새트(Inmarsat) 위성을 이용하여 태평양, 인도양, 대서양 지역의 육해상 어디에서나 사용힐 수 있다.

[5] Paul Virilio, *Speed and Politics*, New York: Semiotext(e), 1991, p.42. 한국어 번역은 다음 참조. 폴 비릴리오, 『속도와 정치: 공간의 정치학에서 시간의 정치학으로』, 이재원 옮김, 그린비, 2004년.

신진대사는 새로운 생명을 낳는다. 오늘날 소비적 삶의 사이클을 가능케 하는 것은 바로 이 엔진의 미학이다. 물론 그 신진대사의 끝에 항상 탄생만이 있는 게 아니라, 어떤 경우는, 드물지만 필연적으로 사고와 재난이 있다는 것도 잊어서는 안 되겠다. 물론 선박의 모든 시스템은 사고와 재난을 막는 데 총력을 기울여서 만든 것이기는 하다.

기관실에 있는 것들을 더 나열해보자. 엔진 스타트용 공기압축기, 터보 과급기, 해수 정제기(이 물은 식수로 쓰지 않음), 퓨어 오일 정제기, 퓨어 오일 펌프, 엔진 오일 정제기, 엔진 오일 펌프, 4톤짜리 크레인 두 대, 예비 실린더 라이너, 예비 피스톤, 루브리케이터(lubricator: 윤활유 배분기), 엔진 냉각장치(수냉식), 바다 생물 억제 장치, 빌지 여과기, 보일러, 공작실, 그리고 많은 소음과 열기, 긴장감과 위험.

배가 바다 위를 미끄러져 간다는 표현은 아마 배를 한 번도 타보지 않은 사람이 썼음이 틀림없다. 이 배를 타기 전에는 5만 톤이 넘는 배니까 배가 환경의 영향을 받지 않고 미끄러지듯이 항해할 줄 알았다. 그러나 이 배의 운항은 미끄러지는 것과는 너무나 거리가 멀었다. 미끄러지기는커녕, 배는 피칭과 롤링, 파운딩 등 사람을 괴롭히는 온갖 움직임들을 다 구사했다. 지난밤에는 피칭과 파운딩이 하도 심해서 새벽 3시에 잠이 깼는데, 재미나게도 선장도 그 무렵 잠이 깼다는 것이다. 선장은 자기도 이 배에서 이런 파도는 처음 겪어봤다고 했다. 배의 운항은 마치 다양한 장해물들이 설치되어 있는 코스를 이리저리 다니는 것처럼 기복과 단절, 충격으로 점철된 거친 진행이었다. 바다가 물로 되어 있다고 해서 결코 부드럽거나 안락한 게 아니다. 바다는 물침대가 아니다. 바다는 마치 못된 악동이 끊임없이 장난질을 획책하듯이, 끊임없는 요동과 발작으로 배와 사람을 괴롭혔다. 가만히 있어야 하는 유체가 움직인다는 게 얼마나 무서운 일인지 이번에 깨달았다. 하긴 바람과 조류에 노출되어 있는 바다가 가만히 있기를 바라는 것

자체가 악동이 얌전하게 있기를 바라는 것처럼 무리이기는
하다. 고정되어 있어야 할 게 움직일 때 얼마나 무서운
결과가 오는지는 지진이 잘 말해주는데, 바다는 그 무서움을
항상 보여주고 있었다. 육지에 있는 사람들이 모를 뿐이다.
중심기압 1006헥토파스칼의 열대성저기압은 풍력계급
7 정도의 센바람인데, 항상 바다에서 사는 사람들에게 이
정도는 아무것도 아니라고 하지만 내가 겪기에는 일생에
본 파도 중에 가장 큰 파도, 일생에 겪은 가장 격렬한
움직임이었다. 온 바다가 흰 물결로 뒤덮여 있었고, 높이
6미터가 넘는 집채만 한 파도가 밀려왔다. 한번 파도가 오면
배는 밑으로 푹 꺼져 들었다가 하늘로 솟구쳐 오른다. 물
표면에는 강한 바람에 흩날린 물이 흰 띠를 이루며 바람
방향으로 죽죽 금을 긋고 있는 엽기적인 모습을 보여주었다.
머리가 쭈뼛 서는 장면이었다.

피칭과 파운딩이 심한 바다는 마치 항상 바이킹을 타고
있는 상태와 비슷하다. 몸이 밑으로 쑤욱 꺼졌다가 위로
솟구치는 혼란스럽고 끔찍한 느낌. 내리고 싶어도 내릴
수 없는, 몇 날 며칠을 계속 타야 하는 바이킹인 것이다.
지난밤에는 선장도 못 자고 필리핀 선원들도 다들 못
잤다고 한다. 그래도 다행인 것은 피칭만 있었지, 롤링이
없었다는 것이다. 피칭에 롤링까지 있으면 몸이 앞뒤, 좌우로
움직이면서 견디기 어렵다고 한다.

배를 설계할 때는 당연히 이런 악조건에 견딜 수 있는
구조 강도에 맞춰서 한다. 배의 구석구석을 다녀보면 벽이
평평한 곳은 한 군데도 없다. 어디든지 철판은 주름이 져
있어서, 구조 강도를 강하게 하도록 되어 있다. 선원들이
타는 생활공간은 철판이 얇은 편이지만 화물칸과 엔진실로
가면 철판은 약 1센티미터 두께로 되어 있고, 모든 벽은
다 구조벽으로, 배에 가해지는 스트레스를 견딜 수 있도록
되어 있다. 선수(船首)의 파도를 강하게 맞는 부분의 두께는
20밀리미터, 중간에 제일 얇은 부분이 9밀리미터로 되어 있다.

이제 브리지의 계기판을 읽는 데도 어느 정도 익숙해졌다. 브리지에는 풍향, 풍속, 러더(rudder) 각도, 엔진 회전속도, 배의 기울기, 실제 속도를 나타내는 계기들이 있다. 처음에 그 숫자들은 추상적인 정보로만 다가왔으나 항해 닷새째를 맞은 지금 그 계기들의 숫자만 봐도 배가 어떤 상태로 가고 있는지 알 수 있게 되었다. 아침에 눈을 뜨면 마치 내가 선장인 것처럼 브리지에 나가서 계기판들을 보고 해도를 읽으며 그날의 상황을 점쳐 보는 일이 습관이 되었다. 그제와 어제 날씨가 나빴을 때는 풍속 시속 70킬로미터, 중심기압 1006헥토파스칼, 엔진은 분당 지정 회전속도 80에 실제 회전속도 50, 속도는 8노트도 안 되었으나 현재 풍속 시속 40킬로미터 미만, 지정 회전속도 99에 실제 회전속도 89, 속도는 18노트를 가리키고 있다. 현재는 바람이 북동풍이 마주 불고 있지만 조수를 타고 뒷바람을 받으면 22노트까지 갈 수 있다. 건조 직후 시험 운항할 때는 최고 23노트까지 갈 수 있지만 그것은 부하를 받지 않았을 때의 얘기다.

그러나 선장이 실제로 챙기는 것은 다른 것이었다. 날씨나 계기판 같은 것은 당직을 맡은 항해사들이 챙기고, 선장은 이메일과 텔렉스를 통해 들어오는 각종 정보들, 입항에 필요한 정보, 보고하고 검사받아야 할 사항들, 대리점이나 본사와의 연락 같은 것을 챙기기에 더 바쁘다. 정보가 만능인 탈근대 시대에 선박의 선장은 더 이상 옛날 영화에 나오는 마스터가 아니라 관리직에 불과했다. 과거의 선장은 낭만적인 직업이었다. 특히 입항하자마자 빨리 화물을 퍼주고 받고 바로 출항해야 하는 자동차 운반선이 아닌, 하역에 시간이 많이 걸리는 벌크 캐리어(잡화선)의 선장은 어떤 때는 한 달도 기항하는 경우가 있어서 이국의 낭만을 즐기고는 했다고 한다. 리보르노, 프린스루퍼트, 오데사 등 이름만 들어도 낯설고 신기한 땅이라는 느낌이 물씬 풍기는 항구에서 다양한 문물을 접할 수 있었던 선장은 과거에는 분명히 멋진 직종이었다.

그랜드 머큐리를 보면서 떠오른 단어가 '날림'이었다.

1960, 70년대 한국의 공업 생산과 일 처리 방식을 대표하는 범주였던 날림이란 단어는 이 배에 존재하지 않는다. 세발자전거는 프레임 중간의 용접이 날림이라 어린애가 타고 노는데도 부러져버리고, 문손잡이는 제 위치에 붙어 있지 않아서 문을 닫다가 손을 찧고, 고등학교 시절 수학여행 가면 음식이 하도 날림이라 몽땅 쓰레기통에 버리고, 어떤 문짝도 철컥 하고 확실하게 잠기지 않고 항상 어설프게 어긋나 있는 등의 엉성하고 조잡하고 얄팍하고 빈곤하고 대충대충 때우는 날림의 정신은 선박의 생존을 허용치 않는다. 이 배가 일본에서 제작되었기 때문만은 아니다. 선박이라는 것이 거친 환경과 싸워야 하는 기계이기도 하지만, 수많은 국제 규격에 맞춰서 제작되어야 하고 유지, 운행되어야 하기 때문이다. 선박의 모든 부분, 엔진이나 발전기 같은 중요한 것은 물론이고 소화장치, 조명, 통신, 주거생활의 모든 디테일들은 국제 규격에 맞춰서 유지되어야 한다. 심지어 벽에 붙여놓아야 하는 게시물의 종류와 위치도 규정으로 정해져 있다. 비상시 대피도 같은 중요한 것뿐 아니라, 폐기물은 어떤 절차를 통해 처리하고, 해적 당직은 누가 어떤 순서로 서는 등 자잘한 사항들이 벽에 깨알같이 써 붙여져 있는 곳이 선박이다. 그것들을 어길 수 없는 것이, 그러면 바로 안전과 직결되기 때문이다.

위험한 직종이 다 그렇지만, 선박은 철저한 계급사회다. 맨 위에 선장과 기관장, 그 아래 일등항해사, 이등항해사, 삼등항해사, 일등기관사, 이등기관사, 삼등기관사, 갑판장, 갑판원, 요리사, 요리사 보조가 있다. 선장과 기관장, 사관은 모든 면에서 선원과 구별된다. 그들은 서로 다른 구역에서 생활하고, 식당도 구별되어 있고 식단도 다르며, 심지어 세탁소도 다르다. 파티 때 말고는 사관과 선원이 서로 거의 만날 일이 없는 곳이 선박이다. 파티 때도 사관과 선원은 다른 곳에서 음식을 먹었다. 테이블에서 의자에 앉아 먹는 사람은 선장, 기관장, 나밖에 없었다. 다른 선원들은 그냥 접시를 손에 들고 서거나 대강 쭈그려 앉아서 먹는 것이었다. 내가 보기에는 말도 안 되는 계급 차별이지만, 누구도 그에 대해 의문이나 불만을 제기하지 않았다. 엄격한 질서가 유지되어 있는 선박에서 선상 반란이니, 구타니 하는 험한 일들은 여기 사람들 말로 하면 '범선 시절'에나 있던 일이다. 모든 사람들은 철저하게 기능적으로 분화되어 있기 때문에 남의 영역을 침범할 일이 없고, 따라서 갈등을 일으킬 일도 없다. 술은 입항해 있을 때는 규정상 누구도 마실 수 없지만 일단 항구를 떠나면 누구나 마실 수 있다. 그러나 밤 10시 이후에는 술은 자제하며, 사관들도 내놓고 마시지는 않는다.

　　삼등항해사는 선원들 중에 필리핀 사람들이 많은 이유가 단지 돈을 적게 줘도 되기 때문이 아니라 그들이 일을 충실히 하며 뛰어난 선원 자질을 지니고 있기 때문이라고 했다. 내가 보기에도 그들은 선장에게 복종하며 어떤 궂은일도 묵묵히 해내는 사람들이었다. 뱃사람 하면 항구에서 여자나 찾아다니고 싸움질이나 하는 사람이라는 고정관념은 1970년대에나 있던 것이라고 그는 말한다. 이제는 선박 기술도 나날이 발전하기 때문에 계속 신기술을 배워야 하고, 새로운 자격증을 따야 하기 때문에 그렇게 방탕한 선원은 없다고 한다.

　　마침 삼등항해사가 당직을 서고 있었다. 사관(일등항해사, 이등항해사, 삼등항해사, 일등기관사, 이등기관사, 삼등기관사)들은 매일 같은 시간에 4시간씩 브리지에서 당직을 선다. 한밤중에 나가본 브리지에는 아무것도 보이지 않는다. 바다와 하늘은 캄캄하고, 브리지에는 최소한으로만 불을 켜놓은 계기판만이 빛을 내고 있다. 그 어둠 속에서 당직사관은 바다를 응시하고 있다. 사실 항해는 주로 레이더와 GPS에 의존하기 때문에 사람이 일일이 바다를 바라보고 있어야 하는 건 아니다. 그리고 전방에 장애물이 나타날 경우 레이더에서 경보가 울리게 되어 있고, 변침해야 할 지점이 오면 GPS에서 경보가 울리기 때문에 사람의 눈이 꼭 필요한 것도 아니다. 조타는 수동에서 자동으로 전환되어 있기 때문에 당직이 하는 일은 그저 배가 제대로 가고 있나 확인하는 일뿐이다. 삼등항해사에게, 같은 시간에 밤새도록 서서 당직을 보면 졸리지 않느냐고 물었더니 자신의 당직에 동료 선원들의 목숨과 화물 등 많은 재산이 걸려 있기 때문에 졸리지 않다고 대답한다. 「국군의 시간」에 나오는 대답 같지만 사실이다. 긴장감이 있기 때문에 졸리지 않을 것이다.

이런 식의 여행은 흔히 주어지지 않는다. 아무런 제한도 없이, 단지 제한이라면 악천후밖에 없이, 사람들의 친절한 안내와 설명을 들어가면서, 때로는 그 설명이 너무 길고 복잡해서 졸기까지 하면서 기계의 모든 구석구석을 싫증 날 때까지 돌아보고, 마음대로 사진도 찍고 할 수 있다는 건 기계비평가로서는 사탕 가게에 와 있는 어린아이 같은 심정이다. 눈앞에 펼쳐진 무수한 사탕들 가운데 어떤 사탕을 집어야 할지 몰라 당혹스러운 것이다. 배라는 기계는 엄청나게 클 뿐 아니라 너무나 많은 상징성과 역사성을 품고 있다. 정작 이 기계를 작동하는 사람들은 그런 은유적·환유적 관계를 자기도 모르는 사이에 입으로 말은 하고 있으면서도 그런 차원의 존재에 대해서는 전혀 의식하고 있지 않다. 해양 대학에서 선박의 운항에 대한 것은 가르칠지 몰라도 선박의 상징성은 가르치지 않을 테니 말이다. 다른 산업 현장을 견학할 때면 흡사 내가 산업스파이가 된 듯 왠지 떳떳치 못하고, 실제로 많은 산업 현장이 보안에 민감해 사진을 찍거나 마음대로 구경을 할 수 없는 경우가 많다. 그런데 여기서는 보안은 해적이나 화재, 침몰 등 정말로 심각한 사안에 대한 것이지 정보라는 차원에서 괜히 근거도 없이 사람 겁주는 식의 쩨쩨한 보안 개념은 없다.

필리핀 선원들은 무척이나 낙천적이다. 배가 출항할 무렵 계류용 밧줄을 감아올리는 윈치가 있는 스테이션에 가보았다. 튕겨 나오는 밧줄에 맞으면 사람이 즉사할 수 있는 위험한 곳이다. 나는 밧줄이 튕기지 않을 안전한

너무나 바쁜 일정 때문에 크리스마스와 새해를 배 위에서 보낸 선원들을 위해 날짜가 한참 지난 바비큐 파티가 열렸다. 배를 타는 것은 가장 좋으면서도 가장 나쁜 여건에서 이루어지는 노동이다. 선원들은 대양의 맑은 공기를 마시며 전 세계의 어디든 가며 풍부한 체험을 하지만, 정작 대부분의 시간을 배 안에서, 그것도 바깥 공기를 쐬기 힘든 자신의 구역에서 일하며, 육지를 밟아보기도 힘들다. 선원들이 갑판에서 맑은 공기를 쐬거나 낚시질을 하며 빈둥거리는 일은 거의 보지 못했다. 배는 전 세계의 어디든 가지만 그 안의 선원들의 행동에는 제약이 많다는 것은 오늘날 해양 노동의 역설이다.

통돼지를 놓고 건배! 선장과 기관장을 제외한 18명 선원들은 모두 필리핀인들이다. 이 자리는 주방에서 아주 먼 반대쪽 끝인데, 선원들은 통돼지를 포함한 음식과 음료와 테이블 등 무거운 것들을 좁고 가파른 계단을 통해 날라다놓았다. 그들은 파티를 위해서도 노동을 해야 하는 것이다. 그들은 선장, 기관장, 나를 위해 의자를 딱 세 개만 갖다놓았는데, 나는 거기 앉아서 밥을 먹기가 미안했다. 하지만 그냥 앉았다. 어차피 배란 철저한 계급사회고, 선원들도 모두들 그 사실을 당연한 것으로 받아들이고 있었기 때문이다.

66

구석에 숨어서 작업 과정을 지켜보고 있었는데, 배에서
하는 일 중에서 가장 위험한 일이 밧줄을 다루는 일일
것이다. 배에서 쓰는 밧줄은 인장강도가 수십 톤에 이르고
굵기가 5센티미터가 넘는 무서운 물건이다. 그러나 밧줄이
가장 무서울 때는 장력(張力)이 걸렸을 때다. 부두에
접안하면 계류용 쇳덩이에 밧줄을 걸었다가 출항할 때는
밧줄을 푸는데, 이때 배 전체의 무게가 밧줄에 걸려 있기
때문에 밧줄에는 엄청난 장력이 걸린다. 이 밧줄이 튕기면
사람에게는 치명적인 충격을 준다. 그래서 입출항할 때 이
밧줄을 적절히 감아주고 풀어주어야 한다. 윈들러스라고
부르는 계류용 윈치는 유압모터로 작동되는데, 그 작동은
사람이 무겁고 큰 스위치를 돌려서 감았다 풀었다 하는,
순전히 육체노동에 의해 조절된다. 몸이 힘들 뿐 아니라
위험한 일인 것이다. 육체적으로도 힘들지만, 사방에서
들려오는 고함 소리는 사람을 주눅 들게 만든다. 괜히
뭐라도 까딱 잘못했다가는 엄청나게 깨질 것 같은 분위기다.
배에서 하는 일이 힘들고 위험해서 내 잘못은 동료의 목숨을
위태롭게 하기 때문이다. 그러나 앳되게 생긴 필리핀 선원은
계속 웃으며 일한다. 군대 시절 조교나 고참들이 이빨 보이며
웃지 말라고 으름장을 놓던 일이 떠올랐다. 이렇게 심각하고
위험한 상황에서 어떻게 웃을 수 있을까.

　　필리핀 선원들의 낙천성이 잘 보이는 대목이 승진에 관한
부분이다. 우리는 승진을 위해서 목을 매고 아등바등한다.
남편의 승진을 위해서 마누라도 나서는 판국이다. 그러나
필리핀 선원들은 승진보다는 만족스러운 삶에 더 가치를
둔다. 예를 들어 삼등항해사는 당연히 이등항해사가 되기
위해 노력하고 공부하고 검정시험에 대비하며, 이등항해사는
일등항해사가 되기 위해, 일등항해사는 선장이 되기 위해
노력해 실제로 승진이라는 가파른 사다리를 탄다. 그러나
필리핀 선원 중에는 일등항해사가 되어보아야 일만 많고
책임감만 늘어나서 부담스럽다고 삼등항해사로 내려가는
사람도 있다고 한다. 일등기관사 위에는 기관장이 있어서

홍콩항에 가까이 가자 검은 산이 맞아주었다. 아파트의 불빛을 빼면 죽어 있는 것 같다.
이런 경로로 홍콩을 처음 가본 사람은 매우 드물 것이다. 일반적인 관광이나 여행의
경로가 아니라 화물 운송으로, 더군다나 일반적인 선원이 아니라 비평가로서 들어가는
것이니 말이다. 물론 홍콩 땅에는 발도 못 붙여봤지만 독특한 접근 자체가 나에게는
만족스러운 것이었다.

엔지니어링에 대해 모르는 게 있으면 기관장에게 의존하고 물으면 되지만, 일등항해사 바로 위는 선장이라 모든 걸 묻고 의존하기가 어려운 만큼 더 많은 책임이 따른다. 실제로 우리 배의 삼등항해사는 46세인데, 그 나이면 일등항해사가 되고도 남을 나이다. 필리핀 선원들에게는 꼭 남을 밟고 올라서야 제대로 된 삶이라는 관념이 없는 것이다. 실제로 필리핀에 가보면 길거리에서 아무것도 하지 않고 어슬렁거리는 사람들이 많은데, 실업률이 15퍼센트 정도로 높은 것도 이유가 되겠지만, 필리핀 사람들에게는 꼭 무엇을 해서 무엇이 되어야 한다는 강박관념이 없이 여유 있고 느긋하게 살겠다는 태도가 있기 때문이다. 그에 비하면 우리는 되어야 하는 게 너무 많다. 전교 1등이 되어야 하고, 사장이 되어야 하고, 총장이 되어야 하고, 대통령이 되어야 하고, 통반장이 되어야 하고, 무슨 무슨 위원장이 되어야 하고…. 이 넓고 좋은 바다에서 이 무슨 부질없는 생각인가. 못살고 낙후하다고 남을 멸시하기 전에 우리의 삶의 태도를 돌아보아야 하지 않을까.

항해라는 것, 거칠고 망망한 대해를 가로질러 머나먼 목적지에 닿는, 인간의 지혜와 의지와 용기를 짜내야 가능한 이 극적이고 파란만장한 여행의 형태를 따분하고 좀스럽게 만들어버린 것은 오늘날의 소비자본주의다. 원래 항해란 목숨마저도 버릴 정도로 위험하고 힘든 일이었으나, 무엇이든지 작은 단위로 만들어 포장해서 간편히 소비할 수 있도록 해버린 소비자본주의는 항해라는 거친 체험조차도 쩨쩨한 차원으로 격하시켜버렸다. 오늘날 사람들이 항해(크루즈, 혹은 내비게이션) 하면 떠올리는 말은 더 이상 위도, 경도, 육분의, 나침판, 해도, 조류, 풍향, 풍속 같은 것들이 아니다. 그들에게 크루즈란 비싼 돈을 내고 해상의 호텔에서 지내는 것을 말한다. 또 그들에게 내비게이션이란 자동차에 붙여서 더 이상 항해의 지식이나 노력 없이 운전할 수 있게 해주는, 즉 내비게이션을 필요 없게 만드는 장치를

홍콩항에 들어온 그랜드 머큐리. 홍콩항은 구정인데도 휘황한 불빛 속에 살아 있었다.
서 있는 사람은 파일럿. 어떻게 구정에도 일을 하냐는 내 물음에 그가 한 대답은 "This is Hongkong!"

동이 터오는 홍콩항을 예인선이 지나간다. 왜 이리 다들 바쁠까.

말한다. 원래는 멀리 있는 목적지를 찾아 낯선 곳을 떠돌며 운명과 감각의 모험을 하는 것을 뜻하던 내비게이션은 이제는 '노력하지 않고 목적지를 저절로 찾아감'을 뜻하는 말이 되어버렸다. 내비게이션이 내비게이션을 부정하는 이런 희한한 변증법이 오늘날 경험의 범위를 축소시키고 있는 것이다. 사실 소비자본주의가 항해의 의미를 격하해버린 것에 화가 나는 것은 아니다.

　　문제는 대체 혹은 치환에 있다. 동양과 서양의 조상들이 수많은 희생을 겪어가며 개발한 항해의 노하우들 — 바람과 조류와 별의 움직임을 어떻게 읽고, 선원들은 어떻게 통솔하고, 물과 신선한 음식이 귀한 선상에서 건강은 어떻게 유지하고 하는 등등, 처절한 경험과 역사를 통해서만 배울 수 있는 것들 — 을 대변하는 범주들이 간단히 관광 소비의 범주들로 대체되면서 그런 가치의 치환(displacement)이 일어나는 것이다. 오늘날 여러 차원에서 치환을 얘기하고 있지만, 과거에는 사람과 물건의 자리를 바꾸는 치환 행위의 주요한 계기였던 항해라는 범주마저도 치환되어버리는 요즘 세상에 항해의 의미를 온전히 찾겠다는 것은 까딱 잘못하면 과거로 회귀하자는 것처럼 보수적이고 시대착오적인 주장으로 들릴지도 모르겠다. 바라는 것은, 어떤 대체와 치환이 일어났는지만 아는 것이다. 즉 항해라는 말 속에 어떤 지혜와 경험과 결단을 필요로 하는 인간 활동의 층위가 숨어 있는지만 기억할 수 있으면 될 것 같다. 항해의 온전한 의미를 알기 위해서 우리는 지식의 고고학을 필요로 할지도 모른다. 오늘날 항해에 대한 지식은 두텁게 쌓여 있는 소비자본주의의 패키지들의 폐허 저 밑바닥 속에 감춰져 있기 때문이다.

　　선원들은 가끔 '대항해 시절'이라는 말을 쓴다. 오늘날처럼 모든 것이 자동화되기 전, 인간의 능력으로 계산하고 판단하며 오늘날보다 훨씬 더 많은 모험의 요소들을 헤치며 항해하던 시절을 가리키는 말인 듯하다. 그것이 무슨 고증을 하기 위한 게 아니라면 오늘날 아무도 그 시절로 돌아가고 싶지 않을 것이다. 오늘날 항해사들은

배에 실려 있는 컨테이너를 육지로 나르는 갠트리 크레인. 괴물 같은 규모에도 대단히
빠르게 움직인다. 흡사 일본 애니메이션에 나오는 철로 된 괴물 같다.

더 이상 항법을 위해 별이나 태양을 보지 않는다. 요즘에노 배의 모든 시스템이 고장 났을 때 최후의 수단으로 쓰라고 브리지에 육분의가 있기는 하다. 하지만 이중, 삼중의 백업 시스템으로 되어 있는 배의 항법장치가 다 고장 날 확률은 100만분의 1도 안 되며, 오늘날의 바닷사람(seaman)들은 육분의 사용법을 가물가물하게 기억하고 있다. 과거에는 로랜(LORAN: long-range navigation), 오늘날은 GPS와 항법 레이더에 의존하면서 그만큼 선원들이 자연의 요소들을 접할 기회가 줄어들고, 자연의 적대성과 싸울 일도 줄어든 것이다. 사실 선원들은 항해하는 동안 굳이 맑은 공기를 쐬기 위한 게 아니라면 브리지 바깥으로 나갈 일이 없다. 오늘날의 항해 공간은 더 이상 거친 자연이 아니라 사무실의 형태를 하고 있다. 브리지에는 퍼스널컴퓨터, 인마새트 송수신기 두 대, 팩시밀리 한 대, 레이더 두 대, GPS 세 대, 나침의 한 대, 수심측정기(Echo Sounder), 항공기의 블랙박스와 비슷한 역할을 하는 운항 기록 장치, 책 수백 권, 커피, 코코아, 인삼차, 초코파이가 있다. 화물선 위에서도, 오늘날의 항해란 사무 공간에 앉아서 정보의 바다를 헤쳐 나가는 활동을 말하는 것이다. 선장의 역할은 브리지에 우뚝 서서 "070으로 변침!"을 외치는 게 아니라, 그런 것은 GPS가 다 명령해주기 때문에, 주로 컴퓨터로 자료를 다운받고, 규정집을 점검해 뭐 잘못된 것이 없나 확인하고, 회사에서 내려오는 지침들을 하달하는 행정가의 모습으로 변했다.

사실은 관광 여행으로서 크루즈도 거친 자연환경 앞에 노출되어 있다. 단지 인간이 개발해낸 안락 시스템이 고객들을 자연의 적대성으로부터 보호하고 있을 뿐이다. 만약 화물선이 노출되어 있는 조건에 크루즈 여행의 승객들을 놔두면 다들 멀미 끝에 탈진하고 말 것이다. 낭만이고 뭐고 말이다. 그러나 오늘날 조선공학의 꽃, 최첨단이라고 부르는 크루즈선에는 배를 롤링과 피칭에 빠트리는 파도의 힘을 상쇄시켜주는 장치가 있다. 그리하여 웬만하게 험한 바다를 지나도 크루즈선은 롤링과 피칭을 하지 않는다. 배가 롤링과

홍콩항. 그곳의 기계에게는 휴일도 명절도 없는 듯하다.

피칭을 한번 시작하면 남아날 사람이 없으니 관광 소비 시장을 유지하려면 어떻게 해서든 롤링과 피칭을 막아야 하는 것이다.

내가 이런 그랜드 머큐리처럼 큰 배를 처음 접한 것은 모형을 통해서였다. 어렸을 적에 만든 야마토 전함에서 최근에 만든 러시아의 소브레메니급 구축함에 이르기까지. 당연히 그렇지만, 모형 배에서는 모든 것이 앙증맞다. 포탑의 무게만 2000톤이 나간다는 야마토 전함의 포탑도 마치 각설탕 크기의 자그마한 플라스틱 사각형이고, 사람을 즉사시킬 수 있는 계류용 케이블을 감는 윈들러스도 손톱보다 작은 액세서리일 뿐이다. 그러나 실제 배 위에서 본 그런 액세서리들이 모두 괴물 같은 스케일과 위력을 지닌 것들이라는 사실에는 어안이 벙벙해질 뿐이다. 여기서 그런 의문이 들었다. 인간은 왜 인간의 스케일을 훨씬 초과하는 괴물 같은 물건들을 만들게 되었을까. 여기서 인간소외니 하는 병신 같은 개념은 집어치워버리기로 하자. 스케일이 인간을 압도한다고 곧바로 정서적으로 소외라고 하는 건 너무나 피상적인 반응이기 때문이다. 소외는 인간이 자신의 노동을 통해 참된 자아를 실현하지 못할 때 쓰는 말이지, 정서적으로 스케일이 크다고 쓰는 말이 아니기 때문이다. 예를 들어, 그렇게 스케일 큰 물건이 노동자들의 자아실현과는 무관한 강제적인 노동의 도구로 쓰이거나, 노동 착취의 수단으로 쓰이면 소외라는 말을 쓸 수 있다. 그러나 기계가 크다고 무조건 '비인간적이다, 소외다'라는 말을 쓸 수는 없다. 저 컨테이너 속에는 우리가 일상생활에 필요로 하는 수많은 것들이 들어 있으며, 그 순환이 당대 생활의 중요한 조건인 것이다. 혈액이 순환되어야 사람이 생존하듯이 말이다. 결국 문제가 되는 것은 순환의 양과 속도다.

해상운송을 보면서 놀라는 것은 그 규모와 무게, 부피다. 배의 크기는 대체로 수만 톤에서 수십만 톤, 화물의 크기도 몇 톤에서 수백 톤에 이르는, 무지막지한 것들이 해상으로 운송된다. 이 엄청난 물량의 이동을 가능케 하는, 아니 필요로

컨테이너를 가득 실은 머스크 사의 다윈 런던호가 출항하려고 하고 있다.

그랜드 머큐리의 선원들이 계류용 밧줄 풀리는 것을 지켜보고 있다. 줄 다루는 일은
배에서 가장 위험한 일이다. 선장도 내게 계류용 밧줄 다루는 현장 근처에 가지 말라고
했는데 나는 호기심에 그의 명령을 어기고 먼발치에서 지켜봤다. 다른 모든 노동이
그렇지만, 배에서 이루어지는 노동도 우리 눈에 띄지 않는다. 우리에게 재화가 전달되는
것은 자동화시스템을 통해서가 아니라, 그 시스템을 작동시키기 위해 밤낮으로 일하는
수많은 사람들의 노동 때문이다. 그 노동이 눈에 안 보인다고 해서 오늘날 추상적이고
소프트한 정보가 모든 것을 한다고 생각하면 오해다.

하는 동기는 무엇일까? 비릴리오는 근대사회의 동인이 자본의 축적이라는 마르크스의 주장과 달리, 속도에 대한 추구와 통제라고 말한 적이 있다. 예를 들어 엄청난 재화를 소비하는 것과 그것을 빠른 속도로 움직여서 순환의 흐름을 유지하는 것은 서로 다른 일이다. 물론 소비가 있으려면 유동과 순환이 있어야 하나, 이렇게 많은 물자들이 오늘날처럼 빠른 속도로 움직이는 건 아마 인류의 역사상 유례가 없는 일일 것이다. 홍콩이건 싱가포르이건 컨테이너 부두에 가보면 전 세계에서 온 색색가지의 컨테이너들이 다시 다른 짐을 싣고 다른 곳으로 흩어져 가는 것을 볼 수 있다. 해상운송을 통한 물자의 이동은 인체로 치면 대동맥과 같다. 물론 육상 운송과 항공운송도 있으나, 해상운송은 그 규모가 아주 크고, 의외로 속도가 빠르다는 것이 놀라운 점이다. 333의 법칙에 따라 뇌로 가는 산소가 3분간 멎으면 죽고, 3일간 물을 안 마시면 살 수 없으며, 3개월간 음식을 안 먹으면 살 수 없다고 하는데, 그 핵심은 순환이다. 문제는 그 순환의 양과 속도가 대단하다는 것이다. 해상운송에서는 '퀵 디스패치(quick dispatch)'라는 말이 있는데, 항해하다가 항구에 접안하고 물건을 싣고 내리고 다시 떠나는 모든 절차에 걸리는 시간을 줄여서 순환의 사이클을 빨리하는 걸 말한다.

그것은 비릴리오가 말한 '시간의 전쟁'이다. 비릴리오에 따르면, 부는 고정되고 축적되는 어떤 게 아니라 시간의 단위를 따를 수밖에 없는, 유동하는 어떤 것이다. "이런 부의 성질이 바뀜에 따라 드러나는 것은 세계경제의 속도의 변화일 뿐이며, 그것은 움직일 수 있는 단위에서 시간 단위로의 이행, 결국은 시간의 전쟁으로의 이행이다."[6] 그랜드 머큐리의 모든 것을 지배하는 것은 속도다. 그런 점에서 그랜드 머큐리는 비릴리오가 말하는 속도정(dromocrat), 속도를 통한 지배가 행사되는 전형적인 현장이다. 속도정은 배가 이 항구에서 저 항구로 이동하는 페이스, 화물을 싣고 내리는 페이스 등

6　Ibid., p.47.

문화의 차이
위: 중국인들은 일을 간단히 한다.
아래: 일본인들은 일을 복잡하고 주의 깊게 한다.

거대한 차원에서만 작용하는 것이 아니라, 선원늘의 일상에 속속들이 작용한다. 그랜드 머큐리의 선원들이 2월 16일에나 하루를 푹 쉬면서 파티라도 할 수 있었던 이유는 글로벌한 물류의 순환 속도 때문에 크리스마스와 1월 1일도 쉴 틈이 없었기 때문이다.

　　이렇게 눈이 돌아갈 속도의 문제는 퀵 디스패치가 사람을 잡는다는 것이다. 실제로 이번 항해에서 싱가포르항, 홍콩항, 지룽항(타이완), 지바항(일본) 등에 들렀지만 선원들은 한 번도 밖에 나갈 시간이 없었다. 그들은 배가 부두에 닿아 계류용 밧줄을 묶자마자 재빨리 램프도어를 내리고 차를 쏟아낸 다음 다시 차를 싣는 일에 매달려야 했고, 그렇지 않은 기관원들은 엔진이 돌지 않는 동안 할 수 있는 수리를 하기 위해 엔진실에서 바삐 움직여야 했다. 그런 그들에게 육지에 내려서 여자들을 희롱하고 술집에서 돈을 쓸 시간이란 애초에 사치였다. 결국 빨라지는 물류의 순환 사이클은 일하는 사람들의 육체와 정신에 스트레스로 고스란히 쌓이게 되어 있다. 그게 오늘날의 발전하는 시스템이 사람에게 하는 일이다. 그것이 오늘날 해상 노동의 양상이다.

　　그랜드 머큐리는 자동차 운반선이라는 특성 때문에 자동차의 수출입 물량이 나날이 증가하는 한국의 상황에 맞추어 일정이 더욱 빡빡해지고 있다. 싱가포르를 출발한 배가 새벽에 홍콩항에 도착하기기가 무섭게 곧바로 램프를 열고 차들을 쏟아내기 시작한 뒤 홍콩항 안에서 다른 부두로 이동해 거기서 또 자동차와 중장비들을 쏟아내고는 땅에 내려서 밥 한 끼 먹을 틈도 없이 낮 12시 타이완의 지룽항을 향해 출발이다. 지룽항에 도착한 것도 역시 새벽, 정신없이 램프도어를 열자마자 치들을 또 쏟아내고 오전 11시에 출항이다. 다섯 시간 만에 입항·하역·출항을 모두 마쳐야 하는, 눈코 뜰 새 없는 스케줄이다. 이런 콩 볶아 먹는 스케줄이 또 없다. 그랜드 머큐리는 지난 11개월을 이런 식으로 유럽의 온갖 항구들, 중동 지역과 동남아를 거쳐 일본을 온 것이다.

　　그러나 나날이 혁신적으로 가속화되는 순환의 사이클이 모든 장벽을 뛰어넘는 것은 아니다. 차이의 장벽은 어디에나 있었다. 그게 꼭 말이나 관습의 차이만이 아니라, 자세히 관찰해보면 나타나는 흥미롭고 미세한 차이들이 많았다. 타이완의 지룽항은 항구 자체도 그렇고, 인근 시가지도 그렇고 홍콩이나 싱가포르와 비교가 안 되는 곳이다. 방대한 크기에 조직화된 기계와 사람들이 일사불란하게 움직이는 홍콩과 싱가포르와 달리, 지룽항에는 녹슨 거대한 철선이 유령선처럼 떠 있고, 해군기지의 건물 벽은 갈라지고 그 틈 사이로 나무가 자라고 있다. 자기들 건물도 온전하게 유지하지 못하는 군인들이 과연 나라를 제대로 지킬 수 있을까 걱정이 된다. 내가 걱정할 일은 아니지만. 길거리는 지저분하고 건물은 꾀죄죄하다. 그러고 보니 아주 여러 항구를 다녀본 건 아니지만 항구마다 인상이 다르고, 물마다 인상이 다르다는 것을 알게 되었다. 배를 오래 탄 사람들은 그 차이를 훨씬 미세하게 느낄 것이다. 싱가포르를 벗어나서 얼마 지나지 않은 적도 부근의 바다는 물빛이 에메랄드빛 파란색이고 속이 깊어 보였다. 그냥 채도 높고 잡색이 끼지 않은 순수한 파란색이었다. 그리고 브리지의 해수 온도계가 가리키는 온도도 27도로 높았다. 배가 홍콩에 가까워 오자 해수 온도는 17도까지 떨어졌고, 물은 초록색이 좀 많은 색으로 바뀌었다. 북위 22도가량의 홍콩의 물빛은 적도 부근처럼 맑고 푸르지 않았다. 그리고 바다에는 각종 쓰레기들이 떠다녔다. 미키마우스 모양의 어린이 장난감부터 휴지, 깡통 등 쓰레기의 종류도 다양해졌다. 배가 지룽항에 가까워 오자 물빛은 노골적으로 탁해졌고, 수심이 얕아지면서 배의 밸러스트가 일으키는 흙탕물이 바다를 뒤덮었다. 항구 깊숙한 곳의 바닷물에서는 악취가 났다. 바닷물도 그냥 물이 아니라 문명의 정도를 그대로 반영하고 있었다. 바닷물은 전 세계로 다 통하지만 수질은 통하지 않고 있었다. 바닷물에는 국경이 없지만 수질에는 국경이 있었던 것이다.

이제 타이완에서 일본으로 가는 길은 북쪽으로 흐르는 쿠로시오 해류 덕에 빨리 갈 수 있다. 배의 최고 시속 20노트에 해류의 속도 3노트를 더해 23노트까지 갈 수 있는 것이다. 이처럼 자연의 힘은 잘 이용하면 고마운 경우도 있는 것이다. 그런데 웬걸, 타이완을 떠나서 공해(公海)로 나서자 바다가 다시 거칠어지기 시작했다. 며칠 전에는 없던 롤링까지 일어나니 사방으로 몸이 흔들려 어지럽고 괴롭다. 인내심을 시험하는 것 같다. 현재 풍력계급 6(풍속 22~27노트), 피칭에 롤링까지 더해지니 어지러운데, 여기다 파운딩까지 겹치면 살아나기 힘들 것 같다. 용왕님께 빌고 싶다. 일본까지 그냥 지루하더라도 조용히 갈 수 있게 해달라고.

큰 배를 몰고 전 세계의 모든 항구를 안방 드나들 듯이 하며 다양한 문물을 접할 수 있는 마리너라는 직업, 곁에서 보기에는 분명히 멋지고 낭만적이다. 11월 16일 인천항을 떠난 그랜드 머큐리는 타이완, 홍콩, 말라카 해협, 인도양, 홍해, 수에즈운하, 지중해, 지브롤터 해협, 스페인, 프랑스, 독일, 영국, 노르웨이를 거쳐 같은 항로로 되돌아오는 두 달간의 긴 항해를 마치고 이제 일본 지바항을 향해 간다. 참으로 긴 항해다. 그러나 선장 자신은 더 긴 항해를 했다. 선장은 11개월째 아주 잠깐, 밥 한 끼 먹으러 하선한 것 말고는 그 11개월을 육지에 거의 가보지 못했다고 한다. 참으로 대단한 인내력이다. 배는 전 세계를 돌아다니지만 사람은 그 배 밖을 나가보기 힘들다는 아이러니를 어떻게 설명해야 할까. 원래는 6개월 항해에 두 달 휴가인데, 지금은 사정상 그게 힘들다. 배 타는 사람들은 적절한 시기가 오면 땅에 내려 이른바 '땅기운'도 쐬고 해야 하는데 그게 안 되는 것이다. 아무래도 물 위에 떠 있는 쇳덩어리로 된 배 안에서 생활하기 때문에 땅의 기운이 필요할 것이다. 그러나 이것이 잘 안 되는 이유는 전 세계의 자본과 물류의 이동이 처한 특수한 상황과 연관 있다.

이광기 선장은 아직 한국과 국교를 트기도 전에 소련도 가보고, 남미의 여러 나라도 가보고, 이국의 독특한 정취와

항해란 복잡한 기록의 절차다. 항해 도중 발생하는 모든 일은 기록되고 평가된다.

필리핀식 볶음밥과 짜게 말린 생선, 한국식 된장국과 이집트산 우유가 놓여 있는 다국적
아침식사. 요즘의 항해에서는 음식은 다양하지만, 신선한 음식이 아쉬운 것은 사실이다.

낭만을 즐겼으나 그건 다 지나간 옛날일 뿐이라고 회상한다. 멕시코의 해안에서는 국제 규약상 비상시가 아니면 절대로 쏘면 안 되는 신호탄을 항만 당국의 특별 허가를 얻어서 배의 모든 선원이 일제히 축포 삼아 쏘면서 크리스마스를 즐기기도 했지만 지금 그런 일은 꿈도 꿀 수 없다. 한번 쏘면 공중으로 1000미터 가까이 솟아오르며 밝은 불빛을 내는 신호탄은 배가 위급한 상황에서만 긴급 구조 요청을 위해 쓰는 것이고, 금방 눈에 띄어 그 주변의 모든 헬리콥터와 구조용 인원들이 총출동하기 때문에 함부로 쏠 수 없는 것이다. 지금은 인공위성이 항상 내려다보고 있기 때문에 아무도 없는 공해상에서도 재미 삼아 신호탄을 쏠 수 없다.

　　선장에게 마젤란 해협 얘기를 들었을 때 나의 기억은 까마득한 국민학교 시절로 돌아갔다. 아마 그 이름을 마지막으로 들은 게 국민학교 때 마젤란 얘기를 선생님한테 들었던 때가 아닌가 싶다. 선장은 마젤란 해협을 통과해봤다고 한다. 남미의 제일 끝, 칠레와 푼타아레나스 사이의 이 해협은 얼마나 독특할까? 여기를 지날 때 파일럿이 마젤란 해협 통과 인증서에 서명을 해준다고 한다. 세계에서 가장 독특한 곳을 지났다는 서명이라고 할 수 있을 것이다. 아마 한국 사람 중에 마리너 빼고 마젤란 해협을 통과해본 사람은 거의 없을 것이다. 그랜드 머큐리는 영국의 사우샘프턴도 지나왔는데, 왜 이 낯선 항구 이름이 아련한 울림으로 다가오나 했더니 핑크 플로이드의 노래 「사우샘프턴 독(Southampton Dock)」에서 용기 있는 어머니가 사우샘프턴 독에서 아들들을 떠나보낸다는 구절 때문인 것 같다. 또 하나가 있다. 사우샘프턴은 타이태닉호가 처음이자 마지막 항해를 떠난 바로 그곳이다. 그런 곳들, 수많은 헤어짐과 만남과 슬픔과 죽음이 깃들은 곳들을 배와 바닷사람들은 다니고 있었다. 그랜드 머큐리가 이번 항차에서 들른 항구와 파일럿 이름을 나열해보았다. 항구마다 다른 어감의 이름들이 그 나라를 대표하는 듯하며, 이국적인 냄새를 물씬 풍긴다.

홍콩과 달리 타이완의 지룽항은 구정에 폐쇄되었기 때문에 그랜드 머큐리는 바로
들어가지 못하고 하룻밤을 드리프트(앵커를 내리지 않고 바다 위에 떠 있는 것)했다.
이날이 싱가포르를 떠난 후 처음으로 맑은 바다에서 석양을 본 날이다. 청정한 공기 속에
구름이 높은 산에 걸려 있다. 사방이 탁 트인 갑판에서 대양의 기운을 맞으며 이 사진을
찍을 때 나는 한없이 고양되는 느낌을 받았다.

동이 트는 타이완의 지룽항. 홍콩이나 싱가포르항에 비교할 수 없는 규모지만 새벽에
항구에 들어간다는 것은 언제나 흥분되는 일이다.

11월 28일	마산항, 한국, TJ Kim
12월 4일	수에즈(Suez)항, 이집트, Shokri
12월 17일	피레우스(Piraeus)항, 그리스, Katritsis
12월 21일	사군토(Sagunto)항, 스페인, Santiago Paul
12월 24일	브릭섬(Brixham)항, 영국
12월 25일	로테르담(Rotterdam)항, 네덜란드, Schweig Giviana
12월 28일	브레머하펜(Bremerhaven)항, 독일, Wattje Hogermann
12월 31일	발함(Wallhamn)항, 스웨덴, Lilf Sörensson
1월 1일	안트베르펜(Antwerp)항, 벨기에, Van Looy
1월 3일	사우샘프턴(Southampton)항, 영국, D.G.Jones
1월 11일	포트사이드(Port Said)항, 이집트, El Ghool
1월 13일	지다(Jeddah)항, 사우디아라비아, Abdul Ellah
1월 24일	싱가포르(Singapore)항, 싱가포르, Nitin Mathur
1월 29일	홍콩(Hong Kong)항, 중국, YJ Sham
1월 31일	지룽(Keelung)항, 타이완
2월 3일	지바(Chiba)항, 일본

나는 이번 항해에서 싱가포르, 홍콩, 타이완 등을 처음 가봤다. 한국 사람들에게는 무척이나 낯익은 곳들이고, 휴가 여행 때도 쉽게 가는 곳이다. 그리고 누구나 그런 곳들에 대해 잘 아는 듯이 말한다.

"아, 싱가포르에선 말이야, 오차드 로드에 있는 다카시마야 백화점에 가면 캘빈클라인이 싸고, 홍콩은 어디 딤섬이 맛있어" 하는 식으로 말이다. 그런데 막상 이번에 처음 가본 그 도시들(혹은 국가들)이 나에게는 무척이나 낯설다. 아마 일반인들이 가듯이 비행기 타고 입국 절차 거쳐서 들어가지 않고 자동차 운반선을 타고 항구로 들어가서 그런

것 같다. 거기서 보는 시야는 일반인이 볼 수 있는 시야는
아니기 때문이다. 우선 화물선이 항구를 들어가려면 파일럿이
배에 타야 한다. 그가 인도하는 대로 미로 속처럼 좁은 항구를
헤치며 내가 탄 배가 정박할 부두로 간다. 그러면 터그보트 두
척이 앞뒤로 밀며 배를 부두에 접안시킨다.

　　일반적인 도시는 관광, 비즈니스, 휴가 등의 목적으로
접하게 되며, 그에 걸맞은 영접의 장치들과 말들, 이미지들을
품고 있다. 공항에서 볼 수 있는 국가 홍보용 문구나 포스터
사진 같은 것들이 그것이다. 그런 것들은 우리들이 낯선
나라에 적응하는 데 도움을 준다. '여기는 이상하고 낯선
나라가 아니라 당신이 광고에서 익히 보아 알던 바로
그곳입니다. 그러니 마음을 놓으시고 관광과 쇼핑을 즐기세요'
하고 말이다. 그리하여 우리는 고요한 아침의 나라에 가고,
쇼핑의 천국에서 환대를 받고, 휴양의 낙원에서 편안하게
쉴 준비를 하고 입국한다. 그러나 화물선을 타고 들어가는
나라에는 그런 이미지가 전혀 없다. 거기에는 오로지 산업과
그 복잡하고 난해한 코드들뿐이다. 배가 항구에 가까이
가면 처음 들리는 말들은 알아들을 수 없는 말들이다. 항구
당국에서 배에 보내는 교신 내용들이다. 싱가포르에서는
싱가포르식 영어, 홍콩에서는 광둥식 영어, 타이완에서는
중국말이 들리고, 일본에 가까이 오자 무선망에서는 일본어가
들리기 시작한다. 언어로나, 내용으로나 어느 것 하나
알아들을 수 있는 것이 없다.

　　항구로의 입국은 국외자에게는 완벽하게 알 수 없는
세계로의 진입이다. 거기에는 국외자를 반기는 어떤 친절한
문구도 없다. 무뚝뚝한 살벌함 그 자체다. 부두에 닿으면
도시의 경치를 가로막는 필터는 환대의 이미지나 문구가
아니라 컨테이너를 배에 싣고 내리는 무게 300톤의 갠트리
크레인의 거대한 팔다리들이다. 도시는 산업과 물류의 필터를
통해서만 보인다. 물류가 도시를 위해서 있는 것인지, 도시가
물류를 위해서 있는 것인지 알 수 없다. 하긴 이동성이 모든
문명과 과학기술과 문화의 중심 키워드가 된 요즘 도시가

온전히 도시인 경우는 드물다. 어떤 도시건 나름의 물류 기지 노릇을 하고 있고, 물류가 이루는 지도상의 중요한 지점들을 이루고 있다. 즉 물류가 도시를 위해 있다는 식의 이분법적 구도가 아니라, 도시 자체가 물류의 한 마디인 것이다. 그중에서도 항구는 일반인들에게는 거의 모습이 알려지지 않은 마디다. 일반인이 항구에 갈 일이 없을뿐더러, 대부분의 항구는 출입이 제한되어 있어 일반인이 들어갈 수도 없기 때문이다. 그리하여 항구를 통해서 보는 도시의 모습은 공항에서 보는 모습과는 너무나 다르다.

그래서인지 싱가포르, 홍콩, 타이완 등 한국에 가깝고 친숙하다고 하는 나라들이 모두 낯설고 기이하게 느껴졌다. 사람들은 아무도 싱가포르의 더위에 대해 말하지 않고 오로지 '쇼핑의 천국'이라는 말만 했는데, 한겨울에 간 싱가포르는 내게는 너무나 더웠다. 그들은 내게 싱가포르의 본질에 대해 말해주지 않은 것이었다. 그리고 싱가포르는 아시아의 도시치고는 너무나 깨끗했다. 국민소득이 높고, 아시아 국가치고는 일본 다음으로 더러움에 대한 편집광적 공포를 정책화한 나라답게, 길거리에는 껌 하나, 담배꽁초 하나 버려져 있지 않다. 이건 정신적으로 정상이 아니다. 사람이 기계가 아닌 이상, 주위를 더럽히게 되어 있기 때문이다. 아무도 나에게 싱가포르의 '편집광적 더러움 공포증'에 대해 말해주지 않았다.

사람들은 타이완에 대해서도 친숙하게 말한다. 그러나 많은 한국 사람들이 타이완 음식을 입에 대지 못한다는 사실이 이미 그들이 차이를 받아들일 능력이 없음을 말해준다. 그러나 그런 사실은 부인(disavow)된다. 즉 그것은 차이의 영역이 아니라 예외의 영역으로 치부된다. "타이완 음식은 원래 먹을 수 없는 거야"라는 식으로. 이시아 나라들은 닮은 게 많다고들 한다. 그러나 지룽시의 길거리에서 본 타이완 사람들의 생김새는 한국 사람과는 많이 달랐다. 솔직히 말해서 좀 이상하게 생긴 사람들이 많다고 해야 할 텐데, 특히 나이 든 노인들은 얼굴 골격이 기이하게 뒤틀린 것이, 우리 눈에는 이상하게 보이는 사람들이 많았다. 아무도 타이완 사람들의 기이한 얼굴 골격에 대해 내게 말해주지 않았다. 그렇다고 그들이 한국 사람과 인종적으로 다르다거나 이상하거나 하다는 말은 하고 싶지는 않다. 차이의 문제를 차별의 문제로 끌고 가는 건 정치적으로 옳은 일이 아니니까 말이다.

어쨌든 짧은 시간 지룽의 길거리에서 마주친 타이완의 문화는 한국과는 너무나 달랐다. 마침 구정이라 요란한 폭죽을 터트리는 모습, 가게에서 악귀를 쫓는다고 돈을 대신하는 종이를 태우는 모습, 우리가 아는 음식과는 재료와 종류와 미각이 다른 음식들을 아침부터 열심히 먹고 있는 사람들… 모든 것들이 달랐다. 곳곳에서 생생하고 열렬한 차이들이 살아 숨 쉬며 나를 습격하고 있었다. 심지어 맥다날즈(MacDonald's) 햄버거의 간판도 타이완에서는 달라 보였다. 꼭 그게 마이당라오(麥當勞)라고 한자로 써 있어서 그런 것만이 아니라, 지저분하고 사람들로 바글거리는 길거리 모퉁이에, 다른 나라에 있는 맥다날즈 햄버거 가게와는 세팅이 달랐기 때문이다. 전 세계적으로 차이를 갈아 없애서 단일한 브랜드 속으로 삼켜버리는 초대형 그라인더인 맥다날즈조차도 나라마다 달랐다. ('맥다날즈'를 '맥도날드'로 발음하는 한국의 관습도 그런 미세한 차이들 중의 하나라고 해야 할 것이다. 잘 눈에 안 띄지만 강력한 차이다).

차이를 인정하는 것은 대체로 고통스럽기 때문에, 왜 그러냐면 기존에 자기 머릿속에 들어 있는 특정 대상이나 세계에 대한 관념을 이제껏 가져보지 못한 관념으로 교체하거나 아니면 교체하는 시뮬레이션이라도 해야 하는데, 그게 고통스러운 것이고, 그래서 사람들은 차이를 부인한다. 감각으로 가면 차이의 영역은 더 고통스러워진다. 이건 머리가 아니라 몸으로 받아들여야 하기 때문이다. 그래서 택한 방법이 차이를 부인하는 것이다. 한국 사람들이 가장 흔히 쓰는 수사는 '사람은 어디 가나 다 똑같다'는 말이다. 사람은 결코 똑같지 않다. 공장에서 찍어낸 로봇이 아니기 때문이다. 공업 생산품도 만든 나라에 따라 개성이 있는 법인데, 다른 풍토와 역사와 문화 속에서 살아온 사람들이 같을 수는 없는 것이다.

차이를 생성하고, 차이를 인식하는 활동으로서 여행이 언젠가부터 차이를 없애고, 소화해서 억지로 자기와 같은 것으로 만들고, 차이를 부인하는 활동으로 된 지 오래다. 그 주요 원인은 패키지 관광 상품이다. 그러나 나는 다행히도 관광단의 일원이 아니라, 외항 선원으로 타이완에 왔다. 매우 낯선 방식으로 온 것이다. 사군토, 피레우스, 브릭섬, 에퀴퀴 등 배를 타지 않았다면 아예 들어볼 일도 없는 낯선 항구들의 이름들은 애초부터 강력한 차이를 품고 있어서, 섣불리 동화시켜버리겠다고 나설 수 없는 곳들이다. 그런 이름들을 섭렵하고, 일상적으로 드나들고, 일의 터전으로 삼는 뱃사람의 삶은 매우 특수하다. 하지만 자기들 자신은 그런 특수성을 못 느끼고 있는 것 같다. 왜냐면 그런 곳들을 다니는 일이 그들의 일상이기 때문이다. 사실 그들은 새로운 지식과 감각에 가장 노출되어 있는 사람들이다.

배를 부두에 대는 절차는 잘 짜인 오케스트레이션이라 할 수 있다. 그것은 파일럿, 선장, 당직 항해사, 줄 잡아주는 사람, 터그보트 항해사 등 여러 사람들이 얽혀서 마음이 맞아야 치러낼 수 있는 일이다. 배를 부두에 대는 일은 외양상으로는 차를 평행 주차하는 것과 비슷하지만 문제는 이 차의 무게가 몇 만 톤이고 길이가 200미터가 된다는 사실이다. 항구의 입구에 오면 파일럿 스테이션에서 파일럿이 탄다. 파일럿은 대개 그 항구에서 선장 생활을 오래한 사람으로, 물길과 항구의 구조를 훤히 꿰고 있어서 좁은 항구에서 배를 어떻게 부려야 하는지 잘 알고 있다. 파일럿이 브리지에 타면 당직사관이 "파일럿 온 보드!(파일럿 타셨습니다!)" 하고 외친다. 그 후부터는 파일럿의 말을 들어야 한다. 항구라는 게 넓어 보여도, 대양을 다니던 배가 막상 들어가 보면 항구가 좁게 느껴진다. 파일럿은 웨이 포인트(way point)에 오면 "제로 세븐 제로 변침(070으로 변침)"을 지시한다.

선박의 모든 시설은 한눈에 알기 쉽게 정리되어 있어야 위급 시 빨리 대처할 수 있다.

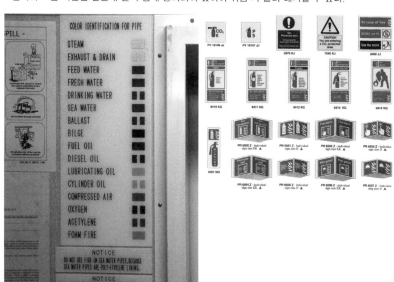

왼쪽: 배에 있는 수많은 파이프에는 색이 구분되어 있어서 무엇이 통과하는지 쉽게 알 수 있다. 오른쪽: 국제 규약상 배에 붙이도록 되어 있는 수많은 표지물 중 아주 일부.

그러면 사관들도 "제로 세븐 제로!" 하는 식으로 변침 삭을 복창하며 변침한다. 파일럿의 말은 절대적이다. 항구의 토박이 말을 누가 거역할 수 있겠는가. 우리나라에서는 한때 파일럿(도선사라고 함)이 단일 직종으로는 돈을 제일 많이 받는 걸로 알려졌었다. 아주 특수한 종류의 일이고, 많은 경험이 쌓여야 할 수 있는 일이기 때문이다. 그러나 선장 경험이 많은 이가 파일럿을 하던 예전과 달리 요즘은 파일럿의 수도 늘리고 시험으로 뽑기 때문에 희소가치가 줄어 급료도 내려갔다고 한다.

파일럿은 오케스트라를 지휘하듯이 거인 같은 배를 정교하게 조종한다. 타이완의 지룽항에서는 폭 600미터가량의 항구 안에서 유턴을 해야 했다. 그 큰 배가 그 좁은 항에서 유턴하는 모습은 마치 거인이 몸을 뒤틀 듯 경외심을 불러일으키는 장관이었다. 부두에 가까워 오면 파일럿은 선장과 스타보드 끄트머리로 가서 정밀 조정을 한다. 원래 배는 포트사이드(좌현)로 접안하는 것이 관례이나 자동차 운반선은 스타보드(우현)에 램프도어가 있기 때문에 우현으로 접안한다. 파일럿의 손에는 바우 스러스트 컨트롤러(bow thrust controller)가 들려 있다. 배의 앞쪽(바우: bow)에 접안 시 배를 정밀 조정하는 프로펠러가 있는데, 이것을 파일럿이 조종해 배가 부두에 살짝 닿을 수 있게 조정하는 것이다. 접안을 도와주는 것은 또 있다. 터그보트 두 척이 배의 앞과 뒤에서 배를 부두 쪽으로 밀어서 붙여준다. 파일럿은 터그보트와도 교신하며 더 밀어라, 당겨라를 지시한다. 그러면서 바우 스러스트 컨트롤러를 조종하는 것이다. 그것은 사실은 포트, 스타보드가 쓰인 간단한 다이얼일 뿐이다. 그러나 이 다이얼을 어떻게 조작하느냐에 따라서 배는 부두 쪽으로 가기도 하고 바깥쪽으로 밀려날 수도 있기 때문에 매우 중요하다. 선장도 옆에 꼭 붙어서 무전기를 들고 터그보트와도 교신하고, 선수와 선미에서 밧줄 다루는 당직사관들과도 교신한다. 이때의 말투에는 평소와는 전혀 다른, 긴장감이 팽팽히

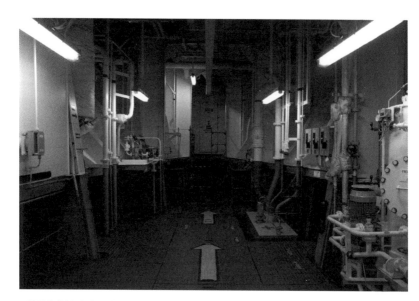

엔진실에 불이 났을 경우 비상 대피 경로를 보여주는 굵은 화살표. 화살표는 생명선인 것이다. 저 문을 나서면 엔진실 아래로 배의 맨 아래층을 통과하는 통로가 나 있어서 밖으로 탈출할 수 있다고 한다. 문을 열어본 나는 마치 지옥으로 통하는 듯한 그 속을 차마 들어가볼 엄두가 나지 않아 도로 닫아버렸다.

서려 있다. 절대로 실수가 없어야 하기 때문에 말 한마디 한마디는 딱딱 끊어져야 하고, 복명복창도 큰 소리로 딱딱 끊어져야 한다. 소통의 불명확함이란 재난을 의미하기 때문이다. 시각적으로나 청각적으로나, 분명하고 착오가 없는 시인성(recognizability)은 배에서는 매우 중요하다.

배가 거의 부두에 붙을 무렵 배의 앞과 뒤에서 계류용 밧줄이 내려진다. 멀리서 보면 가는 실처럼 보여도 가까이서 보면 직경이 5센티미터는 되어 보이고, 인장 강도 62톤의 무지막지한 밧줄이다. 이 밧줄이 내려지면 지상에서 그걸 받아서 땅에 박혀 있는 쇳덩어리에 고정시킨다. 그러면 접안은 끝나고, 파일럿은 선장에게 서류에 사인해 달라고 말하고는 배에서 내린다. 접안하면 ISPS의 보안 규정에 따라 테러리스트의 침입을 막기 위해 브리지로 통하는 문은 모두 잠가야 하고, 배의 실내로 통하는 문은 꼭 필요한 것만 빼고는 다 잠근다. 테러리스트가 배의 브리지에 침입해서 배를 몰고 도시로 돌진하는 9·11식 자살 테러를 막기 위한 조치다. 자동차 운반선이나 벌크 캐리어(잡화선)야 별 위협이 안 되지만, LNG(액화천연가스) 운반선이면 얘기가 달라진다. 몇 만 톤의 LNG를 한꺼번에 폭발시켰을 때 어떤 결과가 올지는 알 수 없기 때문이다.

배에서 가장 큰 재난은 충돌과 화재다. 엔진실에는 화재에 대비, 아래를 통해 배의 다른 곳으로 갈 수 있는 비상 탈출구가 마련되어 있다. 배의 운항은 항공기와 닮은 점이 많지만 결정적으로 다른 점은 항공기들의 움직임과 위치, 방향을 코디네이션해주는 관제탑이나, 그때그때의 위치를 확인해주고 앞으로 갈 항로를 정해주는 VOR(초단파 전 방향식 무선 표지: VHF Omni-directional Range) 같은 것은 배에 없다는 것이나. 즉 항구에 다른 배들이 아무리 많아도 배는 알아서 피해 가야 한다. 그래서 중국 어선들이 잔뜩 몰려 있는 홍콩항 같은 경우, 다른 배들은 진입하는 데 애를 먹는다. 중국 어선들은 아무리 무선으로 불러도 꼼짝 않고 전혀 길을 비켜주지 않기 때문이다. 그랜드 머큐리는 단지

변침하는 지점에서만 항만 당국에 무선으로 신고한다. 입항
시 코디네이터가 없어도 괜찮은 이유는 항공기와 달리 배가
느리고, 정체되면 설 수도 있기 때문이다. 물론 해상에도
항로는 있으며, 항구 부근에는 입항하는 배와 출항하는
배들이 다니는 통로가 서로 차선이 다르게 설정되어 있다.
지바항 같은 경우는 항로를 안내하는 부이(bouy)가 촘촘히
있어서 입항을 도와주고 있다.

화재에 대한 일차 대비책은 거품이다. 전에는
이산화탄소를 썼으나 사람이 숨쉬기가 곤란해 지금은 안
쓰며, 휴대용으로 긴급하게 불을 끄는 데에만 쓰고 있다.
거품소화기는, 거품 펌프가 따로 있고, 거품 저장용 탱크가
따로 있는 거창한 시설이다. 자동차를 싣는 카 덱(car deck)은
A, B, C, D 각 구역으로 나뉘어 있어서 한 구역에서 불이
나면 다른 구역으로 통하는 문들은 차단되게 되어 있다.
수밀(water tight), 기밀(gas tight) 문이 따로 있어서 경우에
따라 닫아놓게 되어 있다. 외부에 있는 화재 방지 시설로는,
터그보트에 소방용 노즐이 두 개씩은 있는 것을 볼 수 있다. 그
시설들을 정신없이 둘러보고, 사진 찍고 하다가 피곤에 지쳐
잠들었다.

처음에는 내가 악몽을 꾸고 있는 줄 알았다. 분명히 침대
위에 누워 있어야 할 내 몸이 위로 한없이 솟구쳤다가 아래로
끝없이 떨어져 내리고 있었기 때문이다. 그러면서 간간히
"쿠쿵" 하는 소리와 함께 지진 같은 충격이 전해졌다. 이것을
악몽이라면 악몽이라고 할 수 있겠지만 꿈은 아니었다.
바다가 거친 것뿐이었다. 배가 파도(선박에서는 'wave'란 말
대신 'swell'이란 말을 쓴다)의 골 속으로 들어갈 때면 한없이
밑으로 떨어졌다가, 다시 파도의 마루를 타고 위로 솟구치면
내 몸도 같이 솟구치는 것이었다. 그러다가 수면 위에 선체가
떨어져서 파운딩을 하면 그때의 충격으로 배 전체가 울리면서
엄청난 충격음을 내는 것이었다. 흡사 바이킹을 탄 것과
비슷했으나, 차이라면 이 바이킹은 3일 내내 계속된다는

점이다. 1주일 내내 가는 적도 있다고 한다. 자기가 딛고
서 있는 바닥이 흔들린다는 것이 이렇게 끔찍한 것이라는
걸 이번에 처음 알았다. 우리는 지진을 겪을 일이 없어서
모르지만, 아마 지진이 이래서 무서운 거구나 하는 생각이
들었다. 내가 고체를 딛고 있는 게 아니라 유동체 위에 떠
있다는 것, 그 유동체가 인간과 기계가 견딜 수 있는 범위를
살짝살짝 넘기며 모든 것을 잡아 흔들고 있다는 게 이렇게
무서운 건 줄 처음 알았다.

　　인간은 고체 위에서 살아야 하지만 운송과 소통을
위해서는 아이러니하게도 유동체를 필요로 한다. 단지,
고체 위에서는 유동체를 가둬두고 활용할 뿐이다. 예를 들어
자동차에 들어가는 연료나 윤활유나 수돗물 같은 것 말이다.
그런 유동체들이 설사 울타리를 벗어나서 사고를 친다고
해봐야 차 한 대가 불타거나 주유소가 불이 나는 정도지만,
유동체에 갇혀서 빠져나올 수 없는 배의 운명은 그 반대다.
인간은 그 엄청난 유동체의 아주 작은 일부에 지나지 않는다.
몇 만 톤짜리 배도 파도가 거세지면 일엽편주가 된다는
말을 바닷사람들의 뻥일 것이라고 생각했으나 실제로 배를
타보니 그게 뻥이 아니며, 너무나 절실한 사실임을 눈물 나게
겪었다. 인간은 바다와 파도를 정복할 수 없다. 정복은커녕,
바다가 봐주니까 간신히 살아나오는 것이다. 3일간 파도가
계속되다가 좀 잠잠해졌다 다시 거칠어졌을 때 야속한 생각이
들었다. 어찌도 자연은 내 마음을 몰라주는지.

　　그 유동체의 폭력적인 운동에 견딜 수 있는 방법이 몇
가지 있다. 크게 나누면 지식과 물리다. 지식은 기상학적
예보다. 요즘은 기상예보가 발달되어 있어서 웬만한
큰 태풍은 피해 갈 수가 있다. 그러나 기상예보가 꼭
정확하지만은 않다는 세 이빈 헝해에서도 드러났다. 우리 배
앞에 열대성저기압이 놓여 있었지만 멀리 있어서 살짝 빗겨갈
줄 알았는데 우리는 그 한가운데 들어가서 격렬하게 당하다
나왔다. 하루면 끝날 거라는 예보와는 달리 파도는 3일 내내
우리 배를 괴롭혔다. 한국에서 미국 서부를 갈 때 알류산

열도를 통과하는 북태평양 항로를 따라가는데, 그 경우
태풍은 하나가 온 다음에는 계속 연이어 온다. 그러면 선박은
1주일 내내 험한 파도에 시달리는 것이다. 이번 항차에서
그랜드 머큐리가 제일 심하게 옆으로 기울어진 것이 십 몇
도였지만 어떤 때는 45도도 기울어지는 경우도 있다고 한다.
생각만 해도 끔찍한 일이다.

　　유동체의 폭력을 견디는 물리적 방책은 배를 안정시키는
밸러스트 탱크(ballast tank)와 빌지 킬(bilge keel), 그리고
선저에서 파도의 유동에 대한 카운터 밸런스를 잡아주는
날개다. 밸러스트 탱크는 배가 기울어졌을 경우 자세를
바로 잡아주기 위해 해수를 넣었다 뺐다 하는 탱크로서,
배 밑바닥에 있다. 빌지 킬은 선저(船底) 양측에 길게
나와 있는 납작한 판으로, 항공기로 치면 수평 안정판처럼
수평 안정성을 가져다주는 것이다. 카운터 밸런스 날개는
고속으로 운항하는 해군 전투함, 안정된 항해를 해야 하는
크루즈선에 있다고 하지만 이런 파도 속에서는 소용이 없다.
인간은 유동체를 정복하지 못한 것이다. 고도로 정보화되고
코드화된 오늘날의 항해술도 자연의 우연성(contingency)을
완전히 정복할 수 없다는 것은, 사실은 아이러니가 아니라
자연의 속성 그 자체인 것이다. 자연은 인간보다 훨씬 넓은
것이기 때문에, 그것은 어쩌면 종교에서 말하는 신처럼
인간을 포괄하면서도 인간에 대해 적대적인 것이기 때문에
인간은 자연의 우연성을 다 파악하거나 대처할 수 없다.
자연의 적대성이란 사실은 이런 우연성이 인간의 계획이나
프로그래밍을 타넘고 망가트릴 때 인간이 느끼는 어떤 것일
뿐이다. 자연은 적대적이라기보다는 인간이 파악하는 것보다
더 넓고 크고 우연이 많을 뿐이다. 하여간 해상운송은 인간의
문명이 자연의 적대성과 가장 적나라하게 만나는 곳이다.
거기서는 인간이 가진 모든 기술과 지혜, 용기와 의지가 다
동원되며, 여기 견디지 못하는 사람은 나가떨어지는 것이다.

　　우리가 일상적으로 쓰는 소비품들이 우리한테 오기까지
생산에서 운송, 유통을 포괄하는 수많은 작동의 단계들을

거친다는 걸 이번에 확인할 수 있었고, 그 작농 중에 어느 것 하나 저절로 이루어지는 게 없을뿐더러 인간의 고된 육체적, 정신적 노동을 통해 이루어진다는 걸 이번에 깨달았다.

또한 항해에서는 자연의 작용이야말로 그런 작동의 중요한 부분이라는 것을 알게 되었다. 선박의 구조에서 운항 스케줄에 이르기까지, 자연의 작용을 무시할 수 있는 부분은 없다. 그리고 자연의 작용에 대처하는 것은 노동이지 어떤 자동화된 시스템이 아니다. 여기서 우리는 자동화에 대한 환상을 버려야 한다. 자동으로 작동하는 기계라 할지라도 자기 증식을 하고 자기 판단을 할 수는 없으며, 자기 치유도 할 수 없다. 그 모든 것은 인간이 일일이 짜 넣은 프로그램에 의해 돌아가는 것이다. 이런 사정을 가장 잘 보여주는 것이 오늘날 산업과 정보혁명의 총아인 컴퓨터다. 물질이나 물리와 가장 관계가 없어 보이는 컴퓨터 분야야말로 인간이 일일이 점검하고 고쳐주지 않으면 돌아가지 않는, 가장 고된 노가다라는 걸 담당자들은 알고 있다. 컴퓨터 분야에서 종사하는 사람들은 철야를 밥 먹듯 하고, 버그 하나를 잡아내기 위해 프로그램을 샅샅이 뒤지는 힘든 노동을 해야 하는 것이다. 단지 그런 작동이 우리 눈에 안 보일 뿐이다. 그나마 자연의 우연과 싸울 일이 없는 컴퓨터인데도 말이다.

자연은 끊임없이 뱃사람들을 괴롭히고 있었다. 독일 북부의 브레머하펜에서 실은 트럭과 버스의 지붕에는 1미터가 넘는 눈이 쌓여 있었는데, 배가 남쪽으로 오자 그 눈이 다 녹아서 차를 묶어두기 위해 바닥에 나 있는 래싱 홀(lashing hole)과 클로버 리프(clover leaf) 같은 구멍으로 들어가버렸다. 그 구멍 속으로 들어간 물은 다른 데로 빠지지 않기 때문에, 갑판장을 위시한 모든 선원들은 급조한 휴대용 물 썸프와 양동이를 들고 다니며 일일이 그 구멍에서 물을 뽑아내야 했다. 왜 물이 빠지게 배수 시설을 해놓지 않느냐는 질문에 선장은 A, B, C, D로 나뉘어 있는 각각의 카 덱은 화재 방지를 위해 서로 단절되어 있어서 배수 시설을 할 수 없다고 대답했다.

격렬한 파도가 끝나고 이제 배가 잔잔한 내항으로 들어오고, 햇살도 따뜻하게 비추자 그간 갑판을 뒤덮고 있던 바닷물이 다 말랐다. 그러자 갑판 전체는 하얀 소금으로 뒤덮였다. 이걸 또 씻어줘야 한다. 배는 짠 바다에 항상 노출되어 있는데, 이것도 자연의 적대성의 일부다. 소금은 금속을 부식시키고, 금속이 부식되면 강도가 약해지기 때문에 배의 도장은 정기적으로 새로 해줘야 한다. 그것도 여러 겹으로 하고, 한 겹 칠할 때마다 페인트의 두께를 세밀히 검사하는 복잡한 과정을 통해 도장해야 한다.

정치경제학 입장에서 이미지의 생산과 순환을 다루는 평론가이자 사진가인 앨런 세큘라는 실제로 항해를 경험해보고 오늘날 정보산업에 대해 사람들이 과도하게 집착하고 사이버 공간의 지배에 대해 지나치게 강조하는 것을 비판하고, 이 세상은 여전히 거대한 규모의 물질적 교환이 지배하고 있다고 했다.[7] 세상이 첨단기술의 신화에 매혹되어 계몽기 이전 미몽의 세계로 빠져드는 것에 대한 경고다. 아무리 첨단 정보 기술이 발달해도 조야하고 투박한 물질은 움직여야 하며, 그를 위해서는 육체를 혹사하는 노동이 있어야 한다는 그의 지적은 백번 옳다. 그러나 그랜드 머큐리에서의 경험으로 보면, 요즘은 그러한 거대한 물질의 이동 역시 정보의 흐름과 통제에 의해 지배받는다는 것을 알 수 있었다. 만일 정보의 차원을 빼버린다면 그랜드 머큐리의 항해는 정처 없는 오디세이 그 이상도 이하도 아니기 때문이다.
　　　세큘라는 또한 바다의 사라짐, 혹은 보이지 않음(invisibility of the sea)에 대해 불평하고 있는데, 바다에서 일어나는 물질의 순환은 점점 더 사람들의 시야에서 사라지고 있다는 것이다. 삶의 모든 경험을 간편한 패키지로 축소시켜 버리는 오늘날의 소비자본주의에서 상품의

7　Allan Sekula, *Fish Story*, Düsseldorf: Richter Verlag, 1995, p.50.

생산자들이 보여주는 것은 기계의 작농이 아니라 최종 결과물일 뿐이다. 바다가 보이지 않는다는 건 물질 순환의 한 경로로서 바다가 더 이상 소비자에게 보이지 않음을 의미한다. 소비자들은 기계의 작동을 보고 싶은 게 아니라 기계의 작용만을 보고 싶어 하기 때문이다. 그것은 작동이 훤히 드러나 보이는 증기기관차에서 작동의 소음만이 들리는 디젤기관차로의 전환, 그리고 결국은 작동이라고는 전혀 볼 수 없는 고속철도로의 전환 과정이 잘 말해준다. 작동은 시끄럽고 복잡하고 불안한 반면, 조용하고 단순하고 간편한 작용만이 소비자의 시야에 주어져 있는 게 오늘날 기계가 살아가는 상황이다. 해상운송도 마찬가지의 상황이며, 따라서 그런 장으로서 바다는 소비자들에게는 보이지 않는다. 그들에게 주어져 있는 바다 역시 소비 상품으로서 바다이며, 바다는 그런 용도에 맞게 아름답고 낭만적으로 스펙터클화되어 있다. 그들은 무시무시한 갠트리 크레인이 40톤이 넘는 컨테이너를 나르는 바다, 황천에 빠져 배가 45도까지 기울면 배 안의 모든 것이 뒤집어지는 끔찍한 바다를 상상하지 않는다. 그리고 그럴 필요도 없다.

　　배에서 흥미로운 것은, 단위가 간단치 않다는 것이다. 이 배의 무게가 얼마냐라는 질문을 하면 답은 매우 복잡해진다. 우선 톤에 대해 알아보자. 톤이란 원래 영국에서 채택한 단위로 여기에는 영국 관용의 2240파운드를 1톤으로 하는 중량톤(Long Ton), 미국 관용의 2000파운드를 1톤으로 하는 경량톤(Short Ton), 프랑스를 비롯해 유럽 제국에서 관용되는 1000킬로그램을 1톤으로 하는 미터톤이 있다. 따라서 외국 상대의 매매에는 이와 같은 단위의 표시에 명확한 내용의 계약을 필요로 한다. 1300년대의 영국 상선이 프랑스로부터 적재하는 중요한 화물은 포도주였는데, 포도주를 담는 술통의 이륜마차(tonneau)가 배의 적재량을 표시하는 'ton'의 어원이 되었다. 선박의 크기를 나타내는 톤수 표시법에는 등부상의 톤수(Registered Tonnage), 적재톤수(Capacity Tonnage), 배수톤수(Tons of Displacement) 등 세 가지가 있다.

배수량이란 용어에는 두 가지 뜻이 있는데 그 하나는 배를 물이 가득 담긴 큰 통에 넣었다고 가정했을 때 밀어내는 물의 양, 즉 배수(排水: displace)한 물의 용적을 ft³로 표시한 것이며, 다른 하나는 배가 배수한 물의 중량 20ft³를 1톤으로 나타낸 것을 말한다. 어떤 제한이 없는 경우에 배수량이란 용어는 배수중량을 말하며, 이때 전체의 중량 2240파운드를 1톤으로 한 것과 같다. 이는 해수에서 2240파운드를 1톤으로 하는 배수중량을 ft³으로 표시된 배수용적을 35(비중 1.026의 해수 1ft³의 비중은 64파운드. 그러므로 1톤의 해수는 2240/64=35ft³이다)로 나눔으로써 얻어진다. 한편, 만재배수량(滿載排水量: load displacement)이란 선박이 하계(夏季) 만재흘수선까지 수면 밑으로 내려갈 때 선박의 무게를 말하며 이 무게에는 선체 자체 무게에 기계류, 제반 기구, 선용품, 화물, 연료, 청수 그리고 선원 등의 무게를 합한 것이다.[8]

8　　"만재흘수선 제도의 기원은 멀리 중세 베니스의 해사 법전까지 거슬러 올라간다. 그러나 17~18세기와 19세기 초반까지는 각국 간에 해운과 해양 지배력을 확보하기 위한 격렬한 경쟁과 적대 관계가 지속되어 해상에서의 인명이나 재산의 안전에 관해 신경을 쓸 여유가 없었기 때문에 잊힌 제도가 되어왔다. 각국 정부는 선주가 봉사해야 할 일반 대중이나 선주를 위해 일하는 선원들에 대한 선주의 위무를 강화하기보다는, 정당하지 못한 수단까지 동원해서라도 그들이 지배하는 해상 세력을 크게 하는 데 보다 역점을 두고 관심을 기울였다. 이런 정부의 분위기를 역이용해 여러 가지 제도를 악용, 나쁜 방법으로라도 돈만 벌면 그만이라는 질이 나쁜 선주들도 나타나게 되었다. 공전의 유례가 없는 19세기 중반의 해운 붐은 이런 부류의 선주들에게 천재일우의 기회를 제공했다. 이런 사람들이 해운업에 대거 진출하면서 많은 선박이 감항력(seaworthiness: 선박이 기계 설비,

배의 규모를 나타내는 중요한 척도의 하나인 흘수(吃水: draft)의 개념도 상대적이다. 흘수란 배 길이의 중앙 지점의 바닥부터 만재흘수선까지의 수직 거리로, 만재흘수 혹은 형흘수(型吃水)라고도 한다. 즉 수면 밑으로 가라앉는 선박의 깊이를 의미한다. 이 깊이는 선박의 건조 형태에 따라 각각 달라지며 또한 선박 자체의 무게, 선박이 적재된

선원, 복지 시설 등 모든 면에서 운항할 수 있는 조건을 갖춘 상태)을 결한 상태에서 과적을 서슴지 않을 뿐만 아니라, 때로는 초과 보험 계약을 체결해 항해하면서 고의로 해난 사고를 유발시키고, 그 결과 전손(全損)으로 인정되면 보험금에 의해 오히려 이익을 보는 사태가 일반화되기에 이르렀다. 이런 관통선(棺桶船: coffin ships)에 대한 반대 운동을 전개한 사람은 영국 더비 출신의 하원의원 새뮤얼 플림솔이었다. 1874년에 불감항선대책위원회(Royal Commission on Unseaworthy Ships)가 설립된 것은 주로 그의 활동 덕분이었다. 이 위원회의 권고에 의해 1876년 제정된 법률에 따르면 선주는 소유 선박의 양현에 이 선박이 안전하게 적재할 수 있는 한도를 나타내는 최대 흘수를 명백하게 표기해야만 했고—일반적으로 이를 플림솔 마크라고 칭했다—[영국] 상무부는 이 규칙을 지키는지 여부에 대한 감독의 전권을 갖게 되었다. 당초에는 만재흘수선을 정하는 책임은 선주에게 있었다. 또 당시로서는 어느 선까지 적재하는 것이 안전한가에 대한 명확한 기준이 없었다. 그러다가 1882년에 로이드 선급이 일련의 예비 부력표(reserve buoyancy table)를 발표함으로써 과학적인 근거를 갖게 되었다. 그 후 상무부는 1890년에 만재흘수선을 정하는 책임을 권위 있는 선급에 위임하게 되었다."(최재수, 한국해사문제연구소장). 항해사, 해군사, 해전사, 선박사 등 항해 역사의 다양한 측면들을 볼 수 있는 해양사연구소 홈페이지(www.seahistory.or.kr) 참조.

화물, 밸러스트, 연료, 예비 부품 등을 포함한 모든 것의 무게에 따라서 달라질 수 있을 뿐만 아니라 선박에 적재된 물의 비중에 따라서도 달라진다. 그리고 선박이 항상 수평 상태를 유지하고 있는 것이 아니므로 선수, 중앙, 선미의 흘수가 일반적으로 다른 경우가 보통이며, 선수와 선미 흘수의 평균을 평균흘수, 선수와 선미 흘수의 차이를 트림(trim)이라고 한다.

그리고 같은 배의 톤이라도 배가 어디에 있느냐에 따라 그 수량은 다르다. 수에즈 운하에서 톤과, 일본항에서 톤, 홍콩항에서 톤이 다 다른데, 항구마다 입항료나 정박료를 물릴 때 계산하는 기준이 다 다르기 때문이다. 이런 계산과 수치의 상대성은 결국은 선박이 유동하는 자본의 세계를 떠다니기 때문이라고 할 수 있을 것이다.

더 흥미로운 것은 순환되는 것은 재화와 사람만이 아니라 생물체와, 그에 따르는 재난들(솔잎혹파리의 경우)까지 포함한다는 것이다. 선박은 균형을 잡아주기 위해 물을 넣었다 뺐다 하는 밸러스트 탱크를 갖추고 있다. 화물의 적하 밸런스가 맞지 않을 때 보상해주는 경우(트림 조정)도 있고 효율적인 속도를 위해 흘수를 유지할 필요가 있다. 화물이 너무 적은 경우는 밸러스트에 물을 넣어서 흘수를 맞추는데, 이때 퍼 담거나 퍼내는 바닷물의 양이 꽤 많다. 문제는 그 안에 미생물뿐 아니라 큰 생물체들까지 딸려 들어갔다가 배와 함께 다른 곳으로 이동한다는 것이다. 이는 환경에 큰 문제가 되기 때문에 이 밸러스트를 담고 비우는 과정에 대한 단속이 강화되었다. 전 세계적으로 밸러스트 워터로 인한 해양 생태계의 교란은 상당한 수준이어서 각국은 항구 진입 일정 거리에서 밸러스트 워터를 반드시 버리고 들어오도록 하고 있다. 밸러스트 워터에 딸려 들어와서 한국의 생태계에 퍼진 대표적 생물체가 담치라고도 불리는 지중해 홍합이다. 요즘 시장이나 포장마차에서 홍합이라고 나오는 것 중 상당수가 사실은 지중해 담치인데, 이것들이 지중해에서 밸러스트 워터에 딸려온 뒤 퍼져서 지금은 토종

홍합을 거의 멸종 직전까지 내몰고 있다.

선박은 흡사 거대한 믹서 노릇을 하고 있다. 전 세계를 다니며 이것저것을 섞어놓는 것이다. 그 와중에 차이들은 갈려서 동일성이 되어버리고, 동일한 것들은 다시 차이를 만들어낸다. 이 세계가 가만히 있는데 선박이 그 사이를 다니며 물건을 옮기는 것이 아니라, 선박은 기본적으로 끊임없이 유동하고 순환하는 것을 본질로 하는 이 세계의 일부일 뿐이며, 육지에 살고 있는 우리가 그런 순환의 한 매듭, 잠시 거쳐 가는 지점일 뿐이라는 것을 이번 항해를 통해서 알았다. 다른 위치에서 보니 세상이 달라 보였다. 사실 이 세상에 어느 것도 영원히 고정된 것은 없다. 다만 순환의 속도가 다 다르니 어떤 것은 눈에 보이고 어떤 것은 눈에 띄지 않을 뿐이다. 간혹 작동이 안 보일 경우도 있고, 코드가 안 보일 경우도 있고, 이념이 안 보일 경우도 있다. 상대속도가 같으면 보이고, 방향이 다르면 안 보일 것이다. 속도와 동일성의 플레이는 바다와 선박이 가로지르는 영토가 아닐까 싶다.

과연 바다란 무엇인가. 여기서 새삼스럽게 바다가 무어냐고 기본적인 질문을 하는 이유는 내가 그랜드 머큐리의 항해를 겪고서 본 바다가 우리가 일반적으로 인식하는 바다와는 너무나 다르기 때문이다. 그랜드 머큐리의 바다는 물이라기보다는 영토의 개념에 가깝고, 유동하는 어떤 것이면서 엄청난 강제력을 지닌 것이고, 자체의 폭력으로 인간의 폭력을 압도해버리는 것이었다. "탁 트인 바다는 모든 사회적·종교적·도덕적 제약, 모든 정치적·경제적 제약, 지구의 중력과 빽빽하게 좁은 대륙에 의한 물리적·법칙조차도 보충해준다."[9] 그러나 열린 바다는 바다의 제국에 의해 대체되는데, 바다는 더 이상 마냥 누구에게나 열려 있는 자유의 영역이 아니라 특정한 권리가 행사되고 특정한 항로가 개설되고 특정한 코드가 부여되는

---

9 Virilio, *Speed and Politics*, p.41.

새로운 질서의 공간이 된다. 국가는 공해상에서 산업자본과 헤게모니 다툼을 벌이게 된다. 결국 산업자본은 국가를 초월한다. "무서운 것은 이 모든 강력한 항해 조직이 국가의 산물이 아니라 이런 나라들의 중상적 기술자들이 자생적으로 만들어낸 산물이라는 것이며, 여기서 국가가 하는 역할이란 그저 그런 생산물들을 승인하고는 자기 것이라고 내세우는 것뿐이라는 사실이다."[10] 그랜드 머큐리도 그렇지만, 선박의 국적이 간단치 않다는 사실은 선박의 고향은 국가가 아니라 항상 유동하는 바다임을 뜻하는 것이다. 그랜드 머큐리의 선적은 파나마로 되어 있다. 그랜드 머큐리를 보유하고 있는 시도상선은 한국 회사지만 배는 세금 관계상 파나마에 등록되어 있고, 선원들은 필리핀 사람들이다. 그랜드 머큐리의 주방에는 이집트에서 실은 우유, 필리핀에서 실은 생선과 채소, 한국의 인천에서 실어온 김치와 소주 등이 있다. 배의 국적은 문자 그대로 다국적이다. 질 들뢰즈가 말한 매끈한 공간과 홈이 파인 공간의 차이는 오늘날 대양 항해의 성격을 파악하는 데 가장 중요한 이론적 지표가 된다. 겉보기에 바다는 균질한 것 같고 어떤 장애도 없는 듯이 보이며 어떤 경계도 없는 것처럼 보인다. 그것이 들뢰즈가 말한 매끈한 공간이다. 즉 아무런 질서화나 구획화, 코드화가 이루어져 있지 않은, 자연 그대로 주어져 있는 공간이다. 반면, 홈이 파인 공간은 인간이 구획을 나누고 원칙을 부여한 공간, 즉 도시나 경작지 같은 것이다. 그가 말하는 홈이란 도시의 도로나 통신망, 밭의 고랑, 수로 등 공간을 질서화하기 위해 부여된 모든 체계를 말하는 것이다.

> 홈이 파인 것이란 고정된 것과 가변적인 것을 교차시켜 서로 구별되는 형식들에 질서를 부여하고 연속적으로 이어지게 하는 것, 수평적 선율의 선들과 수직적 화음의 판들을 조직하는 것이다. 매끈한 것이란 연속적 변주,

---

10   Ibid., p.43.

형식의 연속적 선개, 리듬에 본래적인 독자적 가치를
이끌어내기 위한 화음과 선율의 융합, 수직선과 수평선을
가로지르는 사선의 순수한 줄을 가리킨다.[11]

바다는 사막처럼 기본적으로 매끈한 공간이다. 기본적으로
물은 유동적이고 아무런 경계나 구분도 없기 때문이다.
그러나 바다는 항해의 터전과 지배와 전쟁의 터전이 되고,
오늘날은 물류의 터전이 되면서 항로가 정해지고 안전·환경
등에 대한 각종 규약들이 제정되어, 빡빡한 그리드의 공간이
된다. 바다는 땅이 되는 것이다. 인공위성이 모든 것을
감시하는 오늘날 캄캄한 공해상에서 벌어지는 일이라고 해서
감시의 시선을 벗어날 수는 없다. 바다에 홈을 파는 궁극적인
차원은 인공위성의 시선이 뻗쳐 나가는 그 선인 것이다.
특정 국가에 속하는 영해에서는 물론이고, 어느 국가에도
속하지 않는 공해상에서도 홈 파기의 그리드는 작용한다.
그것은 물리적 항로와 변침점 같은 항해상의 지점들일 수도
있고, 입항하기 전에 환경오염 방지를 위해 밸러스트 워터를
공해상에 버리고 들어와야 한다는 식의 규정일 수도 있고,
입항 절차로 제출해야 하는 선원 명부나 안전 관리 장부일
수도 있다. 즉 매끈한 공간은 홈 파인 공간이 된다. 들뢰즈는
내가 그랜드 머큐리에서 체험한 바다를 너무나 정확하게
꿰뚫어보고 있기 때문에 좀 길게 인용해보자.

여기서 바로 바다라는 아주 특수한 문제가 제기된다.
왜냐하면 바다야말로 특히 빼어난 매끈한 공간이지만
점점 엄격해져만 가는 홈 파임의 요구에 가장 먼저
직면했기 때문이다. 이 문제는 육지와 가까운 곳에서는
제기되지 않는다. 이와 반대로 바다에 홈이 파인

---

11 질 들뢰즈, 펠릭스 가타리,『천 개의 고원: 자본주의와
분열증 2』, 김재인 옮김, 새물결, 2001년(원문은
1980년판), 913쪽.

것은 원양 항해 때문이었다. 해양 공간은 천문학과 지리학이라는 두 가지 성과에 기초해 홈이 파였다. (…) 포르투갈인들의 주장대로 1440년경을 최초의 결정적 홈 파임이 일어난 시점이자 대발견이 가능하게 된 전환점으로 봐야 할까? 우리로서는 오히려 쇼뉘의 주장에 따라 매끈한 것과 홈이 파인 것이 바다 위에서 대립하면서 점진적으로 홈 파임이 장기간에 걸쳐 성립된 것으로 보고 싶다. (…) 이리하여 마치 바다는 단순히 모든 매끈한 공간의 원형일 뿐만 아니라 최초로 홈 파임을 경험하는 공간처럼 보인다. 이러한 홈 파기는 점진적으로 확대되면서 모든 장소, 모든 면을 바둑판처럼 나눠 나간다. (…) 사막의 홈 파임, 하늘의 홈 파임, 성층권의 홈 파임. 매끈한 공간이 최초로 순치된 것은 바다에서인데, 홈이 파인 것을 정비하고 강요하는 모델이 여기서 발견되었으며, 나중에 다른 경우에도 그대로 사용된다. 물론 이것은 비릴리오의 또 다른 가설과도 모순이 되지 않는다. 즉 바다는 결국 홈 파기의 끝에서 일종의 매끈한 공간을 재부여한다는 것이다. (…) 이리하여 바다 그리고 다음에는 하늘과 성층권이 다시 매끈한 공간이 되는데, 이것은 실로 기묘한 전도에 의해 홈이 파인 육지를 좀 더 잘 통제하기 위해서이다. 매끈한 것은 홈이 파인 것보다 항상 더 높은 탈영토화 역량을 갖고 있다. (…) 한쪽에는 매끈한 것에 홈을 파는 운동이 있고 다른 한쪽에는 홈이 파인 것에 다시 매끈함을 부여하는 운동이 있다.[12]

이런 운동으로 가득 차 있는 곳이 그랜드 머큐리가 항해하는 터전으로서 바다다. 그러나 바다가 홈 파인 공간이 된다고 해서 항상 그렇게 남아 있는 건 아니다. 어쩌면 육지에 발을 디디지 못한 채 계속해서 항해를 해야만 하는 그랜드 머큐리 사람들의 일상이 탈영토화가 아닐까 하는 생각이 들었다.

---

[12]   위의 책, 915~17쪽.

물론 그 안에는 선장, 기관장, 갑판장, 항해사, 선원으로 이루어지는 작은 영토화가 다시 이루어지고 있기는 하지만 말이다. 본래 항해란 들뢰즈가 말한 "홈 파기의 끝에서 일종의 매끈한 공간을 재부여하는" 행위로서, 탈영토화의 가능성이 있는 탈주적인 것이었다. 즉 기존의 길을 벗어나 새로운 길을 개척하는 한에서 말이다. 그러나 그랜드 머큐리의 항해는 작게 보면 우리들 일상의 영토화의 스케일은 벗어난 전 지구적인 것이지만, 국제 물류의 체계 안에서 작동한다는 점에서는 다시금 홈 파인 공간 안에서 작동이라고 할 수 있다. 그 작동을 책임지고 있는 것은 누구일까? 혹은 무엇일까?

누군가 물었다. 이 배의 진정한 선장이 누구냐고? 물론 그랜드 머큐리의 선장은 경력 25년의 이광기 씨다. 그러나 그가 묻는 건 선장의 이름이 아니다. 그는 선장의 상층부를 묻고 있었다. 즉 선장에게 배를 운항하도록 명령하고 항로를 정해주고 운항의 코드와 방식, 운항의 가치를 결정해주는 자는 누구냐고? 물류라는 것이 특정 주체의 의지에 따라 움직이는 게 아니라 복잡한 생산과 소비의 그물망이 출렁이는 형태라고 할 때, 그랜드 머큐리를 움직이는 건 오늘날 글로벌한 차원에서 세계를 메우고 있는 물류 자본이라고 할 수 있을 것이다. 그런데 물류 자본은 언제부터 바다를 장악하게 되었나? 비릴리오의 설명에 따르면, 그것은 유럽에서 중상주의가 싹트고 새로운 운송 테크놀로지와 맞붙은 18세기 이후의 일이라고 한다.

"부르주아지가 갑자기 땅 위에서 벌어지는 전쟁은 하지 않겠다고 천명한 것은 그들이 수륙양용이 됨으로써 바다와 식민지에서 전면전을 벌이게 된 자본주의의 지도 원리가 된다. 그것은 문자 그대로 바다를 '거대한 병참기지'로 만드는 '거대한 비운동 기계'로부터 '운동기계'로의 도약이다."[13] '운동기계'의 운항은 고달프고 끝이 없다. 그랜드 머큐리의 항해도 끝이 없다.

---

13   Virilio, *Speed and Politics*, p.40.

내 항해의 종착지인 일본의 지바항. 11일 만에 땅에 내렸을 때, 내가 딛고 서 있는
바닥이 더 이상 흔들리지 않는다는 것이 그렇게 좋을 수가 없었다. 하지만 몇 개월을 계속
항해해야 하는 선원들에게는 미안하기도 했다.

인천을 떠난 그랜드 머큐리는 지바항에 들렀나가 타이완을 거쳐 홍콩을 찍고 싱가포르를 지나 말라카 해협을 통과한 뒤 인도양을 통과해 홍해로 들어간다. 홍해의 끝에는 수에즈 운하가 있다. 끝이라기보다는 아시아가 끝나고 유럽이 시작되는 관문이다. 그 관문을 통과하면 지중해다. 터키와 그리스의 아래를 통과해 지브롤터 해협을 지나면 스페인과 프랑스 앞바다고 계속 위로 가면 찬 바다에 시달리며 영국과 독일, 노르웨이까지 간다. 그리고 같은 항로로 돌아온다. 그 중간 중간에 한국에서 수출하는 차는 내려주고 독일의 브레머하펜에서는 BMW와 메르세데스를 잔뜩 싣고 온다. 그 차들은 중간 기항지에서 많이 내려진다. 이런 식의 항차가 2개월쯤 걸린다. 인천으로 돌아온다고 해서 항해가 끝나는 건 아니다. 다시 같은 항로로 해서 유럽을 가야 하며, 가끔 정비를 위해 독(dock)에 들어갈 때를 제외하고는 항로는 항상 같다. 그것은 흡사 비릴리오가 말한 무한, 절대 항해와도 비슷하다. 그것은 "절대적이고 중단 없는 순환의 항해, 출발도 도착도 없는 항해다. 돌아오지 않는 순환의 항로는 유럽 중상주의의 순환 항로, 혹은 삼각형 항로가 이미 갔던 경로를 다시 따라가는 것이다."[14] 나는 11일 만에 내렸지만 그랜드 머큐리는 서지 못했다. 무한 항해는 문자 그대로 무한하다. 모든 재화가 동이 나고 모든 배들이 멈춰 설 때 그랜드 머큐리의 항해는 끝날 것이다.[15]

---

[14]   Ibid., p.41.

[15]   비평을 한다는 엉뚱한 불청객을 11일간 그랜드 머큐리에 태워주시고, 복잡한 배의 구석구석을 안내해주시고, 꼬치꼬치 캐묻는 온갖 질문에 대답해주시고, 편의와 안전을 제공해주신 이광기 선장님과 김족태 기관장님, 그리고 마주칠 때마다 웃는 얼굴로 "굿모닝 써" 하고 반갑게 대해준 필리핀 선원 18명에게 깊은 감사를 드리고 싶다. 지금도 지구상 어딘가 거친 바다에서 항해하고 있을 그분들이 언제까지나 안전하고 건강하기를 기원한다.

너무 빠르다!
우리 시대의 속도에 대한 성찰[1]

> 퀵서비스의 출현 이후 시를 쓴다는 것은 불가능하다.
> — 어느 평론가

충동의 길과 속도의 본질

길은 끝없이 열려 있다. 그 끝에 무엇이 있는지 아무도 모른다. 그래도 열심히 달린다. 그 길은 충동(drive)의 길이다. 길은 어차피 달리라고(drive) 있는 것이니까. 무엇을 향해, 무엇을 위해 가는지도 모르는 채로, 가도록 몰아붙이는(drive) 길이다. 길은 움직이지 않으면서 엄청난 움직임을 촉발하고 담아내는, 속도의 담지자다. 사람들은 더 빠르게 움직이기 위해 움직이고, 더 많은 고체, 더 많은 에너지, 더 튼튼한 구조물, 더 많은 위험들을 감수한다. 자신은 움직이지 않으면서 남은 움직이게 만든다는 끊임없는 역설의 변증법이 길의 핵심이다. 길은 무엇보다도 속도를 낳는다. 4차선 도로는 그 자체로 시속 80킬로미터를 의미하며, 좁은 골목길은 누가 강제하지 않아도 시속 20킬로미터를 의미한다. 폭과 굴곡과 경사라는 물리적 조건이 속도를 결정짓는다는 점에서, 길과 속도의 관계는 대단히 일방적인 결정론적 관계다. 그러나 이 관계에 문화와 관습과 제도와 편견이 끼어든다. 그리하여 길에는 의미가 생겨난다. 그리고 속도에도 의미가 생겨난다. 예를 들어 경찰은 속도를 죄악시하는 온갖 담론들을 많이 만들어놓았다. 그들에게는 증거도 있다. 과속으로 인한 각종 사고의 증거 사진과 조사 결과, 통계 자료들. 그리고 전문가들은 과속이 위험하다는 설교를 끊임없이 토해낸다. 이 문명은 속도에 기반을 둔 문명이면서도 또 다른 한쪽에서는

---

[1] 이 글은 『계원논총』 10호(계원조형예술대학, 2004)에 실렸던 것을 수정한 것이다.

질주하는 음식. 동보성 아저씨.

속도를 죄악시하는 역설적인 문명이다.

이 세상 모든 것은 움직이므로, 속도는 존재의 외부에서 부과되는 차원이 아니라 존재를 있게 해주는 근본적 차원이다. 가만히 있는 듯이 보이는 물건도 초미시적 차원으로 들어가면 끊임없이 움직이고 있다. 모든 것에는 속도가 삼투해 있다. 예를 들어 우리는 생명이라는 현상을 속도의 문제로 볼 수 있을 것이다. 살아 있다는 것은 유기체의 몸이 적당한 속도로 신진대사를 하는 것을 의미한다. 만일 신진대사가 너무 빠르면 지나친 에너지의 소모로 유기체는 일찍 죽어버리고, 신진대사가 너무 느리면 유기체는 식물인간 같은 형태가 될 것이다. 물론 나름의 속도를 통해 자신의 존재 방식을 결정하는 유기체도 있다. 악어는 허파로 숨 쉬는 동물이면서(그런 점에서 '鰐魚'라는 말은 틀렸다) 물속에서 한 시간 정도 있을 수 있는데, 그 이유는 심장 박동수를 1분에 10회 이하로 떨어뜨릴 수 있기 때문이라고 한다. 그래서 신진대사가 느려져 신체에 필요한 에너지도 적어져서 악어는 숨을 쉬지 않고도 물속에 오래 있을 수 있는 것이다.

단지, 속도가 존재의 외부에서 부과된 것처럼 보이는 이유는 속도를 나타내는 어휘와 개념들이 우리가 존재를 말할 때 쓰는 것들로부터 소외되어 있는 것으로 보이기 때문이다. 예를 들어 인간의 감정은 단위로 나타낼 수 없다. 감정을 나타낼 수 있는 것은 대단히 불확정적이고 주관적인 어휘들이기 때문이다. 숭고미를 인간의 스케일을 초월하는 사물에 대해서 가지는 경외의 감정이라고 했을 때 높이가 몇 미터 이상, 무게가 몇 톤 이상이면 숭고미를 느낀다고 말할 수는 없는 것이다. 그러나 이제 속도는 몇 톤의 무게로 우리의 삶 속에 침입해 들어와 있다. 그 무게는 증상으로 나타나기도 한다.

서울지하철공사 기관사 K 씨는 오랫동안 혼자 근무한 탓에 대화법에 능하지 않은 데다가 늘 초 단위의 스케줄을 따르기 때문에 시간에 대한 강박증이 심해 결혼 초에는 가정불화를 겪기도 했다고 한다. 이를테면, 끼니나 약속 시간이 조금만 어긋나도 예민하게 반응하는 것이다. 요즘 기관사들에게 떨어진 과제는 속도 전쟁이다. 지하철 2호선은 운행 속도를 시속 80킬로에서 90킬로로 끌어올리기 위해 선로의 지반을 자갈에서 콘크리트로 교체하는 작업을 한창 벌이고 있다. K 씨는 말한다. "지금 여건으로는 한 바퀴 도는 데 2분 단축하기도 어렵다. 20분을 단축하라는 건 기관사들의 속도감으로는 미친 짓이다. 나도 시운전으로 90킬로를 달려본 적이 있는데 정신이 하나도 없었다. 승객들의 입장에서는 빠른 게 좋겠지만 우리가 속도의 경쟁에 휘말려 있지 않은가 한번쯤 생각해봐야 한다."

굳이 시간 단축의 악몽 속에 사는 기관사 K 씨의 사례를 들지 않더라도, 우리의 문명은 속도에 기초한 문명이다. 모든 것은 속도를 기반으로 이루어진다. 이는 교통 소통이나 물질적 이동만이 아닌, 사고하고 느끼는 등 인간의 근본적인 특성에까지 영향을 미친다. 예를 들어 인간의 뇌를 대체 혹은 보조하는 컴퓨터에서 가장 중요한 특성은 속도다. 우리는 컴퓨터의 속도가 사고하고 느끼는 내용마저 결정하는 시대에 살고 있다. 속도에 대한 고찰은 폴 비릴리오의『속도와 정치』나 질 들뢰즈와 펠릭스 가타리의『천 개의 고원』등의 저작들을 통해 상당히 전개되어 있다. 그들의 사고의 특징은 속도를 인간존재가 세계와 삶 속에서 전개해나가는 바로 그 본질로 보는 것이다. 그들에게는 인간이라는 이상이 있는 게 아니라 인간이 발휘하는 속도가 있을 뿐이다. 이러한 논지를 더욱 밀고 나가 인간의 감각, 사고, 행동, 체계 등 모든 국면에 걸쳐 있는 속도를 분석해보면 그 문명의 성격을 알 수 있다는 얘기가 된다. 어떤 사람의 관상을 보면 그의 경력이나 성격을 읽어낼 수 있듯이, 어떤 사회와 문화의 속도를 읽어내면 그 사회의 특성을 파악힐 수 있는 것이다. 그러므로 이제 문제는 우리 생활을 대기처럼 가득 메우고 있는 속도라는 차원에 대해 생각해볼 때다.

속도 자체에는 의미가 없다. 속도는 순전히 물리적 현상일 뿐이다. 롤랑 바르트가『현대의 신화』에서 말했듯이,

속도에 신화적 담론들이 들러붙으면 그때부터 속도에는
의미가 생기기 시작한다. 어떤 속도는 죄악시되지만 모든
속도가 반드시 죄악시되는 건 아니다. 경주용자동차는
죄악시되지 않는다. 청담동에서 포르셰는 매력을 의미한다.
물론 이때 매력의 원천은 포르셰의 속도 자체가 아니라 그
스타일이지만, 그 스타일조차 속도를 위한 것이라는 점에서
속도는 매력이 될 수도 있다. 반면, 빠르다는 게 반드시
능률이나 효율, 호쾌함을 상징하는 것도 아니다. 페르디낭
드 소쉬르가 『일반언어학 강의』에서 기호는 차이의 체계에
의해 의미를 띤다고 했듯이, 어떤 기호는 그와 대비되는
다른 기호나 기표와 맞물려 있는 그물망 속으로 들어갔을
때 비로소 의미를 띤다. 속도도 마찬가지다. 느린 것이
있기 때문에 빠른 것이 있다. 그러나 이렇게 말해놓고 나면
상대주의에 빠지고 만다. 이 세상에 나쁜 것도 없고 좋은
것도 없으며, 나쁜 것은 더 나쁜 것과 비교하면 좋은 것이며,
아무리 좋은 것도 더 좋은 것에 비교하면 나쁜 것이 되는 게
상대주의의 함정이다. 그러나 속도의 세계에서는 반드시 느린
것 때문에 빠른 것이 존재하는 건 아니다.

　　속도 자체는 상대적일지 몰라도, 거기에 절대적 가치를
부여하는 체계들이 있다. 예를 들어, 시속 100킬로가 넘는
것은 대부분의 도로에서 위험하다는 지식 혹은 선입견은
대부분의 문화권에서 이미 부여되어 있고 통용되는 것이며,
이런 지식을 부여하는 것은 경찰이나 도로 전문가 등의
권력기관들이다. 그 기관들은 체계를 가지고 있다. 그것은
전문적인 지식과 판단의 체계이며, 속도든지 요리법이든지
사람을 꼼짝 못 하게 수동적이고 양순하게 만드는 것은
바로 이 '전문성'이다. 박사가 말한다는데 누가 반론을
펴겠는가. 인간이 100미터를 10초 이내에 달리면 빠르다고
하는 속도감각을 부여하는 건 체육의 체계다. 반면 도로를
150킬로로 달리는 자동차를 단속하는 건 경찰의 체계다.
따라서 속도는 오늘날 삶의 복잡한 결을 이루는 가치와
관리의 매트릭스 속에서 우리에게 다가온다. 여기서 핵심적인

말은 '관리'다. 오늘날 관리되지 않는 속도를 찾는 일은 마치 관리되지 않는 호랑이를 찾는 것만큼이나 힘들다. 가장 난폭한 속도의 경연장인 자동차경주나, 심지어 초음속으로 나는 전투기가 벌이는 전쟁에서도 속도는 관리의 대상이자 영역이다. 관리는 속도라는 추상 차원에 대해서만이 아니라, 속도가 벌어지는 그 영토, 그리고 그 속도가 가능케 해주는 감각과 지각의 범위에 대해서 이루어진다.

이 범위 안에서 절대적으로 빠른 것은 없다. 오늘날의 컴퓨터는 10년 전의 것에 비하면 비약적으로 빠르지만, 10년 후에 오늘날의 컴퓨터를 쓰라고 하면 느려서 사람들 속이 터질 것이다. 이런 속도의 감각은 단지 컴퓨터가 저절로 빨라져서가 아니라, 컴퓨터의 빠름에 어떤 가치를 부여하고, 그런 가치를 추구하는 것이 삶의 중요한 덕목인 것으로 만들어주는 패러다임 속에서 생겨난다. 따라서 빠름이 능률이나 호쾌함, 나아가 남성성의 상징이 되는 데에는 빠른 것에 긍정적인 가치를 부여하는 어떤 패러다임이 있는 것이다.

그러므로 속도의 충동은 항상 패러다임과 충돌하면서 파열음을 낸다. 그 파열음은 어떤 때는 사소한 교통사고일 수도 있고 어떤 때는 대형 테러나 참사일 수도 있다. 그런 순간들은 사실 의미로 충만한 순간이다. 그 의미는 긍정적이고 확증적인(positive) 의미가 아니라 부정적이고(negative) 결여(lack)에 기초한 의미다. 사고란 어떤 것의 결여를 의미한다. 때로는 주의 집중의 결여로 사고가 나기도 하지만, 사고 방지 시스템이나 인력, 혹은 그들에 대한 교육 훈련의 결여로 사고가 나기도 한다. 대구지하철 방화 사건은 승무원이나 역무원들이 그런 유형의 사고에 대비를 하고 비상사태에 대처하는 체계적인 훈련만 평소에 받았어도 대형 참사로 번지지는 않았을 것이다. 대구지하철 방화 사건의 의미는 적절한 비상사태 대처 훈련의 결여를 의미한다. 그러나 이런 종류의 결여는 반드시 부정적이지만은 않다. 서구와 일본에서 발전해온, 열차에서 우주개발용 로켓에 이르는 수많은 교통수단 시스템은 결여에 대한 성찰과 이에 대한 실질적 대처를 통해 발전해왔기 때문이다. '필요는 발명의 어머니'가 아니라 '결여는 발전의 원동력'인 셈이다. 이런 결여의 의미를 읽어내는 건 기존의 인문학적 담론이 아니라 속도의 물리적 작용과 그 결과를 해석해내는 기술공학적 담론이다. 그러나 기술공학적 담론은 메타 담론의 해석을 기다리고 있다. 그것이 속도에 대한 인문학적, 사회학적, 역사적 해석이다.

속도의 추구는 스트레스를 푸는 수단 중의 하나이며, 그 반대급부로 공권력은 속도를 통제해 주체들이 공간 속에 자신을 각인시키는 차원에 개입한다.[2] 경찰이 과속 단속을 하는 것, 공장의 컨베이어벨트가 돌아가는 속도의 조절, 수업 시간의 조절, 직장에서 식사 시간의 설정, 섹스의 속도 등이 그 예다. 물론 그런 시간과 속도를 특정인이 특정한 목적으로 정한 건 아니다. 마치 언어를 개별 주체가 정하지 않듯이, 속도도 개별 주체의 의지를 넘어선 어떤 구조나 패러다임의 문제라 할 수 있다.

속도의 추구는 욕망의 추구이며, 인간이 낼 수 있는 속도는 제한되어 있기 때문에, 속도를 통해 욕망을 추구하는 한 그 욕망은 절대로 실현될 수 없게 되어 있으며, 그 전에 어떤 형태로든지 권력은 그 욕망의 추구에 개입하게 된다. 쇼바를 올린 폭주족 오토바이에서 1억 원이 넘는 포르셰에 이르기까지, 제한 수치를 넘어서는 속도의 추구는 개별 주체의 욕망을 조절해 '적절한' 인간으로 만드는 걸 목적으로 하는 권력과 부딪힐 수밖에 없다. 오토바이 폭주족이 공권력과 맞서는 이유는 그들의 속도가 마약의 성분을 띠고 있기 때문이다. 쇼바를 잔뜩 올린 오토바이에 헬멧도 쓰지 않고, 뒤에는 엄마 걱정 잔뜩 시키게 생긴 짧은 바지 차림의 여자애들을 태운 오토바이 폭주족을 보면 나는 그들이 속도의 마력에 한껏 취해 있다는 인상이 든다. 내 눈에는 그들의

---

2   Paul Virilio, *Speed and Politics*, New York: Semiotext(e), 1991.

차림새와 행동은 죽음에 바로 노출되어 있는데, 그늘은 전혀 두려워하지 않는다. 아무 데서나 턴하고 신호 대기를 하다가 연료가 떨어졌다며, 막 출발하려는 차들 사이로 오토바이를 끌고 지나가면서도 웃고 있는 그들을 보면 어쩜 저렇게 아무 생각이 없을까 궁금해진다. 그들의 두뇌에 속도가 차 있고 혈관 속에 속도가 흐르는데 생각이 날 리가 없다. 그들에게 속도는 혈관에 주입한 히로뽕이다. 위험하지만 짜릿한 것이다.

그리하여 관리된 속도들이 나오게 된다. 입자가속기나 음속의 10배 이상의 속도로 나는 극초음속 비행체처럼 과학자들의 엄격한 계산과 통제하에 실현되는 속도부터, 정해진 트랙을 정해진 규칙에 따라 달리는 자동차경주에 이르기까지, 다양한 양상의 관리되는 속도들이 있다.[3] 관리는 과학적으로도 이루어지지만 행정적으로도 이루어진다. 미국의 테스트파일럿 척 이거는 1947년에 최초로 초음속비행을 했지만 미 국방부는 이 사실을 1년 동안 비밀로 했고, 따라서 인류 최초의 초음속비행은 1948년에야 발표되었다. 비행의 속도를 행정의 속도가 억누른 것이다.

관리되는 속도와 풍크툼

초음속비행기부터 지렁이에 이르기까지, 속도는 그 정도가 다양할 뿐만 아니라, 즐거운 스피드/곤혹스러운 스피드, 물리적 스피드/심리적 스피드 등 그 종류가 다양하다. 속도에 대한 관리는 속도의 양을 떨어뜨리는 것만이 아니라, 이런 속도의 다양성을 조절해 가시화할 수 있게 만들려는

---

[3]   자동차경주의 경우, 계속 증가하는 속도로 말미암아 대회 집행부는 해마다 속도를 떨어뜨리는 새로운 룰을 발표하고 있다. 그러나 각 경주 팀들은 그 룰을 그대로 따르면 자신의 팀만 속도가 떨어지기 때문에 어떻게 해서든 속도를 높이려고 애를 쓴 결과, 항상 경주용자동차의 속도는 줄지 않고 있다. 다만, 무한 경쟁으로 인해 속도가 증가하는 것만 막고 있을 뿐이다.

노력이기도 하다. 그러나 바로 그 다양성 때문에 속도의 관리는 난관에 봉착하게 된다. 관리해야 할 속도의 폭과 깊이가 넓어지기도 하지만, 의외의 요소들, 즉 사고 혹은 풍크툼(punctum)의 요소들이 튀어나오는 것이다. 1969년 보잉747이 처음 나왔을 때 보잉사의 엔지니어들은 비행장 건설의 규격 기준을 바꿔야 할 만큼 새로운 항공기의 패러다임이 된 점보제트기의 성능을 알기 위해서 별별 실험을 다 했는데, 그중에는 오늘날의 기준으로 보면 어처구니없는 것들도 있다. 그중 하나는 보잉747의 제동 성능을 알아보는 실험이었다. 보잉747을 활주로에서 이륙속도로 전속력으로 가속시킨다. 항공기는 시속 200킬로미터를 넘어서 바퀴가 땅에서 떨어지려 한다. 실험은, 그 순간 바퀴에 브레이크를 갑자기 걸어, 항공기가 이륙 직전 문제가 생겼을 때 과연 급정지할 수 있는가를 알아보려는 것이었다. 18개에 이르는 점보기의 바퀴와 브레이크 디스크를 몽땅 태워버린 그 실험의 결론은 이렇게 위험한 실험은 다시는 해서는 안 된다는 것이었다. 군용기와 달리 조종사가 비상 탈출할 수단이 없는 점보기의 기체 전체에 불이 옮겨 붙을 경우 테스트파일럿은 꼼짝없이 조종석에 앉은 채 타죽어야 하기 때문이다.

미국 뉴멕시코주 로스앨러모스에는 최초의 핵폭탄을 개발한 비밀 기지가 있었는데, 1945년 당시만 해도 핵반응의 속도가 얼마나 빨리 진행될 수 있는지 사람들이 몰랐던 것 같다. 우라늄 반구 두 개를 맨손으로 합친 과학자는 일단 임계질량을 초과한 우라늄이 얼마나 빨리 핵반응을 일으킬지 예측하지 못했고, 그 과학자의 손은 홀랑 타서 껍질이 벗겨지고 말았다.

자동차경주는 허가된 살인 시험장이라고 할 수 있는데, 실제로 매년 많은 드라이버들이 죽고 있다. 하지만 부상을 막는 장치는 계속 개발되어도 자동차경주 자체를 금지시킨 적은 없다. 드라이버의 목을 보호하는 장치를 설치하고, 경주차가 트랙을 이탈했을 경우 강한 충돌을 막아주는 부드러운 벽의 설치, 충돌했을 경우 자동차의 바퀴와

브레이크 디스크가 떨어져 나가시 관중을 죽이는 걸 막는
(실제로 떨어져 나간 바퀴에 맞아 죽은 관중이 꽤 된다)
케이블 등 다양한 장치들이 매년 새로 설치되지만, 사고는
막을 수 없고, 사고의 원인도 알지 못한다. 그중 대표적인
사고가 세계 최고의 드라이버로 알려져 있던 브라질의
레이서 아이르통 세나의 죽음이다. 그가 죽은 곳은 이탈리아
이몰라에 있는 트랙의 탐부렐로 커브다. 그는 커브가 별로
심하지 않은 이곳에서 갑자기 트랙을 이탈한 차가 벽에
충돌하는 바람에 죽었다. 세나의 죽음을 둘러싸고 이탈리아의
법정은 그의 경주 팀인 윌리엄스 르노를 상대로 사고의
원인과 책임 소재를 밝히기 위한 재판을 많이 열었지만,
아직도 분명한 원인은 알려지지 않고 있다. 단지 그의
뒤를 잇는 오늘날 세계 최고의 드라이버 미하엘 슈마허의
말대로, 세나는 "그저 너무 빨리 달린 것뿐"인지도 모른다.
법률 용어로 하자면 미필적 고의인 셈이다. 마치 불나방이
불에 뛰어들 듯이, 사람들은 죽음의 속도에 뛰어든다.
그러므로 자동차경주에서 사람이 죽는 건 예측할 수 없는
풍크툼이라기보다는 언젠가는 당연히 일어날 수밖에 없는
일인 것이다. 1911년부터 오늘날까지 인디애나폴리스의 같은
트랙에서 500마일을 달리는 가장 유서 깊은 자동차경주인
인디 500에서 세 번 우승한 미국의 앨 언서의 말대로,
레이스카 드라이버는 '이미 벽에 충돌한 사람과, 아직
충돌하지 않은 사람'으로 나뉠 뿐이다. 속도에 대한 추구는
자기 보존의 본능뿐 아니라 자기 파괴의 본능(타나토스)을
가진 인간의 당연한 표현인지도 모른다.

　　　죽음에 이른 것은 아니지만, 속도가 예측을 벗어났을 때
어처구니없는 일이 일어나는 것은 자동차경주의 숙명인지도
모른다. 미국 플로리다주 데이토나 비치에는 2.5마일의
타원형 트랙인 데이토나 인터내셔널 스피드웨이가 있다. 이
트랙에서는 무겁고 둔한 스톡 카(stock car)만이 달릴 뿐,
인디 카(Indy Car) 혹은 챔프 카(Champ Car)로 알려진 가볍고
빠른 오픈 휠(open wheel) 카는 달리지 않는다. 데이토나가

스피드의 메카, 데이토나 인터내셔날 스피드웨이. 데이토나 비치, 플로리다, 미국. 처음 이 트랙을 보았을 때 둘레 4킬로미터의 엄청난 규모에 놀랐다. 여기서 벌어지는 자동차경주를 텔레비전으로 많이 봐서 익숙한 곳인데도 말이다. 그리고 경주용자동차들이 달릴 때, 엄청난 폭음에 또 압도당했다. 단순히 큰 소리가 아니라, 시속 300킬로라는 속도에 실린 소리였기 때문이다. 차들이 바로 눈앞을 지나갈 때는 찢어질 듯한 소리가 나고, 멀리 가면 깊게 울리는 소리가 난다. 이 거대한 트랙은 아주 다양한 소리를 내는 악기였다. 이것을 악기로 디자인해 만든 것이 아님에도 오묘한 소리를 낸다는 것이 참으로 놀라울 뿐이다. 이슬람인들이 알라신에 기도하기 위해 매년 메카에 모이듯이, 미국인들은 자동차경주에 경배하기 위해 1년에 두 번씩 이곳에 모인다.

너무나 빠른 트랙이기 때문이고, 경쟁심 때문에 부한의
속도를 추구하는 드라이버가 승리를 안전보다 중시하다 보면
사고를 당할 수 있기 때문이다. 실제로 1960년대 초반에
데이토나에서 인디 카의 시험 주행이 있었으나, 사고로
드라이버가 죽은 후로는 그 트랙에서는 오픈 휠 카의 경주는
열리지 않았다. 그리하여 레이스 팀의 기술자와 드라이버는
다년간의 경험으로 어떤 트랙에서 어떤 속도가 나며,
남들보다 빠른 속도를 내려면 차의 어디를 어떻게 셋업해야
하는지도 알고 있다.

그런데 정말로 자동차경주에 풍크툼이 나타난 것은
2002년 미국 텍사스에서였다. 그해 가을 CART
(Championship Auto Racing Teams) 월드시리즈는 텍사스에
새로 건설된 길이 1.5마일의 타원형 트랙에서 새로 레이스를
하기로 했었다. 미국과 전 세계의 여기저기를 다니며
레이스를 하는 그들의 스케줄은 주초에 트랙에 도착해서 짐을
풀고 금요일에 시험 주행, 토요일에 예선, 일요일에 레이스를
하는 식이었다. 그래서 예전의 경험을 믿고 금요일에 새로운
텍사스 모터 스피드웨이에서 처음으로 시험 주행을 해본
드라이버들의 반응은 전혀 예측하지 못한 것이었다. 차가
너무나 빨라서 어지럽고, 심지어 어떤 드라이버는 눈앞이
안 보인다는 것이었다. 대형 사고를 예측한 CART 집행부는
레이스 자체를 취소해버렸고, 대단한 구경거리를 기대하고
표를 산 관객들의 실망과 분노를 사야 했다.

속도에 희생된 건 세나만이 아니었다. 미국의 대표적인
스톡 카 드라이버였던 데일 언하트는 자신이 가장 사랑했던
데이토나의 트랙에서 죽었으며, 뛰어난 챔프 카 드라이버였던
캐나다의 그레그 무어는 미국 캘리포니아 스피드웨이에서,
캐나나에 그의 이름을 딴 트랙이 있을 만큼 유명한 F1
드라이버 질 빌뇌브는 이탈리아의 이몰라에서 죽었다. 가장
뛰어난 드라이버들이 죽었다는 것은 레이서의 숙명인지도
모른다. 그들은 극한 속도의 가장자리 너머에 있는 죽음을 본
사람들이기 때문이다.

동시대 한국의 문화 현상은 속도를 조절하는 다양한 기제들에 영향을 받고 있으며, 문화 현상의 의미도 어떤 속도에 처하느냐에 따라 다르게 해석되고 있다. 세계 최고 수준을 자랑하는 인터넷, 고속철도, 퀵서비스 등 한국의 삶은 점점 빨라지는 속도에 의해 지배당하고 있다. 이에 따라서 사람들의 심리도 점점 강박적으로 속도를 추구하고 있다. 문제는 이런 속도에 대해 비판적 성찰이 없다는 것이다. 이렇게 빨라도 되는 것인가 하는 질문부터, 속도를 중시하는 문명의 패러다임은 과연 문제가 없는 것인가? 인간은 왜 속도를 추구하는가? 속도의 개념을 완전히 다르게 가진 문명의 패러다임은 없는가 등등 여러 질문이 나올 수 있다.

　　속도의 문제를 알아보기 위해서는 시대에 따라 시간의 관념이 어떻게 변해왔나, 시간을 측정하고 평가하는 방법은 어떻게 변해왔는가를 알아보아야 한다. 결국 우리가 현재 알고 있는 바와 같은 단위화된 시간이란 근대로 들어오면서 시간을 측정할 수 있는 장치들이 정교화되고, 노동, 생산, 여가, 휴식 등을 이루는 삶의 체계가 점점 짧은 사이클 속에서 이루어짐에 따라 생겨난 것이다. 또한 이런 차원의 시간 위에, 과학과 산업에서 응용되는 나노세컨드(nanosecond) 등 고정밀 시간의 개념들이 나타나기 시작하면서 시간의 개념은 또 바뀐다.

　　따라서 시간은 인간의 삶을 둘러싸고 있는 환경일 뿐 아니라, 인간을 지배하는 요소가 되기에 이른다. 속도의 개념은 그런 시간의 한가운데 있다. 따라서 속도에 대한 다른 패러다임을 제시할 수 없다면 인간은 근대 이후로 점점 빨라져온 시간의 사이클에서 벗어날 수 없으며, 결국엔 파국으로 치닫게 될 것이다. 탈근대로 넘어온 지금, 시간과 속도에 대한 성찰은 근본적이면서도 필요한 것이다.

　　빨라져만 가는 속도에 대한 반성으로 지난 세기 말 국내외에서 '느림'을 주제로 하는 전시들이 열렸다. 그러나 그 전시들이 얼마나 느림의 개념을 중심적으로 고찰했는지는 미지수다. 그리고 그런 전시에도 실생활에서 속도는 조금도 느려지지 않은 건 아이러니가 아닐 수 없다. 그렇다고 느림을 추구하는 게 대안은 아니다. 우리가 필요로 하는 것은 다른 속도가 아니라 속도에 대한 다른 개념과 패러다임이기 때문이다. 즉, 일종의 카운터 스피드의 개념이 필요한 것이다. 그렇다고 시간이 정지해 있는 종교적 초월 명상의 세계를 설정하는 것도 해결은 아닌 것 같다. 문제는, 현재의 스피드는 결국은 죽음을 향한 스피드, 그래서 죽음에 더 빨리 가는 것이라는 점이다. 그리고 실제로 교통수단의 속도가 빨라짐에 따라 규모가 더 큰 사고의 가능성도 커진다. 고속철도는 빠르고 편리한 만큼 더 큰 사고의 가능성도 내포하고 있는 것이다.

또한 문제는, 일처리 속도가 빨라져도 일은 쉬워지지 않는다는 것이다. 왜? 일하는 시간이 일정하게 줄지 않는 한 속도가 늘어난다는 것은 일의 밀도가 늘어남을 의미하기 때문이다. 예를 들어 인터넷의 발달로 정보를 검색해 얻을 수 있는 시간은 실제로 도서관을 찾아가서 얻는 시간의 몇 백 분의 일도 안 될 정도로 줄어들었지만 그렇다고 해서 연구원의 근무시간을 단축시켜줬다는 얘기는 아직 들은 적이 없다. 결국 속도는 밀도와 맞물린 문제인데, 밀도의 문제를 생각하지 않고 속도만 추구하다 보니 노동의 강도만 높아지는 결과가 온 것이다. 그러므로 밀도의 문제를 생각하지 않고 속도를 늘리는 일은 인간이 살아갈 수 있는 조건을 더욱 황폐화하는 결과를 낳을 뿐이다.

여기서 중요한 건 사고의 밀도다. 즉, 속도에 대해 얼마나 밀도 있는 사고를 할 수 있느냐 하는 것이다. "네가 가진 건 몸이 아니다. 네가 몸이다!"라는 빌헬름 라이히의 외침에 대한 대꾸로 폴 비릴리오는 "네가 가진 건 속도가 아니다. 네가 속도다!"라고 말한다.[4] 인간이 속도 자체가 된다는 것, 그것은 속도라는 차원이 감각과 사고, 신체와 정신 등 삶의 모든 국면에 삼투하는 걸 말한다. 실제로 현대적 삶의 양상은

---

4   Paul Virilio, *Aesthetics of Disappearance*, New York: Semiotext(e), 1991, p.43.

속도에 대한 사고를 일상화하고 내면화하는 쪽으로 발전한 게 사실이다. 속도가 현상의 본질이 되고 있는 영역으로 비릴리오가 꼽고 있는 게 전쟁이다.

> 유럽과 미국에서의 여러 무력 충돌에서 벡터의 속도(병참 경찰)를 조절하고 조작하는 것이 군중을 결집시키는 데 가장 확실한 요소라는 것이다. 권력이 추구하는 목표는 영토를 침범해 정복하는 것이 아니라 편재성에 의해 획득한 세계를 요약하는 것이며, 갑작스럽게 군사적으로 출몰하는 것으로서, 그것은 순전히 속도의 현상이며 그 절대적인 본질을 실현하는 도정에서 벌어지는 현상이다.[5]

이제 속도는 인간의 감각 속으로 침투해, 속도감이라는 것을 이루게 된다. 속도감은 시각과 촉각이 결합된 감각이다. 이에 대해 비릴리오는 다음과 같이 표현한다.

> 속도는 시각을 기본 요소처럼 다룬다. 가속하면서 여행하는 것은 영화를 찍는 것과 같다. 그러나 그것은 이미지를 만들어내는 것이 아니라 새로운 기억상실의 흔적들을 만들어내는 것이다. 안 그럴 것 같지만, 그것은 초자연적 현상이다. 그런 상황에서는 죽음 자체도 그렇게 치명적으로 느껴지지는 않는다. 윌리엄 버로스에서처럼, 죽음은 마치 필름에서 사운드가 분리되는 것과 같은 단순한 기술적 사고가 되어버린다. 타이태닉이든 체펠린이든 치명적 재앙은 거대한 교통수단의 승객들에게는 아무 의미도 없고 현실감도 없는 가설에 지나지 않으며, 그래서 배가 가라앉을 때 그들은 오케스트라에 맞춰서 춤추고 있었던 것이다. 그러나 공휴일의 환영(illusion)과 사고의 발생 사이에는 분명히 간극이 있는데, 점점 빨라진 비행이나 여행으로 인해

---

5   Ibid., p.44.

재난은 여행의 목적이며 기쁨이 되었고, 그로 인해 여행의 축제도 알게 모르게 변형되었던 것이다.[6]

결국 속도감은 단순히 시각적인 현상만이 아니라, 인간이 이 세계를 파악하는 바로 그 척도라는 것을 알 수 있다.

> 열차나 자동차의 창으로 경치가 지나가는 것을 보거나, 창밖을 보듯이 영화나 컴퓨터 스크린을 보면, 열차나 조종석이 프로젝션 룸이 되지는 않는다 해도, 열차, 자동차, 제트기, 전화, 텔레비전… 우리의 전 인생이 더 이상 의식조차 할 수 없는 가속화된 여행을 위한 보조도구 속에서 스쳐 지나간다. (…) '여행 편력을 계속하다 보니 전치(displacement) 자체가 삶의 고착물이 된다.'[7]

속도감은 감각의 문제로 끝나지 않고, 전치 현상을 통해 삶을 지배하게 된다. 그러나 들뢰즈만큼 속도를 사물의 본질과 연결시켜 말한 사람도 없을 것이다.

> 거리가 늘어나거나 줄어들 때면 반드시 그 요소들의 본성이 바뀌게 된다. 벌떼는 줄무늬 셔츠를 입은 축구선수들의 난투극, 또는 투아레그족 무리로 바뀐다. (…) 이는 마치 속도와 온도가 속도들이나 온도들의 집적으로 이루어져 있는 것이 아니라 매번 본성상의 변화를 표시해주는 다른 속도들과 온도들 안에 감싸여 있거나 다른 속도들과 온도들을 감싸고 있는 것과 마찬가지다.[8]

---

6   Ibid., pp.60-61.

7   Ibid., p.61.

8   질 들뢰즈, 펠릭스 가타리, 『천 개의 고원: 자본주의와 분열증 2』, 김재인 옮김, 새물결, 2001년, 68쪽.

그에게 속도는 사물이 이 세계에 나타나는 양상이다.

속도를 지각하는 기술들의 역사

속도를 지각하는 기술 자체의 역사를 서술하는 건 이 글의 범위를 벗어나는 일일 것이다. 여기서 할 수 있는 일은, 속도의 변화가 인간의 지각에 미치는 영향, 그것이 세계를 인식하는 방식에 미친 영향에 대한 서술의 역사에 대해서 쓰는 것이다. 물론 그런 서술은 속도를 지각하는 기술의 역사와 뗄 수 없는 관계에 있음은 분명하다. 어떤 것이 정신없이 움직일 때 우리는 '눈이 핑핑 돌아간다'고 하는데, 영화를 볼 때 새로이 느껴진 속도감 때문에 눈이 핑핑 돌아가는 경험에 대해 정확히 서술한 것은 발터 벤야민이다. 그의 유명한 말 '광학적 무의식(optical unconscious)'은 카메라를 통해 새롭게 가능해진 시지각의 영역을 일컫는 대표적인 개념이 되었고, 후세에도 길이 쓰이게 되었는데, 그 핵심 개념은 시간과 속도에 관한 것이다. 그가 다음과 같이 말했을 때, 속도를 변화시킨다는 일이 인간이 이 세계를 지각하는 방식의 변화를 가져오고, 나아가 세계 자체가 다르게 보일 수 있게 된다는 점을 시사하고 있었다.

> 고속도촬영 역시 우리가 이미 알고 있는 움직임 속에서, 전혀 알려져 있지 않은 움직임, 다시 말해 '빠른 움직임을 길게 늘어놓은 움직임이 아니라 미끄러지는 듯한, 공중에 떠 있는 듯한, 그리고 이 세상 밖에 있는 듯한 움직임'을 보여주고 있는 것이다.[9]

사실 속도를 시각적으로 포착하고, 그리하여 정복한 것은 문필가들이 아니라 사진가와, 그에 필요한 기술을 대준 기술자들이었다. 사진의 발전은 결국은 사진 기계가 더 빠른

---

[9] 발터 벤야민, 『발터 벤야민의 문예이론』, 반성완 옮김, 민음사, 1983년, 22쪽.

속도로 작동될 수 있는 가능성에 날려 있는 것이기 때문이며, 그에 따라 새로운 속도의 패러다임에 걸맞은 사진가가 등장하게 된다. 그 대표 사례가 앙리 카르티에 브레송이다. 그의 사진은 도시의 속도, 그 속도 속에 사진가의 신체를 위치시키는 속도, 시선의 속도 등 복합적 속도의 개념을 품고 있다. 19세기 말에 카메라를 이용해 속도를 기록한 것으로 유명한 두 사진가는 프랑스의 에티엔 쥘 마레와 미국의 이드위어드 머이브리지였는데, 두 사람 다 카메라를 통해 사물과 인간의 움직임을 기록하려 했다는 점에서 공통의 프로젝트를 진행했다고 할 수 있다. 두 사람의 차이는, 전자가 한 장의 사진에 연속되는 동작의 여러 장면들을 실으려고 한 종합적 시도를 했다면, 후자는 여러 장의 사진 각각에 동작의 단편들을 담은 분석적 시도를 했다는 점이다. 두 사람의 사진의 중요성은, 19세기에서 20세기로 넘어오는 시기에 과학과 산업의 발달로 말미암아 인간이 이 세계의 현상들을 과학적 방법으로 기록하고 관찰해 해석하려는 욕구가 커졌을 뿐 아니라, 그것이 산업 발달의 결과와도 밀접히 연관되었다는 점이다.

20세기의 산업은 그와 연관된 모든 것들에 대해 알고자 했다. 그중에서도 특히 동작에 대해 알고 싶어 했는데, 그 이유는 노동은 동작을 통해 표현되고, 노동을 효율화하려면 동작을 분석해야만 했기 때문이다. 그러므로 두 사진가의 시도가 테일러리즘의 여명기에 나타났다는 건 우연이 아니다. 테일러리즘의 창시자 프레더릭 테일러는 19세기 말 과학적 관리라는 방법을 고안하는데, 이는 노동자의 기본 동작을 정확히 구분해 가장 빠른 동작을 연결할 수 있는 방식을 선택했으며, 각각의 기본 동작에 걸리는 시간을 특정해 작업을 표준화하고 재구성했다. 테일러리즘이 노동을 효율화하고 관리를 과학적으로 할 수 있게 해준 것은 사실이지만, 또 한편으로는 속도를 관리한다는 명목으로 인간을 통제한 면도 있다. 결국 속도에 대한 관리는 인간에 대한 관리로 이어졌던 것이다.

총알보다 빠른 비행기 SR71. 가장 빠른 비행기답게 온갖 희한한 이야기들과 신화를
가지고 있다. 음속의 3.5배 속도로 날면 대기와의 마찰열로 기체 전체의 길이가
7센티미터 늘어난다는 식의 얘기들.

20세기 중반을 넘어, 해럴드 에저턴에 와서는 사진을
통한 속도의 기록은 전혀 다른 차원을 띠게 된다. 그것은
벤야민이 말한 광학적 무의식의 극점에 이른다. 에저턴은
MIT에 있는 자신의 연구소에서 초고속촬영 메커니즘을
개발해, 폭발 직후의 원자폭탄을 100만 분의 1초의 셔터
속도로 찍는다든지, 총알이 사과를 꿰뚫고 지나가는 정지
장면 등 인간의 감각으로는 도저히 파악 불가능한 초속도,
초감각의 세계를 탐색한다. 에저턴에 오면 속도란 인간이
지각할 수 있는 범위를 완전히 벗어나게 된다. 그리고
벤야민이 말한 무의식의 개념에 꼭 맞게, 일상적으로 체험은
되지만 그 심층을 볼 수 없었던 속도의 양상, 육안이라는
의식의 세계 밑 깊숙한 곳에 숨어 있는 무의식과도 같은
심층적 영역을 보게 되는 것이다. 이 모든 것들이 속도에 대한
성찰을 가능케 한다. 그러면 한국에서는 속도는 어느 정도나
성찰되고 있는가?

　　속도의 패러독스: 느려야 빨라질 수 있다

한국에서 속도는 너무 빠르지만 그렇다고 한국 사람들이
가장 효율적인 건 아니다. 속도와 효율은 반드시 정비례하는
건 아니기 때문이다. 예를 들어 가장 빠른 비행기를 만드는
과정은 면밀하게 기계의 모든 면을 점검하는 절차를 거치지
않고는 불가능하다. 총알보다 빠른 비행기 SR71을 만드는
과정은 새로운 문제가 생길 때마다 비행기의 전체를
까뒤집듯이 샅샅이 살펴서 문제의 원인을 찾아내어, 아무런
선례도 없는 엔지니어링의 수단을 새로이 발명해내야 하는
길고 고통스러운 과정이었다. 예를 하나 들자면, 비행기가
음속의 2.5배를 넘었을 때 칠이 벗겨지기 시작했다. 그 원인이
도대체 어디 있는지 알지 못하던 엔지니어들은, 그 비행기의
개발 자금을 댄 많은 스폰서들이 여러 색으로 비행기를 칠할
것을 요구했고, 따라서 지나치게 많은 페인트가 칠해진 것을
알아내고는 그것들을 다 벗겨내고 다시 얇은 피막으로 칠을
해 문제를 해결했다. 마치 눈을 가리고 장애물을 넘듯이

기술적인 문제들을 하나하나 해결해야 하는 이런 과정은 빠른 물건을 만들 때는 항상 개입해 있는 것이다. 빠르다는 것은 비일상적인 걸 의미하고, 비일상적이라는 건 예측할 수 없음을 의미하기 때문이다. 그러므로 이 과정 자체는 빠를 수 없다. 결국 느림이 빠름을 낳는다는 역설이 생긴다.

　　기대만큼이나 많은 말썽을 일으키고 있는 고속철도를 보면서, 누구의 잘못도 아니라는 생각이 든다. 그렇다고 아무도 잘못을 저지르지 않았다는 게 아니라, 고속철도의 문제를 해결하려면 시간이 걸린다는 것이다. 그렇다고 시간이 저절로 해결해준다는 것도 아니다. 많은 말썽들을 겪고, 비난을 받고, 그 말썽들을 고치는 고통의 시간이 필요하다는 것이다. 물체가 움직이는 데 연료(에너지)가 필요하듯이, 한국의 속도는 시간이라는 연료를 필요로 한다. 그런데 한국 사람들은 그 연료를 너무 빨리 태우고 있는 것 같다. 공업 기술의 선진국에서 수십 년에 걸쳐 개발된 기술을 훨씬 짧은 시간에 한국에서 실현하려니 말썽이 생기는 것은 너무나 당연하다. 속도가 빨라지면 밀도가 높아지는데, 말썽의 밀도도 높아지는 것이다. 결국 문제는, 천천히 말썽 없이 꼼꼼히 하느냐, 아니면 서두르다가 말썽을 겪고, 그 말썽에 발목을 잡혀서 더 느려지느냐 하는 선택의 문제다. 점점 빨라지는 속도의 패러다임에 온통 휩싸여 있는 한국으로서는 선택의 여지가 별로 없다는 게 또 문제다. 이는 단순히 좀 속도를 떨어뜨리고 느리게 하는 문제가 아니라, 과연 속도라는 게 우리의 삶을 지배하는 패러다임으로 적당한가 하는 것이다. 동남아 관광을 가보면 가이드가 현지인들의 느러터진 모습을 가리키면서, 저렇게 느리기 때문에 발전이 없는 거라고 조롱조로 말하지만, 그들은 우리를 보고 웬 휴식과 관광을 저렇게 바쁘고 서둘러서 해야 하느냐고 비웃고 있는지도 모른다. 속도에 반하는 패러다임을 상상해보면 어떨까. 예를 들어 A에서 B 지점을 가는 데 가장 빠른 길을 찾는 게 인간의 본성이지만, 그런 본성을 잊어버리고 도시의 숨겨진 면모를 가장 잘 볼 수 있는 코스를 잡는 것, 아니면

새로이 피어나는 잎을 가장 잘 볼 수 있는 코스를 잡는 것은
어떨까. 상상하는 데는 시간이 걸린다. 그 시간만큼 우리는
가치 있게 사는 것이기 때문에 그것은 결코 아까운 시간이
아니다. 그러나 지나친 상상은 위험하기 때문에 삶에서
속도를 지우는 일은 여러분을 폐인으로 만들지 모른다.
신록을 보느라 회의에 늦은 직장인을 누가 용서하겠는가.

청량리역에서 출발 준비를 하고 있는 이병철 기관사. 기관사는 운행하는 경로의 모든 것을 외우고 있어야 한다. 제동 거리가 아주 긴 철도의 특성상, 철도는 갑작스러운 제동이 불가능하기 때문에 기관사는 모든 상황에 대해 미리 예견하고 조치를 취해야 한다. 물론 옆자리의 부기관사가 상황을 점검하고 모든 순간에 지적확인을 해준다.

디젤기관차의 풍경

2005년 5월 28일, 그날은 내가 일생 동안 꾸어온 꿈이 실현되는 날이었다. 어릴 적부터 동경하던 디젤기관차를 타보는 날이었던 것이다. 청량리역에서 경춘선을 따라 춘천까지 갔다 오는 디젤기관차 여행은 여행으로서도 독특했을뿐더러 디젤기관차의 겉과 속을 속속들이 관찰하고 열차의 운행 시스템도 알아볼 수 있는 좋은 기회였다. 그것은 기계비평을 위한 여행이기도 했지만 총체적인 감각적 체험이기도 했다. 철도를 통한 감각의 체험과 그 변천은 철도의 역사를 다룬 중요한 책인 볼프강 쉬벨부쉬의 『철도 여행의 역사』의 중요 주제이기도 하다. 나의 디젤기관차 체험도 어느 정도 그 책의 논지에 공명하고 있다. 그러나 쉬벨부쉬 주장의 상당 부분은 이후에 반박될 것이다. 이것 역시 디젤기관차를 타보고 나서 가능해진 일이다. 디젤기관차의 감각적 체험은 그 층위가 다양하다. 디젤엔진의 낮고 무거운 공회전 소리부터, 가속할 때 기어 박스에서 나는 쇳소리, 힘차게 달릴 때 고동치는 엔진 소리, 열차가 선로 위를 천천히 지나갈 때 "뿌지지직" 하고 침목이 눌리면서 나는 작지만 무서운 소리에 이르기까지, 그 소리는 청각적으로 다양할 뿐 아니라 시각적으로도 다양하다. 한마디로, 디젤기관차의 운전실에서 보는 세계는 바깥에서 보는 세계와 다를 뿐 아니라, 열차의 객실에서 보는 세계와도 또 다르다. 디젤기관차의 운전실은 시간과 공간이 다르게 작용하는 곳이다.

정보의 고속도로를 따라 정보들이 아무런 물리적 이동 수단에 의존하지 않고도 순간 이동을 하는 시대에 실제의 땅 위에서 무거운 쇳덩어리를 써서 사람과 물건을 나른다는 것은 더 이상 급변하는 시대를 대표하는 표상도 아닌 것 같으며, 그에 대해 글을 쓰거나 학문적으로 접근한다는 것 또한 별로 신선한 주제가 아닌 것처럼 보인다. 그러나 탈근대의

청량리역에서 필자를 기다리고 있는 디젤 전기 기관차 GMC EMD GT26CW. 일생을
동경해온 기관차가 한 대도 아니고 여러 대가 무겁게 깔리는 공회전 엔진 소리를 내며 서
있는 모습을 본 나는 가슴이 터질 것 같았다.

디젤기관차의 조종 장치들. 브레이크 밸브와 출력 밸브, 발전 제동 밸브 등이 있다.

첨단기술이 세상을 뒤덮고 있는 요즘이야말로 근대의 기술에 대해 성찰할 수 있는 좋은 기회다. 우리는 우리가 가지고 있는 테크놀로지가 무엇인지도 모르는 채 계속해서 새로운 테크놀로지로 나아가고 있으니 말이다. 그것은 흡사 어린아이가 자신이 갖고 놀던 장난감의 이름이 무엇인지도 알기 전에 내팽개쳐버리고 또 이름 모르는 새 장난감을 쥐는 것과 같은 상황이다. 특히 철도 기술의 발달은 세계 어디서나 도시의 발달과 밀접한 관계에 있다는 점에서, 철도에 대한 연구는 우리가 살아가는 환경에 대한 연구와 직결된다. 그간 철도는 우리 생활 속에 너무 깊이 들어와 있거나 너무 멀리 떨어져 있었기 때문에 우리의 성찰의 스크린에 들어올 틈이 없었다.[1] 단 하루의 디젤기관차 여행으로 한국의 철도에 대해 많은 걸 알았다고 할 수는 없을 것이다. 그러나 이번 이행은 비평가의 상상력과 해석력을 촉발시키는 감각적이고 지적인 충격으로 가득 찬 체험이었다.

롤랑 바르트에 따르면, 같은 세기가 철도와 사진을 발명했다. 양자는 근대의 시각 장치(vision machine)이며 이동성과 깊이 관계가 있다는 점에서 상당한 공통점이 있다. 1870년대 미국 서부에서 활동했던 윌리엄 헨리 잭슨은 사진과 철도를 결합한 사진가였다. 그는 철도를 이동 수단으로 삼았을 뿐 아니라, 객차를 개조해 자신의 작품을 고객들에게 선보이는 갤러리로 쓰기도 했다. 사진과 철도의 이런 결합은 남북전쟁 이후 백인들이 미국 서부를 더 왕성하게 개척하면서 새로운 양상을 띠게 된다. 잭슨에게 철도는 시각 장치이기도 했다. 잭슨은 무거운 사진 장비를 나르기 위해 노새를 쓴 경우가 많았지만, 그가 사진 찍은 땅의 범위는 기본적으로 철로를 따라 나 있었다. 그는 철도로 갈 수 있는 만큼 보고

---

1   박천홍의 『매혹의 질주, 근대의 횡단』(산처럼, 2003)은 한국의 초기 철도사를 다룬 좋은 책이다. 이 책은 근대의 유토피아와 공간의 정치, 폭발하는 욕망 등 철도의 발전과 연관된 흥미로운 주제를 많이 다루고 있다.

사진 찍었던 것이다. 그에게는 철도란 개발되기 전에 미국 땅이 어떠했었는지를 알게 해주는 진실의 장치이기도 하다.[2]

이제 지구의 구석구석을 누비는 항공기와 인공위성, 각종 감시 장치로 말미암아 시각 장치로서 철도의 중요성은 많이 사라진 셈이다. 그렇다고 해서 시각 장치로서 철도의 의미가 다 사라진 것은 아니다. 과학이나 군사, 사업 등 우리 생활에서 철도가 차지하는 위치는 예전에 비하면 많이 주변화되긴 했지만, 철도는 여전히 다른 형태의 이동 수단에는 없는 독특한 시점을 갖고 있다. 철도를 시각 장치로 다루는 기본적인 전제는 철도가 시간, 공간에 대한 지각과 테크놀로지, 사회 발전의 복합체라는 점이다. 물론 이런 복합체가 한국에서만 나타나는 건 아니다. 철도가 발달하면서 기술과 경제의 발달뿐 아니라 시간과 공간에 대한 감각도 재편성되었다.

그러나 한국 철도 문화의 특징 중 하나는 과거와 미래 사이에 큰 분열이 놓여 있다는 점이다. 미국이나 영국에도 없는 고속철도가 있는 나라가 한국이지만 제대로 된 철도 박물관 하나 없는 나라가 한국이기도 하다. 한국에서 철도의 한쪽 끝은 끝없는 첨단의 미래를 향하고 있고, 또 한쪽 끝은 제대로 기억도 되지 않는 과거에 닿아 있다. 그 이유 중의 하나는 빠른 속도로 발전하는 테크놀로지가 과거에 대한 성찰이나 회고를 불가능하게 한다는 점이다. 또 하나의 이유는 한국에서 테크놀로지 발전의 양상이다. 연속성을 특징으로 하는 서구와 달리, 한국에서 테크놀로지의 발달은 불연속성을 특징으로 한다. 그런 불연속성에서 무엇을 잃어버렸고 무엇을 얻었는지는 앞으로 많은 역사가들이 연구해야 할 것이다. 어쨌든 끊임없이 미래로 달리는 한국 철도는 과거에 대한 기억이나 표상은 별로 갖고 있지 않다.

[2] Beaumont Newhall and Diana E. Edkins (eds.), *William Henry Jackson*, Fort Worth/Texas: Amon Carter Museum of Western Art, 1974.

퇴계원에서 금곡으로 가는 중간의 원시림. 철도가 보존해놓은 풍경이다. 처음 이 모습을 보았을 때 난 깜짝 놀랐다. 난개발로 혼잡의 극치를 이루는 구리-남양주-마석 간의 도로에서 얼마 떨어지지 않은 곳에 이런 풍경이 보존되어 있다는 것이 놀라웠던 것이다. 흡사 마술의 세계에 들어온 것 같았다. 그리고 철도는 단순히 운송 수단이 아니라 우리를 다른 시간에 가져다놓는 타임머신이란 걸 깨닫게 되었다. 결국 철도에서 본 경관의 놀라움 때문에 이 글을 쓰게 된 것이다.

그런데 사실 그것은 박물관에 있는 게 아니라 철도의 현장에 있었다. 우리가 아무 생각 없이 철도를 이용하는 순간에도 그 현장은 과거의 시간과 현재의 시간을 관통해서 흐르고 있었을 뿐이다.

그 현장이란 철도 테크놀로지가 만들어낸 풍경이다. 어떤 교통기관이든 그 특성에 맞는 풍경을 만들어내는데, 예를 들어 1980년대 말 이후로 한국의 시골 풍경을 도시화하고 번잡하게 만든 것은 자가용 승용차의 급격한 보급이었다. 사람들이 승용차로 갈 수 있는 곳들이 많아지면서 도로변에 가든이 생기고, 학자는 관광 가이드가 되어 문화재 관광이라는 새로운 카테고리를 만들기도 했다. 소쇄원이고 추사고택이고 승용차가 없으면 가기 힘들기 때문이다. 그렇다면 한국에서 철도는 어떤 풍경을 만들어냈는가? 이 글에서는 한국의 철도 일반을 다루려는 것은 아니고, 5월 28일의 경춘선 체험에 대해서만 다루려는 것이니 경춘선 주변의 풍경에 대해서만 말하도록 하자.

경춘선 철도가 만들어낸 모습은 한마디로 근대 풍경의 보존이다. 자동차와 항공기의 발달이 근대의 풍경을 빠른 속도로 지웠다면, 철도가 근대의 풍경을 보존했다는 것은 무척이나 흥미로워 보인다. 누구나 잘 알다시피, 철도는 철저하게 근대의 산물이고, 근대를 가져온 원동력이었다. 그것은 단순히 인간과 재화를 포함하는 물질의 순환이 빨라지고 규칙적이 되고 능률적이 되었다는 점뿐만 아니라, 인간이 느끼는 속도감에 일대 혁신을 가져왔기 때문이다. 시속 40킬로라는 속도는 지금은 너무나 느리지만 19세기 초 철도가 처음으로 영업 운행을 시작한 영국에서는 세계를 다르게 보이게 할 만큼 경이로운 속도였다. 당시 사람들은 그 속도기 어지러웠다고 하니 말이다. 그러나 근대의 총아인 철도의 한계는 고정된 레일을 달려야 한다는 데 있었다. 그에 비하면 그 후에 나온 자동차나 항공기는 물리적 고정성을 뛰어넘어 다른 영토로 넘어갈 수 있는 교통수단이라는 점에서 근대성의 한계를 넘어설 수 있는 가능성을 품고 있었다.

오늘날 탈근대성의 특징이라 할 수 있는 경계의 초월과 이질적인 것들의 혼합은 항공 여행에서 가능해진 인식과 감각의 체험에 기초하고 있는 것이다. 결국 테크놀로지가 바꿔놓은 것은 풍경을 지각하는 우리의 눈과 육체다.

그렇다면 풍경이란 무엇인가? 풍경이란 자연의 일부가 아니라, 자연과 문명의 혼합물이며, 자연을 길들이고 파악하고 조종하려는 인간의 욕망과 거친 자연 사이에서 생긴 변증법적 대립의 산물이다. 이 대립이 변증법적인 이유는 자연과 인간이 서로 대결하고 있는 와중에서 서로를 변화시켜 다른 것으로 바꿔놓기 때문이다. 인간은 자연을 길들여 도로와 도시와 항만을 만들고, 자연은 그 와중에서 종(種)들을 잃어버리고 환경은 오염되고 인간화된다. 풍경이란 그런 대립의 장면이다. 데이비드 나이에 따르면, 풍경이란 "인간의 집단적 존재를 위한 하부구조 혹은 배경으로 봉사하도록 만들어놓거나 개조해 놓은 공간"이다.[3] 그의 이런 규정은, 자연이 일방적으로 인간의 의지에 봉사하도록 되어 있다는 생각에 발판을 두고 있어서 좀 밥맛없는 서양식의 정복적 자연관을 품고 있기는 하지만, 풍경이 인간과 자연 간 상호작용의 산물이라는 것을 밝힌 점에서는 주목할 만하다. 어쨌든 중요한 것은, 풍경이란 정적인 것이 아니라 진화하는 관계 속에 있다는 점이다. 또한 풍경은 땅에 대한 시선을 형성해온 테크놀로지와 뗄 수 없는 것이기도 하다.

경춘선의 풍경은 단선으로 운행되는 디젤기관차 GMC EMD GT26CW와 뗄 수 없다. 앞으로는 새로 건설되는 복선 전철이 그 풍경을 바꿔놓을 것이다. 샌퍼드 퀸터의 지적대로, "도시는 끊임없이 움직이는 힘이 스스로를 꾸며내는 필드다. 각각의 도시는 동적으로 구성되는 역사적 양상들의 독특한

3　David Nye, "Technologies of Landscape", *Technologies of Landscape: From Reaping to Recycling*, Amherst: University of Massachusetts Press, 1999, p.3.

조합"이다.[4] 도시가 팽창하는 매체 중의 하나가 사람과 사물을 움직이는 수송 수단이다. 쉬벨부쉬는 『철도 여행의 역사』에서 철도의 발달과 더불어 자연의 경관은 추상화되고 시간과 공간의 체험은 사라진다고 썼지만, 경춘선의 디젤기관차 여행은 그의 주장이 옳지 않음을 증명해주었다. 철도에 의해 변하는 경관은 그렇게 단일한 패턴을 가지고 있지 않은 것이다. 경춘선 여행이 가르쳐준 것은, 철도의 발달로 인한 경관의 변화가 그렇게 단선적으로 추상화되는 게 아니며, 근대화와 기계화의 경로 또한 그렇게 단일한 목표를 향해 가는 것도 아니라는 점이다. 경춘선 철도는 아주 많은 불연속성들을 품고 있는 시각적, 감각적, 기계적 체험의 공간이다. 그것은 또한 다른 시간대들이 공존하고 있는 공간이기도 하다.

이런 점은 철도를 시각 장치로 볼 때 더 두드러진다. 즉 철도를 통해 보는 경관이 어떻게 다가오느냐가 중요하다. 여기서 한국 철도의 현황을 간략하게 정리하고 넘어가야겠다. 한국의 철도는 1960년대 이래로 지금까지 디젤 동력에 의존하고 있으며 현재는 급속하게 전력화가 진행되고 있다(디젤 동력에 비하면 전기 동력은 훨씬 효율적이고 깨끗하고 비용이 적게 든다는 장점이 있다). 프랑스의 TGV를 면허 생산한 고속철도 KTX의 개통으로 2004년에는 본격적인 고속철도 시대가 열렸으며, 한국형 고속철도인 G7의 개발이 현재 진행 중이다. 고속철도는 선로를 새로 깔아야 하는 단점이 있으므로, 기존의 선로를 이용해 속도를 높이기 위한 한국형 틸팅 열차(TTX: Tilting Train Express)의 개발이 진행 중이다. 틸팅 열차는 곡선 구간의 곡면에 맞추어 열차 차체를 기울게 해 곡선 구간을 안정감 있게 더 빨리 주행할 수 있는 열차다. 틸팅 열차는 곡선 구간에 맞추어 차체와 차륜을

---

4   Sanford Kwinter and Daniela Fabricius, "Urbanism: An Archivist's Art?," *Mutations*, Barcelona: Actar, 2001, p.495.

연결해주는 대차(bogie)의 각도를 10도 내외로 줄 수 있어 기존 선로에서 시속 200킬로미터로 달릴 수 있게 될 것이다.

좀 더 발달한 제어 시스템은 열차를 더욱 지능적으로 만들어줄 것이다. 열차 제어 시스템은 현재 달리는 열차를 위급 시 제동시킬 수 있는 ATS(Automatic Train Stop: 열차자동정지장치)가 보편적으로 쓰이고 있다. 이 시스템은 열차가 제한 범위 이상으로 달릴 경우 열차를 자동으로 제동시키지만 열차 정지 이외의 기능은 없다. 그보다 진보한 것이 자동으로 열차를 제어할 수 있는 ATC(Automatic Train Control: 열차자동제어장치)다. ATC에는 제어실에서 열차의 속도가 허용 속도를 초과할 경우 적절한 속도로 조절할 수 있는 기능이 있다. 가장 진보된 제어 시스템이라 할 수 있는 ATO(Automatic Train Operation: 열차자동운전장치)는 자동으로 열차를 운행할 수 있게 하는 시스템이지만 전 세계적으로도 아직 실험 중이며 채용 사례 또한 많지 않다.

바로 이런 발전이 현재 한국의 철도를 디젤 동력으로 표상되는 과거와 전력화·지능화·고속화로 표상되는 미래로 딱 갈라놓고 있다. 그런 점에서는 디젤 동력 역시 1960년대에 영원한 과거의 영역으로 사라진 증기 동력과 같은 운명에 처해 있다고 할 수 있다. 철로 주변의 경관 또한 테크놀로지의 발달과 맞물려 둘로 갈라져 있다. 디젤 동력이 보존하고 있는 경관은, 젤러가 "상실된 자연의 과거"라고 부른 그 풍경이다.[5] 쉬벨부쉬는 철도의 발전 과정을 "유기체의 힘이 증기력에 의해 기계화되어 자연으로부터 분리되고 추상화되는 과정"으로 보았지만,[6] 경춘선 주변의 풍경은 그

---

[5]   Ibid., p.223.

[6]   Wolfgang Schivelbusch, *The Railway Journey: The Industrialization of Time and Space in the 19th Century*, American Sociological Association, 1977. 볼프강 쉬벨부쉬, 『철도 여행의 역사』, 박진희 옮김, 궁리, 1999년, 32쪽.

추상화의 방식이 일정치 않을뿐더러, 연속적이지노 않은, 아주 이질적인 층위들의 복합체다. 1960년대 이후 국토의 불균등한 발전으로 말미암아 자연경관의 파괴가 급속하게 진행되었지만, 철로 주변의 상황은 그 변화가 너무나 다층적이다.

디젤기관차의 조종실에 앉아서 보는 경춘선의 풍경은 그 선로 바로 바깥의 길거리에서 보는 풍경과는 너무나 다르다. 그것은 한마디로 20세기와 21세기의 차이다. 경춘선에서는 한국의 근대화를 특징지은 시간과 공간의 파괴도 다르게 진행된다. 거기가 퇴계원역이건 화랑대역이건 대성리역이건 청평역이건 가평역이건 간에, 선로 밖 길거리의 모습은 우리가 잘 아는 간판으로 가득 찬 기호의 제국이다. 그곳은 자동차와 인터넷과 국적 불명, 용도 불명의 건축물이 뒤엉킨 탈근대의 풍경이다. 반면, 기관차에서 보는 선로 주변의 풍경은 숲이 보존되어 있고 인공 구조물이래야 교량이나 건널목 정도밖에 없는, 근대 초반의 풍경이다. 근처에 가게도 없다. 하긴 기차를 타고 가다가 갑자기 세워서 가게에 갈 수 없는 노릇이니 말이다. 아마 이 선로가 놓인 후로 거의 변하지 않은 풍경이 아닐까 싶다.

디젤기관차의 조종실에 앉아서 보는 경춘선의 풍경은 승객의 입장에서 객차의 창문을 통해 보는 풍경과 또 다르다. 승객의 눈에는 열차의 운행을 위해 필요한 데이터나 규칙들은 잘 보이지 않는다. 쓰레기를 버리지 말라거나 휴대전화를 쓰지 말라는 등 다른 승객에게 방해가 되는 행동을 삼가 달라는, 승객으로서 지켜야 할 규칙만 눈에 띌 뿐이다. 반면, 기관사의 눈에는 훨씬 많은 것들이 띈다. 기관사는 선로의 모든 디테일을 외우고 있어야 한나. 시속 100킬로로 달리다가 급브레이크를 걸었을 때 2.4킬로미터를 그냥 미끄러져 나가는 열차의 특성상, 앞에 갑자기 경사나 커브가 나타났을 때 급브레이크를 잡을 수 없으므로 기관사는 앞으로 몇 킬로미터 앞에 몇 퍼센트의 구배(勾配)가 나타나며, 현재 곡률반경(曲律半徑)은 얼마나

춘천은 경춘선의 끝이다. 그래서 춘천에 다다른 기관차는 턴테이블에 올려놓고 한 바퀴 돌려서 다시 서울로 출발한다.

조용한 시골역 같은 퇴계원역. 그러나 그 밖으로 나서면 열차에서 보는 것과 전혀 다른 기호의 제국이다.

평내역에서 마주 오는 무궁화호와 교행 중. 단선이었던 시절 경춘선에서는 항상 마주 오는 열차를 피해줘야 했다.

엠티의 메카 대성리는 조용한 시골역이지만 한 발짝만 밖으로 나가면 기호의 제국이다. 역의 플랫폼에 사람들이 서 있는 모습은 별 대단한 모습이 아니지만 기관실에서 보면 겁이 난다. 저 아이들이 갑자기 선로로 뛰어들면 어쩌나 해서 말이다. 더군다나 엠티를 갖다 와서 마음이 한껏 흐트러져 있는 아이들이기 때문이다. 기관사는 실제로 브레이크를 밟아도 열차가 서지 않는 악몽을 가끔 꾼다고 한다.

되며, 기관차의 스로틀(throttle)은 얼마나 열어야 하는지, 발전제동(rheostatic braking)은 얼마나 걸어야 하는지를 일일이 외우고 있어야 한다. 그리고 단선인 경춘선의 경우, 마주 오는 열차와의 교행 관계, 지켜야 하는 다이아[7] 등등을 다 외우고 있어야 한다. 물론 자신이 모는 디젤기관차의 기계, 전기 계통에 대한 지식도 어느 정도는 알고 있어야 한다. 거기다가 거의 1000톤에 가까운 무게가 100킬로 이상의 속도와 곱해졌을 때의 운동에너지가 의미하는 바는 무엇인지, 또 승객 수백 명 목숨의 무게를 곱했을 때 생겨나는 의미가 무엇인지에 대해서도 알고 있어야 한다. 그 지식은 비상 대처 능력이기도 하고 책임감이기도 하다. 그래서 하찮은 건널목이나 역의 플랫폼도 기관사에게는 마음 편히 지나칠 수 없는 1000톤의 책임감의 장소로 다가오는 것이다.

열차가 대성리역에 다다르자 플랫폼에 엠티 갔다 오는 어린 학생들이 잔뜩 몰려서 장난치는 모습이 눈에 들어온다. 순간 혹시 쟤네들이 밀치며 장난하다 선로로 떨어지지 않을까 더럭 겁이 난다. 플랫폼에 서서 보면 전혀 겁이 안 나는데 기관차에서 보면 아주 겁나는 풍경이다. 이에 대한 유일한 대비책은 역 쪽에서 무전으로 '기관차의 기적을 울려 달라'고 주문하는 것밖에 없다. 찻간에서 파는 계란과 소주에 취한 승객이 객차의 문가에 있는 핸드레일에 매달려 가다가 열차에서 떨어져 죽던 시절과 별반 다를 게 없는 수준의 재난 방지 테크놀로지다.

경춘선은 1936년 개설되었으며 청량리와 춘천 간 87.3킬로미터를 잇고 있다. 춘천은 산으로 둘러싸인 강원도에 위치한 도시라서, 경춘선은 산업이나 비즈니스보다는 낭만과 레저를 위한 노선으로 인식되어왔다. 한반도 수송의 중요한 축을 이루고 있으며 부산을 통한 해상운송과도 밀접한

---

[7]   열차의 시각표. '다이어그램'을 일본식으로 줄여서 부르는 말이다.

디젤기관차는 99퍼센트 아날로그로 된 시스템이다. 차내에 디지털로 된 것은
시계뿐이다.

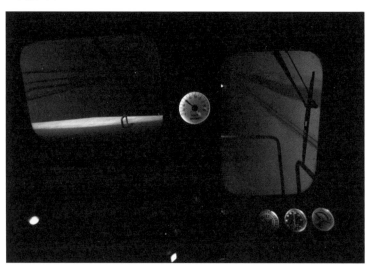

터널 구간. 거의 아무런 설비도 없는, 그야말로 암흑 지대다. 이와는 대조적으로 KTX의
터널에는 여러 가지 센서와 조명 등 많은 장치들이 있다.

연관을 가지고 네트워크를 이루는 경부선과는 달리,[8] 산으로 막혀서 더 갈 곳이 없는 경춘선은 네트워크를 이루지 못하고 있다. 경춘선은 강원도의 산으로 막힌 독립된 철로 구간으로 보아야 할 것이다. 경춘선에서 가지를 쳐나가거나 경춘선으로 연결되는 어떤 노선도 없기 때문이다. 그런 저개발이 경춘선 주변의 풍경을 초기 근대에 머물게 한 이유일 것이다. 그러나 더 중요한 것은 금곡이나 평내처럼 최근 급격히 도시화된 지역의 철로변 풍경도 초기 근대에 그대로 머물러 있다는 것이다.

아니면 약간 다르게 설명할 수도 있을 것이다. 쉬벨부쉬가 말했듯이, 자연을 무서운 속도로 추상화해버리는 자동차, 항공기, 고속철도 등의 운송 수단에 비해 디젤 동력이 지배하는 경춘선은 아직은 자연의 추상화가 덜 진행된 곳이다. 경춘선은 도로율의 증가와 상업화, 정보화로 표상되는 한국의 도시화 과정에서도 예외로 남아 있는 지역이다.

시각 장치로서 철도가 하는 일은 자연에 결부되어 있던 우리의 시각 경험을 기계화, 추상화하는 것이다.[9] 그러나 그

---

8   경부선은 일제에 의해 건설될 때부터 이미 일본-한국-만주-시베리아를 잇는 대규모 네트워크의 일부로 계획되었다. 오늘날 바로 그 선을 따라 TKR(Trans Korean Railroad)을 TCR(Trans China Railroad)과 연결하고, 그것은 궁극적으로 TSR(Trans Siberian Railroad)로 연결되어 철도를 통해 유럽으로 진출할 수 있는 교두보로 삼고 있다는 것은 역사의 아이러니가 아닐 수 없다. 거기다가 철도의 연결을 남북통일을 실제적, 상징적으로 끌어당기는 계기로 본다는 점까지 생각하면 남한에서 철도는 복잡한 표상을 띠게 된다.

9   인간이 쓰는 상징체계가 자연물에서 인공물, 나아가 추상물로 바뀌는 과정은 철도와 같이 인간의 지각에 깊은 영향을 미치는 운송 기계의 발달과 연관해서 설명할 수 있을 것이다.

열차가 하루의 운행을 거의 마치고 청량리역으로 접근하고 있다. 나는 이 짧지만 감동적인 여행의 경험을 글로 쓰게 되었고, 그것을 조금 더 학술적인 논문으로 만들어서 중국 선양의 동아시아 과학기술철학회에서 발표했는데 아무 반응이 없었다. 아마 중국인들에게는 근대의 기계인 철도에 대해 회고하는 연구를 한다는 것은 아직은 시기상조인 것 같다. 중국은 이제야 근대를 받아들이고 있기 때문이다.

과정을 일방적이고 단선적으로 보려는 쉬벨부쉬의 설명은 경춘선의 디젤기관차 여행 체험을 통해 정당성이 없음이 드러났다. 철로 주변의 시각장은 단선적이고 균일한 장이 아닌 것이다. 그 이유는 그 풍경이 기계에 의해 매개되어 있기 때문이다. 기관차의 특성은 풍경의 특성을 어느 정도는 결정짓는다. 결국 시각 장치로서 철도가 보여주는 것은 눈에 보이는 자연경관만이 아니라, 그런 경관을 만든 기계와 시간과 공간의 얽힘이다. 그것은 오늘날 테크놀로지의 발전에 내재해 있는 불균등과 균열을 포함하는 풍경이다. 경춘선에 한창 건설 중인 복선 전철이 완공되면 새로운 경관-테크놀로지의 조합이 나타날 것이다. 그리고 누구도 21세기 초에 디젤 테크놀로지와 결부되어 나타났던 경관의 불균등에 대해서는 기억하지 못할 것이다.[10]

---

10   감시의 테크놀로지는 이런 불균등의 해소에 한몫하고 있다. 모든 것을 볼 수 있다는 것은 균열의 가능성을 미리 막을 수 있음을 의미하기 때문이다. 샌퍼드 퀸터와 다니엘라 파브리시우스의 다음과 같은 진단은 좀 비관적이기는 하지만 테크놀로지 일반이 앞으로 자연을 어떻게 처리할 것인지, 그중에서 특히 철도는 자연경관을 어떤 식으로 처리하게 될지 예측하는 데 도움을 준다. "자본주의의 최성기: 서류철과 구식 행정의 기술에서 공간이 중요했다면 전자 감시에서는 시간이 중요하다. 요즘은 데이터를 효율적인 시장처럼 끊임없이 업데이트하고 체크해서 중요한 이벤트나 특정 사실들을 갈무리할 수 있다. 공공 부문과 민간 부문의 행정이 자동화되면서 우리 세계는 기이하게도 모든 것이 하나의 체계 속으로 말려들어가는 현국을 경험하게 된다. 모든 것이 과학기술의 체계 속으로 흡수되고 종속되며 무슨 일이 벌어질지도 그 안에서 예견할 수 있게 된다. 그리고 이런 체계는 이 세계 전체보다 더 크고 정교해진다. 이런 변화는 개신교의 윤리가 이 세상에 실현된 것처럼 보인다. 그것은, 우리는 근본적으로

* 나를 디젤기관차에 태워주시고, 사진을 찍으며 쉬파리처럼 귀찮은 질문을 해대는 나에게 친절하게 모든 것을 대답해주신 용산기관차 사무소의 이병철 기관사님께 깊은 감사를 드린다. 그분이 가시는 길에 항상 안전과 행복이 있기를 기원한다.

죄인이며 심지어 죄를 짓기 전에 이미 신은 굽어보며 이런 사실을 다 알고 있다는 것이다." Sanford Kwinter and Daniela Fabricus, "Urbanism: An Archivist's Art?," p.606.

KTX의 속도미와 죽음감

질주의 욕망과 그 제어

광명역에서 탄 KTX는 순식간에 엄청난 속도로 가속하고
있었다. 지금쯤 시속 150킬로는 되었을 거라고 생각한 순간
텔레비전 스크린에 나오는 속도는 266.7킬로다. 경이로운
속도다. 속도의 화신인 KTX(Korea Train Express)가 하는
일은 놀랍게도 속도를 감추는 것이다. 그것도 사람을 속이는
얄팍하고 치사한 껍질을 씌워서 허위와 날조로 속도를 감추는
게 아니라 소음과 진동을 줄이는 정직하고 고통스러운
엔지니어링의 과정을 통해서 속도를 감추고 있다. 그 결과
사람들은 의외로 KTX의 속도에 놀라지 않는다. 그러나
프랑스의 고속철도인 TGV를 한국형으로 개조해 도입한
KTX가 카테고리를 가리지 않고 전 세계에서 육상에 달리는
것 중 가장 빠른 물건이라는 점을 상기하면, 속도에 비한
소음과 진동은 놀라운 수준이다. 비행기를 예로 들어보자.
비행기가 이륙하기 직전의 속도는 KTX의 최대 속도 시속
300킬로에 훨씬 못 미치는 시속 200킬로 정도다. 그러나 그
정도의 속도에서 매끈한 활주로를 달리는 비행기는 심한
소음과 진동을 겪는다. 날개 끝에서 객실 짐칸의 문짝에
이르기까지 비행기의 크고 작은 차원에 걸쳐 모든 것이
심하게 떨리며 진동을 거의 못 견딜 즈음이 되면 비행기는
간신히 이륙하는 것이다. 그렇다고 비행기가 낙후해서가
아니다. 비행기는 나는 것이 주 목적이기 때문에 바퀴에
많은 비중을 둘 수 없고, 무게를 줄여야 하므로 바퀴를
지지하는 언더캐리지(undercarriage: 랜딩 기어와 이것을
동체에 실합하는 구조적 지지체를 일컫는 말)는 비행기가
이착륙할 때의 충격을 흡수할 정도로만 설계되어 있지,
안락함 같은 것은 고려할 대상이 못 되는 것이다. 그에
비하면 모든 시간을 육상에서 달려야 하는 KTX는 바퀴가
레일 위를 구르면서 발생하는 소음과 진동에 대한 대비책이

기존의 땅의 구획선을 가로지르며 달리는 KTX.

철저하게 되어 있는 기계다. 투박하고 불편하고 시끄러운
중공업 제품이라기보다는 매끈하고 세련되며 가벼운 서비스
제품이라 할 수 있는 **KTX**는 승용차를 고를 때도 소음이 적은
것을 고르는 까다로운 고객의 취향에 맞춰야 하기 때문에
소음은 당연히 중요한 요인이다.[1]

---

[1] 고속철도의 소음은 여러 요인에 의해 생겨난다.
한국철도기술연구원이 KTX의 소음을 측정, 평가한 항목을
보면 고속철도의 소음이 얼마나 복잡한 요인들을 갖는지
알 수 있다. 다음은 한국철도기술연구원에서 수행한 연구
항목들이다.
— 편성 차량 시스템 모델링(비선형): 다중 열차 편성(20량)
해석 모델화, 차륜/레일의 접촉 모델 및 기하학적 특성 규명
— 편성 차량에 대한 분석 및 타당성 검증: 차량의 전달함수
해석, 해석 모델의 검증 및 튜닝
— 편성 차량에 대한 검증 실험 및 방안: 차륜 및 레일 형상
측정, 궤도 틀림 자료 수집 및 분석, 차량 각부 진동 측정
실험
— 마모 관련 차륜/레일 윤활 특성 실험: Pin on Disc 실험
— 실내 소음 및 진동의 전달 경로 분석 및 파악, 차량
소음의 방사 특성 모델 구축 및 예측: 차량 주행 시
방사되는 소음 분석 및 소음원 파악, 방사 소음 예측 및
특성 규명
— 차량의 소음/진동 측정 및 분석: 차량 주행 시 실내 및
실외 소음 측정, 차량 소음원 평가를 위한 진동 소음 측정
— 차륜 및 레일의 동적 특성 분석 및 실험: 차륜 및 레일의
모우드 해석, 차륜 및 레일의 동적 특성(임피던스) 시험 및
분석
— 차량 전동음 전파 스케일 모델 설계 및 기초 모델 제작:
소음원 특성 구현에 대한 타당성 검토 및 기본 설계, 차량
전동음 전파 모델에 대한 기본적인 모형 제작
— 편성 차량에 대한 차량 주행 안정성 해석 및 방안

속도가 시속 300킬로에 이를 즈음 KTX는 고속도로를 가로지른다. 물론 순간이다. 고속도로의 갓길에 경찰이 과속 단속용 레이저 건이 달린 카메라를 설치해놓은 게 보인다. 보인다기보다는 그런 인상이 흘깃 지나갈 뿐이다. 만일 그 경찰의 카메라에 KTX가 찍힌다면 어떤 반응이 나올까. 당연히 면허가 취소될 만큼의 엄청난 과속이다. 그러나 KTX의 기관사가 과속으로 면허가 취소되었다는 얘기는 아직 들어본 적이 없다. 앞으로도 그는 과속으로 면허가 취소되지는 않을 것이다. 왜 시속 300킬로미터가 단속되지 않는가? KTX의 속도는 고도로 관리된 속도이기 때문이다. 자동차의 속도를 관리하는 유일한 레벨은 운전자뿐이다. 일정 구간에 다른 열차가 있으면 뒤를 따르는 열차가 진입하지 못하도록 하는 폐색 장치(block system), 열차가 과속을 하거나 신호를 지키지 않을 때 열차를 자동으로 정지시키는 ATS(열차자동정지장치) 등의 KTX 시스템은 자동차에는 적용되지 않는다. 속도 관리 시스템이 열차의 외부에 겹겹이 설치되어 있는 KTX와는 달리, 자동차의 외부에는 속도를 강제로 관리하는 어떤 시스템도 없다. 그저 자동차 운전자의 안전 의식에 믿고 맡길 뿐이다. 철저히 개별화되고 사유화되어 있다는 점은 자동차의 장점이지만, 안전이라는 면에서는 이는

도출: 비선형 주행 안정성 분석, 주행 조건의 영향에 따른 안정성의 변화 검토
— 편성 차량에 대한 검증 실험 및 방안: 영향 인자(댐퍼, 서스펜션 등)에 대한 해석, 영향 인자에 대한 자료 조사 및 실험, 선형 및 속도에 따른 각 부의 진동량 측정
— 직선 및 곡선에 대한 추종 및 안정성 검토: 직선 및 곡선에 대한 추종 및 안정성 검토, 곡선별 안정성 영향 분석 및 대책, 직선 및 곡선부 주행에 따른 동특성
— 차륜 형상별 진동 특성 시험 및 비교 분석: KTX 차륜 형상별 진동 특성 시험 및 분석, 국내 환경에 적합한 차륜 형상 추천

대단히 불리하다. 국가 공권력은 운전자의 안전 의식을 믿을 수 없기 때문에 과속 단속이라는 방법으로 운전자의 속도를 관리한다. KTX에 비하면 너무나 허술한 관리다.

그 이유는 우선, 과속 단속은 시스템이 아니기 때문이다. 기본적으로 시스템은 최소한 선형적 개념을 띠고 있다. 한 지점에만 작용하는 게 아니라 일정 구간이나 면적에 작용한다는 말이다. 그리고 시스템은 편재(遍在)한다. 시스템이 작용하는 구간 안에서는 예외 없이 다 적용된다는 말이다. 그러나 경찰의 과속 단속 카메라는 선형적이지 않고 점적이다. 물론 경찰은 갈수록 많은 과속 단속 카메라를 설치해 점적인 양상을 선형적인 양상으로 바꾸고 싶어 한다. 하지만 가로등이나 차선처럼 모든 도로를 빈틈없이 커버하는 과속 단속 시스템을 설치한다는 것은 금전적으로나 윤리적으로나 가능하지 않다. 편재하는 카메라는 환상일 뿐이다. 더군다나 수시로 장소와 시간을 옮겨가면서 이루어지는 이동식 단속 카메라는 시스템이 아니라 부유하는 점일 뿐이다. 둘째로는, 경찰이 하는 일은 과속 차량을 사진 찍어서 과태료 고지서를 운전자 집으로 보내 과태료를 운전사에게 물도록 하는 행정적인 사후 조치인데, 이는 지금 눈앞에 현존하는 속도에 작용하는 조치는 아니다. 즉 당장 눈앞의 차가 과속으로 달린다는 사실에 대해서 경찰은 어떤 일도 하고 있지 않은 것이다. 과속 단속이라는 제스처는 쓰고 있지만 그 제스처라는 기표는 실제로는 그 순간의 속도에 대해 전혀 작용하고 있지 않다는 환유적 사실 때문에 경찰이 과속 단속하는 것은 전혀 시스템이 아니다. 더군다나, 단속과 제어는 전혀 별개의 일이다. 눈을 부릅뜨고 노려본다고 해서 선풍기의 날개 속도를 제어할 수 없듯이, 사진 찍어서 과태료를 물린다고 해서 자동차의 속도를 제어할 수는 없다.

이에 비하면 KTX의 속도 관리 시스템은 고도로 발달한 정교한 제어 시스템일 뿐 아니라 여러 겹의 백업 시스템으로 되어 있다. KTX에서 속도 관리가 중요한 이유는 고속에서의 사고는 곧바로 재앙이기 때문이다. 사실 고속을 실현한 모든 교통기관에 사고는 곧 재앙이다. 하늘을 나는 항공기에 접촉 사고는 곧 재앙이다. 고속에서는 당연히 사고는 나면 안 된다. 그런 사실의 결과, 고속을 제1의 가치이자 덕목으로 내세우는 KTX에서 승객은 속도를 느낄 수 없다. 물론 예민한 승객이라면 열차 바로 옆에 있는 전신주나 철책의 포스트가 지나가는 속도를 보고 속도를 짐작할 수는 있을 것이다. 하지만 이것을 하려면 평소에 자동차를 탈 때 바로 옆을 보면서 사물이 얼마나 빨리 지나가는지 익혀두어야 하는데, 이런 식의 비교를 하는 사람은 거의 없을 것이다. 그가 속도를 느끼는 것은 공간적 지각이 아니라 시간적 이해라는 차원을 통해서다. 즉 광명-대구가 한 시간 반밖에 안 걸린다는 매우 추상화된 사실에 의해 속도를 느끼는 것이다. 그런데 이는 공간의 시간화, 혹은 공간의 추상화라는 근대적 성향의 연장선이다. 예를 들어 서울에서 뉴욕이 얼마나 머냐고 했을 때 킬로미터로 얼마라고 알고 있는 사람은 거의 없을 것이다. 더군다나 항공에서 쓰는 거리의 단위는 nm(nautical mile=1852미터), 즉 해상 마일이고, 이는 육상에서 쓰는 마일(약 1600미터)과도 또 다르기 때문에 보통 사람이 이 거리를 구체적으로 인지하는 것은 불가능하다. 그래서 사람들은 서울에서 뉴욕은 열네 시간 걸린다고 말한다. 공간은 시간으로 번역되어야 인지 가능하고 이해 가능해지는 것이다. 노동의 대가를 공간이나 사물로 환산하지 않고 시간으로 환산하는 습관에서도 알 수 있듯이,[2] 경험계를 시간의 차원으로 환산해 파악하는 것은 우리에게는 이미 익숙한 습관이다. 따라서 시속 300킬로라는 개념보다는 광명-대구 한 시간 반이라는 개념이 훨씬 감각적이고도 구체적으로 다가온다. 그리하여 속도는 추상화된다.

---

[2]   일당 얼마, 한 달 월급 얼마 하는 식으로 따지는 것을 말한다.

앞서 말한 고속도로가 어느 고속도로인지 도저히 알 수가 없다. 저 멀리 지나가는 산도 무슨 산인지 알 수 없다. 경부선 무궁화호를 타고 가다 보면 대전 근처에서 멀리 보이는 산은 계룡산, 김천 근처에서 보이는 산은 황학산 등 지명과 장소를 연결시킬 수 있지만 KTX에서는 그 일이 불가능하다. KTX는 장소를 지우면서 달리기 때문이다. 장소가 지워진 자리에 남는 것은 스펙터클뿐이다. 차창 밖에 보이는 것은 풍경이 아니라 스크린에 비친 이미지 같다. 스크린상의 이미지는 되감을 수도 있고 빨리 감을 수도 있듯이, KTX의 창에 비치는 이미지는 끊임없이 빨리감기 된다.

마침 창밖으로 보이는 늦가을의 저녁 풍경은 참으로 아름답다. 누런 논도 아름답고, 그 사이로 점점이 박혀 있는 농가도 아름답다. 우연하게도 며칠 뒤에 비슷한 장소를 차를 타고 가게 되었다. 머리 위로 KTX의 직선화된 트랙이 보이는 것으로 봐서 내가 지나간 그 자리임에는 틀림없다. 그러나 차에서 본 그 농촌 풍경은 전혀 아름답지 않다. 요란한 색깔에 어지러운 글씨체로 쓴 각종 광고 간판과 음식점 간판들이 가득 차 있고, 구석에는 쓰레기들이 아무렇게나 쌓여 있는 전형적인 시골의 풍경이다. 아름다움과는 거리가 멀다.

그렇다면 KTX의 무엇이 이 풍경을 그렇게 아름답게 보이게 만들었나? 바로 속도다. 속도의 무엇인가? 속도가 구체적인 사실들을 사상해버리고 추상화해버리는 경향이 풍경을 아름답게 만드는 것이다. 광고 간판의 글씨도, 쓰레기의 디테일도 다 지워져버리기 때문에 풍경에는 큰 윤곽만 남고 인상파 그림을 멀리서 본 듯이 색의 혼합된 인상만 남는다. 그것은 탈근대에 다시 보는 인상파 회화다. 19세기의 프랑스 화가들이 본 풍경을 21세기의 프랑스 엔지니어들이 기계화하고 한국의 승객들이 보는 것이다. 철도가 풍경을 추상화하는 경향은 이미 철도가 발명된 직후부터 나타난 것이었으니, 기계에 의한 운송의 발달은 시간과 공간뿐 아니라 시지각적 경험도 추상화해온 것이다.

물론 그런 추상화 경향은 사실 철도 여행에서만 니타나는 것은 아니다. 그것은 자동차에서도 나타나고 항공 여행에서도 나타난다. 실제로 자동차를 타고 경상북도 산간 지방을 여행하다가 뒷산에 멋진 노송이 휘영청 드리운 찬란한 고택이 있어서 가까이 가보니 고택은 기와가 무너지고 담벼락에는 잡풀이 무성히 자란 쇠락한 한옥일 뿐이었던 경험이 많다. 자동차의 속도가 풍경을 추상화시켜 나의 눈을 속인 것이다. 하지만 자동차는 KTX보다 느리기 때문에 속도에 의한 추상화가 덜하고, 항공기는 너무 높고 멀기 때문에 풍경을 너무 추상화해버린다. 비행기를 타고 인천에서 유럽으로 가다 보면 중국의 고비사막을 지나 러시아의 이르쿠츠크 산맥 위를 날게 되는데, 이때 밑으로 내려다보는 지형은 그야말로 신비 그 자체다. 비행기가 그 지형 위를 나는 속도와 거리가 곱해져서 그런 풍경을 만든 것이다. 가까이 가보면 거기도 한국 농촌처럼 퇴비 냄새가 나고 화장실에 구더기가 기어 다니는 시골일 텐데 말이다.

한편, 속도감에서 느껴지는 숭고미가 전적으로 눈으로 보는 시지각하고만 관계되는 것은 아니다. 그 숭고미는 속도의 의미에 대한 역사적 지식과 연관된다. 그 지식은 또한 속도가 필연적으로 품고 있는 재난 사고의 역사에 대한 지식이기도 하다. 승용차에서 우주선까지, 인류가 개발해온 속도 기구의 역사는 다 재난 사고의 역사였다. 시속 300킬로의 위험을 잘 알고 있고, 그와 비슷한 속도로 달리는 고속 열차와 항공기, 경주용자동차의 온갖 참상을 잘 알고 있는 나로서는 시속 300킬로란 숫자는 모골이 송연할 따름이다. 1998년 6월 독일 에셰데에서 일어난 ICE(Inter City Express: 독일의 고속철도)의 탈선 사고는 독일 철도 역사상 최악의 참사였다. 차륜과 철로 사이에서 생기는 진동을 막기 위해 바퀴 사이에 끼워 넣은 고무 링이 파손되는 사소한 원인에서 발생한 이 사고로 승객 90여 명이 죽었다. 고속으로 달리다가 탈선한 열차가 교량의 교각을 들이받는 바람에 무너진 교량의 상판이 뒤따라오던 객차를 덮쳐서 더 많은 사상자가 난 이 사고는

속도라는 것이 칼날이나 독약처럼 무서운 것이라는 것을
잘 알려준다. 2005년 4월 일본 효고현에서 쾌속 전동차의
탈선으로 37명이 죽은 사고도 최근 일본에서 난 철도
사고로는 큰 사고였다. 두 사고 다 치밀하고 튼튼한 시스템에,
오랜 철도 역사를 가진 독일과 일본에서 일어났다는 점에서
사고란 피할 수 없는 것이란 경각심을 일깨워준다.

　　사실 정상적인 판단력이 있는 사람이라면 시속
300킬로로 달린다는 것은 어느 정도 사고의 위험에 노출되어
있는 것이고, 그런 참사에서는 살아남기가 힘들다는 것을
알 것이다. 속도와 위험은 불가분의 관계에 있다고 할 때,
속도에서 오는 숭고미는 죽음을 눈앞에 둔 자가 느끼는 그런
감각이다. KTX를 타고 달리면서 머리가 쭈뼛 서는 게 정상인
것이다. 그러나 대부분의 승객들은 사고의 역사를 모른다.
그런 지식의 결여 덕분에 승객들의 시지각은 재래식 열차의
레일 이음부에서 나는 규칙적인 덜커덕 소리에 눈이 솔솔
감기듯이 속도의 위험에 마취되어간다. 마취된다고 해야 할
것이다. 역사적 지식이고 속도감이고 뭐고, 이음매가 거의
없는 장대 레일 위를 달리는 KTX는 터널에 들어갈 때를
빼고는 별 소음을 내지 않는다. 승객들은 마침내 속도도 잊고,
추상화된 풍경도 잊고, 마취의 세계, 탈근대적 교통수단의
판타스마고리아에 빠지는 것이다. 아름다움은 항상 인간을
마비시키는 효과가 있지만, KTX에서 보는 풍경의 숭고미는
사실은 죽음의 또 다른 모습인 것이다. 아무도 그런 사실을
인정하고 싶지 않겠지만 말이다. 속도미는 죽음감의 또 다른
표현이다.

　　사라지는 지리감
속도에서 오는 추상화는 증상을 동반한다. 그것은 지리적
참조점이 사라지는 것이다. 내가 밀양을 지나는지, 황간을
지나는지 익산을 지나는지 알 수가 없는 것이다. 최고 속도
시속 140킬로의 새마을호 열차만 해도 지리적 참조점은
인간이 지각할 수 있는 범위 안에 있다. KTX의 시속

300킬로란 속도는 ⊥것을 불가능하게 만든다. 추상화된 풍경 때문에 어떤 지리적 지점을 지나고 있는지 알기 힘들다는 점에서 KTX 여행은 항공 여행과 닮아 있다. 구조적으로도 KTX의 차체는 매끈하며, 항공기에 적용되는 공기역학적 설계가 반영되어 있다. 공기의 저항은 속도의 제곱에 비례하기 때문에 시속 300킬로에서 공기의 저항을 제대로 처리하지 않으면 엄청난 에너지 손실이 오기 때문이다. 물론 차체와 공기의 마찰로 생기는 소음도 클 것이다.

소음과 진동을 줄여서 속도감을 감춘다는 건 '달리고 있다'는 현실감을 감추는 것이다. 승객들이 원하는 것은 이동이지 달리는 게 아니다. 탈것이 달리든 날든 상관이 없는 것이다. 승객들에게 소음이나 진동의 침입은 현실의 침입이다. 그러나 KTX의 승객은 현실감의 틈입을 달가워하지 않을 것이다. 승객들이 얻고자 하는 것은 달린다는 현실의 체험이 아니라 아주 짧은 순간에 다른 곳으로 이동한다는 비현실적 경험이기 때문이다. 도대체 KTX에는 어느 것이 현실일까. 시속 300킬로로 달린다는 사실? 혹은 그 속도를 감추고 마술 상자처럼 순식간에 승객을 어떤 지점에 옮겨놓는다는 사실? 아마 KTX는 두 가지 현실의 선로 위를 달리고 있는 듯하다. 즉 빨라야 하지만 승객들이 불쾌해하거나 불안해해서는 안 되는 것이다. 그 두 선로를 매개하는 것이 지리 감각이다. 즉 내가 현재 어디 있으며 앞으로 목적지까지 얼마나 걸릴 것이라는 감각이다.

지리 감각이란 것이 추상화되는 요즘, 고속 열차를 타고 지리적 참조점을 찾으려 한다는 것은 항공기를 타고 가면서 길거리를 판별하려는 것만큼이나 불가능한 일이다. 어차피 KTX 여행이 통일호나 무궁화호가 그랬듯이 면 단위나 군 단위를 찾아가는 것이 아니고 웬만한 도시도 건너뛴 채 광역시를 찾아가는 것이기 때문에 지리적 참조점을 찾는다는 것은 옛날 한때 살던 고향의 모습을 그려본다는 것 이상의 의미는 없다. 싸고 흔해져버린 내비게이션 시스템으로 말미암아 어딘가를 찾아가기 위해서는 더 이상 지리 감각은

필요 없다. 더군다나 고정되어 있는 철길을 달리는 열차의
특성상 어디로 잘못 샐 가능성도 없는데 왜 지리 감각이
필요한가?

그것은 온전한 여행의 체험 때문에 그렇다. 온전한
여행이란 여행자가 이동성의 주체가 되는 것이다. 패키지
관광이 재미 없는 이유는 관광객들이 이동의 주체가
아니라 객체이기 때문이다. 버스나 비행기 등의 수송체는
움직이고, 관광객은 거기 실려 있는 화물일 뿐이다. 반대로
혼자 여행 갔다가 길을 잃고 난감한 상황에 처해도 그런
여행이 재미있는 이유는 여행자 자신이 주체이기 때문이다.
오퍼레이터의 작동에 철저히 내맡겨진 채 아무것도 할
수 없는 완전히 수동적 존재인 승객으로서는 유일하게
주체적으로 뭔가를 할 수 있는 것이 지리 감각을 동원해
현재 자기가 어디 있는지를 파악하는 일이다. 이제 감각적
경험의 추상화로 그게 불가능해진 이상 KTX 타고 가는 것을
여행이라고 부르기도 어렵게 되었다. 죽음의 또 다른 모습인
숭고미와 추상화된 지리 감각의 결합인 KTX 여행을 뭐라고
불러야 할까. 더 이상 기계의 체험이 아니라, 순수한 문화
현상이라고 불러야 할 것 같다.

다른 패러다임의 기계

KTX가 속도를 내면서 속도를 감추는 이율배반의 기계라고
했는데, 어떤 메커니즘이 그런 구실을 하는 것인가? 사실
속도를 내는 부분과 속도를 감추는 부분이 별개는 아니다.
같은 기계장치가 속도를 내지만 또한 소음과 진동을 막도록
설계되어 있는 것이다. 그것은 전차선에서 전기를 받아들이는
집전기(pantagraph)에서부터 바퀴와 차체를 연결해주는
대차(bogie), 그리고 그 중간에 있는 동력 장치에 이르기까지,
모든 면에서 다 실현되어 있다.

KTX는 기존의 디젤 동력 열차와도 다르고 전기 동력
열차와도 다르다. 총중량 771톤에 이르는 20량의 열차는 2L
18T(기관차 2대, 객차 18대)의 편성으로 되어 있으며, 앞뒤의

기관차에만 견인 전동기가 있는 동력집중식이다. 전 세계 대부분의 고속철도들은 동력집중식을 택하고 있으며, 일본의 신칸센만이 동력 장치가 모든 객차에 있는 동력분산식을 쓰고 있다. KTX는 전차선으로부터 2만 5000볼트의 교류를 받아서 1만 3560킬로와트의 편성출력을 내는데, 이는 1만 8600마력에 해당하는 엄청난 힘이다. 디젤기관차의 엔진 출력이 3000마력인 것에 비교하면 엄청난 것을 쉽게 알 수 있다. 약 2배의 속도를 내기 위해 6배에 가까운 힘을 필요로 한다는 것은 KTX의 아이러니라 할 수 있다.

　　KTX에는 많은 잉여들이 있는데, 고속으로 달리기 위해서는 거의 모든 설비들의 시공 기준이 기존 철도와는 다른 것이다. 예를 들어, 터널 내부는 열차가 고속으로 달릴 때 생기는 공기압의 영향을 줄이기 위해 단면적을 107m³로 다른 나라의 고속철도보다 넓게 했고, 이는 기존 경부선의 57m³에 비하면 2배 가까이나 된다. 속도를 높이고 그에 따라 거의 기하급수적으로 증가하는 에너지 소비를 줄이며 또 선로를 보수하고 유지하는 비용을 줄이면서 수송 능력을 크게 하려면 곡선도 구배도 될수록 줄여야 한다. 당연히 터널과 교량 구간이 많아지게 되고, 이 때문에 공사비는 크게 늘어난다. 경부 고속철도가 2010년까지 전 구간(서울-시흥 간 19.2킬로미터 제외)이 새로운 고속 선로로 건설되면 총 길이 412킬로미터 중 흙을 쌓아올리거나 깎아내서 혹은 천연 지반을 그대로 사용하는 소위 토공 구간은 약 29퍼센트, 교각을 세워 그 위에 상판을 설치하고 궤도를 부설하는 교량 구간이 약 27퍼센트이며 나머지 44퍼센트는 터널 구간이 된다. 따라서 기존 철도에 비해 난공사가 많아 공사 기간도 길어지고 공사비도 프랑스 등 다른 나라의 고속철도에 비해 많이 들게 된다.

　　또 터널 통과 시의 차량 기밀 확보, 터널 내의 무선통신 장애 해소 및 전 차선 설치 등 여러 문제점도 추가로 발생한다. 이미 많은 사람들이 불평했지만, KTX가 터널을 지나갈 경우 갑작스러운 압력차가 생기고 이는 곧바로 승객의 귀에 영향을

차량과 차량 사이에 설치된 KTX 관절대차. 기존의 대차에 비해 대차의 수가 적어서
무게가 가볍고, 대차가 차 위에 얹힌 것이 아니라 차와 차를 연결해주고 있기 때문에
선로의 진동과 충격은 객차에 직접 전달되지 않는다.

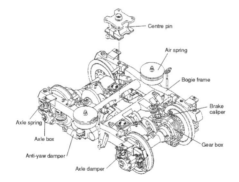

신칸센에 사용되는 관절대차의 구조를 보여주는 그림.

미쳐 귀가 멍멍하며 압박을 느끼게 된다. 그래서 열차가 터널을 들어가기 직전, 차량에 설치된 센서가 터널 입구를 감지해 모든 환기구를 닫고 출입문에는 추가로 고무 패킹을 두어 한 번 더 잠그게 되어 있다.

KTX의 선로도 기존의 철도와는 다르다. 요즘은 기존 선에도 레일을 거의 무한정 이어서 이음매에서 오는 소음과 진동, 충격을 없애고 있지만, 가장 문제가 되는 부분은 선로가 갈라지거나 만나는 분기기(포인트)다. 분기기가 있는 곳에는 레일이 Y자형으로 갈라져 있어서, 이 부분을 통과할 때 열차에 많은 충격과 소음이 발생하는 것이다. 그래서 KTX의 선로에는 탄성 포인트와 신축 이음매를 채용해 소음과 충격, 마모, 손상이 적도록 했다. 이는 레일과 레일이 만나는 지점에 빈 공간을 없애는 방식으로서, 이를 위해서는 공사비가 더 많이 들고 유지 보수에도 비용이 더 많이 드는 단점이 있다.

KTX가 기존의 열차와 다른 가장 대표적인 부분이 대차다. 대차란 차체와 바퀴를 연결해주는 프레임 같은 것으로, 철로의 충격과 소음이 차체에 전달되지 않도록 하면서 차륜이 효율적으로 궤도상을 구르게 해야 하기 때문에 철도 차량에서는 아주 중요한 부분이다. 보통의 열차는 1량에 2개의 대차가 있고 각각의 대차에는 4개의 차륜이 붙어 있으나, KTX에는 차체와 차체 사이에 있는 관절대차(articulated bogie)의 형태를 하고 있으며, 차량과 차량 사이에 대차를 1대만 설치해 결과적으로 차량 1량당 1대의 대차를 설치하는 구조를 채택하고 있다. 그리고 차륜은 기존의 열차가 1량당 8개 있는 것에 비해 KTX는 절반인 4개의 차륜을 가짐으로써 무게를 줄이고 있다. 사실 관절대차는 프랑스의 TGV 차량 이전에도 일본 등지에서 부분적으로 사용하고 있었지만 고속 철도에 본격적으로 도입해 세계의 주목을 받은 것은 프랑스의 TGV라고 할 수 있다.

관절대차를 사용함으로써 대차 및 차륜의 수량이 거의 반으로 줄어 차량의 중량을 대폭 줄일 수 있을 뿐만 아니라 구름 저항(rolling resistance)이나 진동도 감소되는 등 주행 성능이 많이 향상된다. KTX의 경우 20량이 1개의 편성을 이루고 있으므로 보통의 차량 같으면 20×2=40대의 대차가 붙어 있을 것이나 KTX에는 동력차에 동력대차 2대씩, 동력객차에 동력대차 1대씩 그리고 양쪽 모두 4번째 대차부터는 관절대차를 사용했기 때문에 차량과 차량 사이에 17대의 대차가 설치되어 있어 총 23대의 대차가 있고 차륜도 69개 감소된다. 이외에도 관절대차를 사용함에 따라 차량이 가벼워져 에너지 소모가 최소로 되고 또 차량의 무게중심도 낮출 수 있어서 KTX는 고속에서 더욱 안정되게 주행할 수 있으며 승객들의 좌석이 진동이 큰 대차 위에 설치될 필요가 없게 되어 승차감도 개선된다. 아마도 KTX에서 가장 많이 신화화된 부분이 관절대차가 아닌가 싶다. 그러나 KTX는 기존 철도 시스템과 다른 관절대차로 차체가 연결된 다량 편성으로 구성되어 있기 때문에 기존의 동력학적 해석법으로는 동특성(動特性)을 완전히 파악할 수 없으므로 주행 안정성과 소음 감소를 위해 한국철도기술연구원은 많은 연구를 시행한 것이 사실이다. 최고 시속 300킬로미터로 주행하는 KTX는 기존 철도의 소음 진동과는 다른 특성을 갖고 있다.

또한 KTX에는 많은 센서들이 있다. 센서라고는 기관차의 후방을 감시하는 CCTV 카메라와 열차의 속도를 제어하는 ATS만 있는 디젤기관차와는 달리, 시속 300킬로에서는 선로 위에 이물질이 떨어지는 등의 사소한 원인으로 대형 사고가 발생할 수 있으므로 여러 센서가 차량의 주행 환경을 감시하는 것이다.[3] 이 모든 장치들과 특성들이 KTX를 기존의

---

3 KTX의 센서는 다음과 같은 것들이 있다.
축소 검지 장치: 차축 과열로 인한 탈선 사고 예방 장치.
지장물 검지 장치: 선로 위의 고가차도에서 떨어지는 낙석 등 낙하물을 검지하는 장치. 끌림 물체 검지 장치: 차체 하부의 부속품이 느슨해져서 매달려 주행해 궤도 시설을 파괴하는 것을 방지하는 장치. 터널 경보 장치: 열차가 접근하면 경보를 주어 작업자가 대피하게 하는 장치. 안전

열차와는 다른 것으로 만들어주고 있다.

KTX를 속도의 화신으로 만들어주고 다시 그 사실을 감추는 데 이렇게 많은 설비와 노력이 필요한 것이다. 그렇다면 KTX는 문화 현상인가, 기계 현상인가? 그 둘을 구분하는 것은 이제 불가능하지 않을까? 모든 기계들은 특정한 문화 속에서 생겨났으니 말이다. 사실 모든 기계는 문화 현상이기도 했다. KTX의 속도는 기계 현상을 감추고 문화 현상을 앞으로 내밀고 있다. 다른 기계들도 이런 경로를 따를 것인가?

스위치: 궤도 보수자가 위험 시 눌러서 열차의 진입을 정지시키는 장치. 이외에도 강우 검지 장치, 풍속 검지 장치, 적설 검지 장치, 레일 온도 감지 장치가 있다.

추억의 비행기 DC3. 내가 여섯 살쯤 되었을 때 아버지께서 김포공항에 데려가서 비행기를 보여주셨다. 내가 표정을 찡그리고 있는 이유는 저 거대한 비행기의 위용과 소리가 무서웠기 때문이다. 이후 테크놀로지에 대한 나의 태도는 동경과 공포라는 양가적인 것이 되었다. 나뿐만 아니라 많은 사람들이 원자폭탄에서 인터넷에 이르는 테크놀로지에 양가적인 태도를 가지고 있다. DC3는 현재 유럽과 미국에서는 많은 사람들의 애호를 받고 보존되는, 작동하는 골동품이라는 독특한 위상을 가지고 있는 비행기다.

주억의 비행기에서 기만의 테크놀로지까지:
항공기 이미지의 변천사[1]

동경과 공포의 기계

그때 내 뒤에 서 있던 비행기는 DC3였다. 1967년쯤이었을
것이다. 당시 김포공항의 활주로에는 아무나 들어갈 수
있었다. 빨간 샐비어가 심어져 있는 김포가도의 끝에 있는
김포공항은 허술하게도 개방되어 있었다. 항공기 테러니
보안 검색이니 하는 말은 사전에도 없던 시절이다. 아마
해외여행을 할 수 있는 사람이 극히 제한된 시절이라 공항에
쓸데없이 오는 사람도 아예 없었고, 그래서 신경을 쓰지
않았던 것 같다. '대한항공공사'라는 글씨가 쓰인 그 비행기의
프로펠러가 돌아가기 시작했는데 처음에는 "슈슈슝" 하는
소리가 나더니 점점 소리도 커지고 거기서 나오는 바람도
세지다가 드디어 기체가 서서히 움직이기 시작했을 때, 어린
나는 모종의 공포를 느꼈다. 점점 거세지는 엔진 소리와
프로펠러가 바람을 광폭하게 가르는 소리, 그리고 저 괴물
같은 비행기가 나에게 달려들지나 않을까, 힘차게 돌던
프로펠러가 갑자기 튀어나와 나를 치지나 않을까 하는
공포감이 내게 밀려왔다. 모든 욕망의 대상이 그렇듯이,
비행기에 대한 동경과 갈망은 바로 그 공포감과 함께 왔다.
처음 자전거를 샀을 때도 그랬고 처음 자동차를 샀을 때도
그랬다. 동경과 공포가 실타래처럼 얽혀 있는 심리 상태는
이후 대상에 대한 경험을 특징짓는 요소가 되었다. 어떤
사물에 가까이 간다는 것은 그 사물의 매력에 흡인되어
자신을 망칠 우려가 있는 것이니까.[2]

---

[1]   이 글은 원래 『D.T.1』(시지락, 2005)에 실렸던 것을 약간
        수정한 것이다.

[2]   항공기에 대해 공포와 동경이 교차하는 이런 경험은
        르코르뷔지에의 글에서도 나타난다. 항공기의 매력에 대해

1950년대 여의도비행장에 주기되어 있는 대한국민항공사의 DC3. 지금 보면 결코
날렵하다고 할 수 없는 모습이지만, 1935년 DC3가 처음 나왔을 때는 항공의 역사를
진일보시킨 혁신적인 유선형 디자인이었다.

인하공전에 전시되어 있는 DC3. 한국에서 DC3는 더 이상 날지 않는 채 지상에 전시된
것이 유일하다.

두 개의 프로펠러 엔진이 달리고 아담하고 통통하게 생긴 DC3는 당시에는 괴물로 보였지만 지금 보면 참 귀여운 비행기다. 더군다나 더 이상 DC3는 내게 공포의 대상도, 동경의 대상도 아니다. 그것은 추억의 비행기로 내 마음속에 자리 잡고 있다. 당시 김포공항에서 봤던 또 다른 비행기가 록히드 컨스텔레이션이었는데,[3] 최초의 대형 4발 여객기였던 이 기종은 멀쩡하게 높은 랜딩 기어에 얹힌 길고 늘씬한 동체에 프로펠러가 네 개나 달린 게 정말 멀리 갈 것처럼 생겼었다. 저게 어디 가는 비행기냐는 나의 질문에 "월남 가는 비행기"라는 아버지의 대답으로, 컨스텔레이션은 나에게는 항상 월남만 가는 비행기로 각인되어 있었다. 그리고 그렇게

기술하고 있는 그는 그러나 또한 항공기가 가져다주는 새로운 종류의 공포에 대해서도 쓰고 있다. "기관총을 장착한 채 하늘에서 나타나, 참호 속에 웅크리고 있는 사람들 위로 죽음을 뿌려댈 수 있다는 것은 얼마나 놀라운 선물인가." David Pascoe, *Aircraft*, London: Reaktion Books, 2003, p.21에서 재인용.
이에 대해서는 같은 책 22쪽에 실린 막스 에른스트의 그림 「살인자 비행기」(1920)가 잘 보여주고 있다. 이 그림은 땅 위에 있는 왜소한 인간 병정들을 기괴하고 커다란 팔이 달린 비행기가 덮치듯이 습격하는 장면을 묘사하고 있다. 두 병사가 부상당한 병사를 부축하고 있는 동안 이 괴물 비행기는 기괴하게 비틀린 손으로 무언가 해로운 것을 던지는 듯 보인다. 그러나 여기서 위협을 가하는 것은 어떤 기관총이나 폭탄도 아니다. 괴물 같은 손의 제스처로 묘사되어 있을 뿐이다. 더군다나 비행기는 복엽기로서, 오늘날의 살인 병기 이미지와는 상당히 거리가 있다. 그러나 1920년 당시에는 이런 정도 수준의 비행기의 존재도 그것이 갑자기 하늘에서 나타난다는 사실 때문에 위협으로 인식되었던 것 같다.

3   아마 가장 아름다운 비행기 이름이 아닐까. 별자리라니.

아직도 전 세계의 하늘을 날고 있는 DC3들. 한국의 테크놀로지는 끊임없는 불연속성을 가지고 과거를 지우며 놀라운 미래로 도약하는 반면, 유럽에서 테크놀로지는 과거와의 연속성을 보존하고 있으며, 그런 보존을 위해 많은 돈과 노력을 들이고 있다. 전 세계에 수많은 DC3 동호 모임들과 홈페이지가 있다.

나의 추억의 비행기로 올라와 있다.

이후 제트기의 시대가 오고, 표준적인 제트여객기의 형태는 컨스텔레이션처럼 동체가 길고 날개 아래에 엔진이 네 개 달린 형태가 되었다. 엔진은 피스톤에서 터보프롭(turboprop) 혹은 터보제트로 바뀌었지만 기본 형태는 같았다. 최초로 상용화에 성공한 제트여객기인 보잉707이 그랬고,[4] 이를 이은 맥도널드 더글러스의 DC8이 그랬으며, 콘베어880도 그랬다. 그리고 점보기를 이어서 요즘도 하늘을 누비는 에어버스340도 그렇다. 미래의 하늘을 지배할 초대형 여객기 에어버스380도, 보잉7E7도 같은 형태다. 보잉707은 제트 여행의 패턴을 만든 비행기였던 것이다. 긴 동체에 날개 아래 엔진이 네 개 달린 형태는 항공기의 형태에서 아무리 억누르려 해도 반복되어 나타나는 주제(recurring theme)인 것 같다.[5]

그러나 이제는 전 세계의 어떤 공항에서도 보잉707을 볼 수 없다. 보잉707은 추억의 비행기로 등재되었으나 같은 유형의 항공기가 오늘도 하늘을 누비고 있다는 점에서는 동시대의 연속성이 있으므로 아직까지 살아 있는 추억이라고

---

[4]   보잉707이 최초의 제트여객기는 아니다. 최초의 제트여객기는 프랑스가 만든 카라벨(Caravelle)이었으나 이 비행기는 몇 번의 추락사고 때문에 신뢰도가 떨어지고 경제성도 없어져서 퇴역하고 말았다. 따라서 본격적으로 상용화된 최초의 제트여객기는 보잉707이라고 할 수 있다.

[5]   이런 형태의 반복을 강조하는 이유는 이런 패턴이 모든 항공기에 반드시 나타나야 하는 어떤 것은 아니기 때문이다. 예를 들어, 여객기 중에는 엔진이 둘 혹은 셋 달린 것도 있고, 엔진이 날개 아래가 아니라 날개 위에 달린 것도 있고, 동체가 길지 않고 짤막한 것도 있는 등 여러 변형들이 있기 때문이다. 어떻게 해서 긴 동체에 날개 아래 네 개의 엔진을 단 패턴이 여객기의 표준 형태가 되었는지는 별도의 연구가 필요한 주제다.

할 수 있다. 항공기와 추억을 연결시키는 취미라니 좀 이상할 것이다. '살인의 추억'이 있는데 '비행기의 추억'이 없으란 법이 없다. 나에게 1960년대란 추억의 비행기를 통해서 환기되기 때문이다.

추억의 비행기는 이제는 한국의 하늘에서는 사라졌지만 플라스틱 모델로 환생했다. DC3가 그랬고 록히드 컨스텔레이션이 그랬다. 그러나 보잉707만은 살려낼 수 없었다. 제대로 된 플라스틱 모델이 나오지 않기 때문이다. 보잉707은 매끈한 동체와 귀엽고도 세련된 전방동체, 날렵한 안테나가 붙어 있는 꼬리날개 등 모든 부분이 아름다웠다. 사람이 예쁘면 그 사람 발꿈치도 달걀같이 보인다고, 내게 보잉707의 모든 부분은 항공기의 공학적, 구조적 아름다움의 결정체로 보였다. 그 아름다움은 보잉707의 전방동체를 그대로 쓰고 있는 오늘날의 보잉737이나, 707을 개조해 미 공군이 쓰고 있는 급유기 KC135, 조기경보기 E3 등에서도 그대로 발견된다. 과거의 테크놀로지는 사라지지 않고 유형을 달리해 계속 다시 나타나는 것이다. 항공기의 추억이란 그런 반복적 현시의 원점을 놓치지 않으려는 갈망이다. 그런 비행기들이 처음 나올 때는 항공공학과 항공 여행의 패러다임을 바꾸는 신선하고 충격적인 역사적 순간들이기 때문이다. 그 역사적 순간은 개인의 뇌리 속에는 침전되어 추억이라는 형태로 다가온다.

지금이야 보잉747은 전 세계의 공항에서 가장 흔하게 볼 수 있는 비행기가 되어버렸지만, 1968년에 처녀비행을 하고, 1973년 한국에서 처음으로 운항을 시작했을 때는 센세이셔널했었다. 더군다나 승객 열 명을 한 줄에 태울 수 있을 정도의 폭넓은 와이드 바디(wide body)에 2층으로 된 구조, 110톤의 연료를 싣고 최대 이륙 중량 400톤이나 나가는 이 괴물 비행기는 전 세계 공항의 시설 기준을 바꿔놓을 정도로 파격적인 규모였으며, 이 비행기의 디자인, 역사, 운용에 대해 수많은 책과 다큐멘터리 영화들이 나와 있다. 김포공항도 점보기의 취항으로 2468미터의 활주로를

3200미터로 확장하고 공항청사도 부분적으로 확장해야 했으나 그것으로 충분치 않았다. 여러 방안을 강구한 끝에 지금의 국제선 제1청사를 1980년 8월에 개청해 비로소 국제공항으로서 숨통이 트이게 된 것이다. 물론 점보기의 취항은 단순히 비행기가 커졌다는 것만을 의미하는 건 아니었다. 그것은 대륙 간 항공 여행의 보편화와 대중화를 의미했고, 인도차이나반도를 탈출해 제3국으로 가는 보트피플에서, 미국으로 언어연수를 떠나는 대학생, 노트북을 든 비즈니스맨에 이르기까지, 많은 유의 사람들이 보잉747을 매개로 다른 나라를 체험하게 된다. 그것은 단순히 비행기가 아니라 다른 세계로 가는 관문인 것이다.

이 모든 표상물(representation)들은 보잉747을 다른 것으로 만든다. 즉 의미의 영역으로 밀어 넣는다. 그렇게 되면 역사가와 비평가들은 해석의 차원으로 밀어 넣는다. 그러나 한국의 산업은 그런 의미와 해석의 영역을 가지고 있지 않으며, 따라서 항상 불완전하다. 즉 실용적인 필요가 충족되면 잊히고 마는, '먹고사는' 산업으로만 존재하는 것이다. 항공기의 추억을 더듬는 것은 항공기 이미지에 대한 비평의 아주 작은 단초다.

항공기, 이미지 없는 추억

항공기의 추억을 되살리기 위해 우리나라를 대표하는 국적 항공사이며 "세계 항공업계를 선도하는 글로벌 항공사"의 홍보실에 전화를 해 이러저런 이미지가 필요하니 제공해줄 수 있겠냐고 사정을 했다. 홍보실 직원은 내 요청을 관료적으로 거절했는데, 아마 그에게는 비행기의 추억이 없는 모양이었다.[6] 전에도 다른 기업을 접촉했다가 비슷한

---

6   아래는 그 항공사의 홍보실 직원과 했던 피곤한 대화다.
     직원: 도대체 무슨 일인지 제가 감을 잡을 수 없는데요,
     왜 저희 항공사의 이미지를 비평하려는 거죠? (매우
     퉁명스러우면서도 의혹에 가득 찬 말투다.)

나: 비평이라는 것은 이미지의 의미를 해석하는 일입니다. 항공기가 우리 생활에서 중요한데도 아무도 관심을 가지지 않기 때문에 제가 좀 해석해보려는 거지요. (이렇게 말하면 좀 호의적인 반응을 보일 줄 알고) 예를 들어 새로 발표된 자동차의 모델에 대해서는 좋다 나쁘다 말들이 많아도 자기가 어떤 기종의 비행기를 탔는지에 대해서는 아무도 얘기를 안 하니까요.

직원: (비평가를 가장한 귀찮은 사기꾼을 빨리 떼어내려는 듯이) 항공기 이미지가 정 필요하시면 외국 홈페이지에서 갖다 쓰시지요?

나: (애걸하며 왜 아무 항공기가 아니라 그 항공사의 이미지가 필요한지 구구절절 설명함.)

직원: (도와줄 의향은 없지만 끈질기게 물고 늘어지니까 형식적인 질문으로) 구체적으로 어떤 이미지가 필요하신데요?

나: (비굴하게) 니네 항공사 홈페이지를 보니까 시대별로 스튜어디스 사진들이 나온 것이 흥미롭고요, 지금은 볼 수 없는 항공기 사진들도 흥미롭습니다만. 예를 들어 엔진 나셀 속에 여승무원이 들어 있는 모습이 특이해서 좀 비평적으로 해석하고 싶습니다. 왜냐면 실제로 터보팬이 돌아가고 있는데 위험을 무릅쓰고 그 안에 서 있는 장면이 특이하거든요. 그리고 항공기 이미지는 1960년대에 운항하던 F27의 사진이 필요합니다. 1971년도에 간첩이 납북하려다가 실패해 동해안에 불시착하기도 했고, 저 자신 암스테르담에서 이 비행기의 후속 기종인 F50을 타봐서 감회가 새로워거든요. 저의 비평은 제 뇌리 속에 남아 있는 추억의 비행기의 역사를 더듬어보는 것입니다(내가 이렇게 자세하게 그 항공사의 과거 이미지에 대한 관심을 표명하면 직원이 나를 기특하게 생각해줄 것으로 기대했으므로).

직원: (기다렸다는 듯이 '터보팬 위험', '납북'이라는 말을

한국 최초의 항공사였던 대한국민항공사의 광고. 1953년. 지도를 보면 미국은 아주
작게 나와 있고, 유럽은 나와 있지도 않았다. 항공의 스코프로 본 당시의 세계에서는
유럽은 갈 수 없었기 때문에 지도에는 존재하지도 않았던 것이다. 결국 항공기가 갈 수
있는 만큼이 이 세계의 범위다. 대한국민항공사는 DC3 항공기 한 대가 납북되는 바람에
파산하게 되고, 사장 신용욱은 여의도비행장이 보이는 곳에서 음독자살하는 슬픈 최후를
맞게 된다.

수준이라는 것이다. 다들 삼겹살을 먹지만 아무도 그것에
대해서 논의하지 않고, 삼겹살에 대한 담론도 없고, 그저
먹어서 배가 부르면 잊히는 것이기 때문이다.[7] 항공기도,
여행이 끝나고 내리고 나면 잊힌다. 그 결과 한국의 기업에는
문화가 없다. 기업의 역사를 기록하고 체계적으로 정리해
발표하는 문화가 없다는 말이다. 항공기 이미지의 역사를
쓰겠다는 거창한 계획이 개인의 추억이나 더듬는 좀스러운
차원으로 전락한 이유도 그 때문이다.

결국 '한국에서 항공기 이미지의 작은 역사'에 대한 글을
쓰기 위해 이리저리 조사해본 결과 나온 결론은 한국에는
항공기 이미지는 없다는 것이다. 안양 우리 집 상공에는
항상 김포공항으로 들어가는 비행기가 날아다니고, 수많은
사람들이 항공기를 타고 여행을 하지만, 그들의 망막에는

지적하며) 거 보세요. 지금 저희 항공사에 대한 부정적인
말씀을 하시잖아요. 저희는 서비스업이라 회사에 대한
부정적인 이미지에 무척이나 민감하거든요. 도와드리기
힘들겠네요.

나: *&^%$#@

[7] 삼겹살 따위가 무슨 비평이나 역사 기술의 대상이 될 수
있느냐고 따지는 분들은 지금 서점의 역사 코너에 가보라고
권하고 싶다. 『유방의 역사』, 『대구의 역사』, 『소금의
문화사』, 『포르노그래피의 역사』, 『철도 여행의 역사』 등
일상사를 다룬 책이 많이 쏟아져 나와 있기 때문이다. 물론
한국의 저자들이 쓴 것은 하나도 없지만 말이다.
사실 삼겹살과 항공기는 공통점이 많다. 첫째, 많은
사람들이 즐긴다는 점이다. 둘째, 그럼에도 그에 대해
아무런 해석이나 가치 평가의 담론이 없다는 점이다. 셋째,
또 그럼에도 실질적 차원에 대한 말들은 많다는 점이다.
어디가 삼겹살이 맛있네, 어디는 와인에 숙성해서 맛이
독특하네, 등등 말하듯이, 어느 항공이 값이 싸네, 어느
항공이 서비스가 좋네, 말이 많다.

우표에 나타난 근대화의 표상으로서 항공기. 비록 뒤에 배경으로 조그맣게 나와 있지만, 항공기가 빠져 있는 근대화란 상상할 수 없는 것이었다. 1970년대.

항공기의 이미지는 비치지 않는다. 그들은 항공기 여행에 대해서는 값이 싸다느니 비싸다느니, 어느 항공이 서비스가 좋다느니 나쁘다느니 말이 많지만, 이번에 미국 갈 때 보잉777을 타고 갔는데 동체의 꼬리 끝에 달린 보조터빈의 형태가 보잉747과 달라서 흥미로웠다든가 날개 끝에 윙릿(winglet)이 없어서 허전했다든가 하는 얘기를 들어본 적이 없다. 그리고 항공기가 날아다니는 용인, 안양, 과천, 구로동 등 길거리에서 머리 위로 지나가는 항공기를 보며 저게 뭘까 하고 궁금해하는 사람 또한 한 번도 보지 못했다.

그리하여 이 글은 "한국에서 항공기의 이미지는 이런저런 것들이 이러저러하게 나타났다더라"는 식의 포지티브한 식이 아니라 한국에는 항공기의 이미지는 없다는 결여를 축으로 전개될 수밖에 없게 되었다. 여기서 말하는 항공기 이미지란 실제로 항공기를 운용하는 전문적 차원을 제외하고, 에어쇼, 영화, 포스터, 사진, 신문 기사, 머리 위로 날아다니는 것, 탑승객이 공항에서 보는 것 등 다양한 형태로 나타나는 항공기의 이미지를 말한다. 한국에서 항공기의 이미지가 없다는 것은 그런 이미지들이 아주 없다는 게 아니라, 있기는 있으되 산발적으로, 불연속적으로 나타날 뿐 아니라, 이미지에 대해 얘기하고 평가하고 즐기고 해석하는 일체의 태도가 없다는 걸 말한다. 예를 들어, 서양의 선진국들, 그리고 아시아에서는 일본과 중국에는 항공기를 바라보는 특별한 취향, 즉 바라보는 습관(spectatorship)이 형성되어 있다. 한국에서 에어쇼는 안창남이 처음으로 한반도에서 비행기를 대중에게 선보였을 때의 낯섦과 신기함으로 다가오지, 영국의 판보로 에어쇼나 미국 위스콘신에서 열리는 오슈코시 컨벤션처럼 정례적으로 열리며 일정한 관객층을 형성하는 그런 시가장(field of vision)이 아니다. 한국에서 항공기 이미지는 차라리 항공기 날개 끝에 달린 충돌방지등의 플래시처럼 불연속적으로 깜빡깜빡 나타날 뿐이다. 그리고 그 출현들은 궤적을 이루지 못한다.

그런데 항공기 이미지가 없는 게 왜 문제가 되는가?

그것은 한국에서 항공 산업의 형태와 연관이 있을 것이다.
선진국에서 항공 산업은 정역학, 동역학, 유체역학, 구조역학,
재료공학, 전자공학, 생리학, 심리학 등 가능한 모든 학문들이
가장 최첨단의 상태에서 만나는, 산업의 꽃이다. 그러나
한국에서 항공 산업은 비인기 종목일 뿐 아니라, 항공과
관련된 전공을 설치한 대학에서도 항공공학만 공부했다가는
취직을 못 하기 때문에 기계공학이나 기타 학문을 같이
공부하는 경우가 많다. 졸업은 항공기계공학부로 하지만
취직은 항공과 관련이 없는 기계 쪽으로 하는 것이다. 항공
쪽으로 취직할 곳이 극히 제한되어 있기 때문이다. 첨단
제트엔진의 팬블레이드를 만들 수 있고, 국적 항공사가
둘이나 되는 한국이지만 항공 산업은 가장 낙후한 산업인
이상한 곳이 한국인 것이다. 더군다나 그나마 있는 항공
산업도 민간 베이스라는 것이 철저히 대기업 위주로 되어
있고, 거기다 군이 주도하고 있는 구조로 말미암아 항공
산업은 풀뿌리가 전혀 없는 위만 비대한 형태로 되어 있다.
그리고 항공기를 만들어봐야 한반도 안에서는 거의 모든
공역을 군이 관장하고 있고, 모든 비행장은 군비행장인 안보
상황 때문에 항공기를 운항한다거나, 지극히 제한된 범위가
아니고서는 레저 스포츠에 활용한다는 게 불가능하다.

이미지가 없다는 것은 무엇을 뜻하는가? 그것은 표상의
체계를 형성하지 못하고 있음을 말하는 것이며, 상징질서
속에 들어와 있지 않다는 것이다. 한국에서 항공기는 신기한
것, 알 수 없는 것, 알 필요도 없는 것이다. 그렇다고 항공기의
이미지가 전혀 없었던 건 아니다. 항공기의 이미지는
1970년대 초 점보기의 취항, 나중에 가짜로 드러난 방위성금
헌납기 팬텀, KNA에서 일본 여객기 요도호를 거쳐 F27에
이르는 납북 사건과 무르만스크 불시착과 KAL007기 격추,
858기 폭파로 대표되는 대형 사고와 테러, 목포 아시아나항공
사고에서 괌 대한항공 추락 사고 등 국내외에서 일어난 여러
차례의 추락 사건, 최초의 고등훈련기 양산과 차세대 전투기
선정 등을 통해 나타나고 있다. 그러나 그런 것들은 모두

평가의 범위 바깥에 있는 재난 사고의 영역에 속하거나,[8] 민간인으로서는 판단을 하거나 평가를 할 수 없는 초전문적 영역에서 일어나는 일이므로 일반적 상징질서에 속하는 것은 아니다. 즉 언어의 문법을 알거나 사람 사이에 인사하고 식사하는 법을 아는 것과 같은 일반적인 의미의 질서에 속한 일이 아니라는 것이다. 한국에 항공기의 이미지가 없다는 것은 어떤 사물이 있기는 하되 그것에 대해 이해하고 평가할 체계가 없음, 따라서 없는 것과 마찬가지인 상태라는 것이다. 그런 의미에서 한국에서 항공 산업은 서비스라는 면에서는 존재할지 몰라도, 근대를 이루는 복합적인 기능-작용-의미-표상-감각의 고리로 있지는 않다.

항공기 이미지의 이분법

한국에 항공기의 이미지가 있기는 있으되 인구에 회자되지 않고, 평가되지도 않는다는 것은 겉(이미지가 없음)과 속(사실은 많은 이미지가 있으나 평가되지 않음)이 분명히 분리되어 있는 상태인 것이다. 이런 상태는 항공기의 물리적 존재 양태와 상당히 닮아 있다. 항공기의 표면은 매우 매끄럽다. 고속으로 나는 항공기 같은 물건의 겉이 매끄러운 것은 너무나 당연하다. 항공기의 표면이 매끄러워야 공기의 마찰을 줄여서 연료를 덜 쓰며 효율적인 비행을 할 수 있기 때문에 항공사들은 많은 돈을 들여 비행기를 닦는다.

그러나 항공기가 날고 있는 동안 표면을 흐르는 공기를 볼 수 있다면 항공기의 표면이 결코 깨끗하고 매끄러운 게 아님을 알 수 있을 것이다. 항공기의 특성을 나타내는 말 중에 항력(抗力: drag)이라는 게 있다. 앞으로 나아가려는

8 　재난의 이미지를 어떻게 해석할 것인가에 대해서는 뒤에서 논의할 것이다. 재난의 이미지는 일반적으로 의미의 바깥 영역으로 생각되나, 그것도 분명히 표상의 매핑 속에서 어떤 자리를 차지하고 있으며, 따라서 특정한 의미의 층을 형성하고 있다.

미 공군의 수송기 C17 글로브 매스터의 날개 끝에서 생기는 항적난기류(航跡亂氣流: wake vortex turbulence)의 형태가 구름 속에 잘 보이고 있다. 매끈한 항공기의 외양과 달리, 항공기가 지나온 공기는 심하게 휘말려 있다. 큰 항공기의 항적난기류는 아주 위협적이어서, 작은 비행기가 가까이 뒤따라올 경우 휘말려서 추락할 수 있다.

항공기를 뒤에서 잡아끄는 힘을 말한다. 항력은 주로 공기와의 마찰에서 온다. 오늘날의 항공기는 공기 마찰을 줄이기 위해 많은 노력을 해 설계했으나 인간이 만든 물건에 항력이 없다는 것은 있을 수 없는 일이다. 항공기는 아무리 매끄럽게 설계를 해도 와류(渦流: turbulence), 즉 흐트러진 공기의 흐름을 만들어내게 되는데, 와류는 기체의 표면 곳곳에서 생긴다. 현대의 항공기는 와류를 줄이기 위해 설계되어 있지만 와류를 완전히 없앨 수는 없다. 항공기가 난다는 것은 멀쩡하게 가만히 있는 공기의 흐름을 헤집어놓아 사납게 뒤엉킨 흐름을 만드는 일이기 때문이다. 그 흐름이 얼마나 센가 하면, 보잉747처럼 큰 항공기가 지나간 뒤로 1마일의 거리를 두고 따라가던 경비행기가 그 와류에 휘말려 추락했을 정도다.

겉으로는 매끄럽게 보이지만 속으로는 많은 불연속과 요동을 감추고 있는 것, 그것이 항공기 이미지의 요체다. 항공기의 속은 수많은 전선과 케이블, 구조를 이루는 골조들이 복잡하게 얽혀 있는 요지경 속 같다. 비단 항공기의 속만이 아니라, 항공기가 운항하는 시스템을 알고 보면 그 속은 말끔하지도, 단순하지도 않다. 그러나 그런 면들은 항공기를 이용해 여행하는 사람들에게는 보이지 않을뿐더러, 보여서도 안 된다. 관제탑에서 당황해하며 "어어, 저 비행기 왜 저리로 가지?" 하고 외치는 말은 탑승객에게는 들려서는 안 된다.

실제로 비행공포증연구소의 임상 경험에 따르면, 비행기 타기를 두려워하는 사람들 중에는 비행기가 난기류에 휘말려 심하게 요동치는 것을 겪은 사람들이 많고, 따라서 비행기라는 물건에 대한 신뢰도가 떨어져서 불안해하는 경우가 많다.[9] 비행공포증연구소 이상민 소장의 말을 인용하자면 "비행 불안을 느끼는 사람들은 대부분 항공기의 안전, 유지 보수, 관제 시스템 등에 대해 부정적 생각을 갖고 있으며 항공기의 소음, 가속, 선회, 난기류 시 기체 요동 등의 감각적 요소로 불안감이 가중된다." 단순한 이미지의 문제가

아니라, 인간의 실존에 결정적 위협을 가하는 물리적 충격 때문에 비행 공포가 오는 것이다. 앙투안 드 생텍쥐페리도 난기류에 휘말렸을 때 "온 세상이 혼란에 빠진 것 같았다"며 실존적 불안감을 표현했다. 혼란에 빠진 것은 일엽편주처럼 폭풍에 휘말린 자신의 작은 비행기였을 뿐인데도 말이다. 이런 사람들에게 복잡하고 혼란스럽게 얽힌 시스템의 모습은 불안감을 가중시키므로 시각장에서 제거되어야 한다.

따라서 항공기의 이미지는 깨끗하고 닫힌 외양과, 깨끗하지 않으며 열려 있고 가변적인 속이라는 이분법을 이루고 있다. 그 이분법은 기계적인 면에 적용될 수도 있고, 시스템에 적용될 수도 있고, 항공기를 둘러싼 문화와 관습이라는 큰 패러다임에 적용될 수도 있다. 이 글에서 항공기의 이미지를 다루는 방식은 이 이분법에 기초하고 있다. 항공기 이미지에서는 이분법을 극복하고 쉽사리 통합된 이미지를 어설프게 제시하는 일 따위는 일어나지 않는 것이다. 그 이분법에 기초해, 항공기 이미지에서 보이는 것은 어떤 것이고 안 보이는 것은 어떤 것인가, 왜 그런 것은 보이고 영향을 미치고 사람들을 매혹시키는가, 그런 것들에 대해 생각해보자. 일단 테크놀로지의 영역에서 볼 때, 항공기 이미지와 연관해 반복이라는 주제를 생각해 볼 수 있다.

항공기와 반복의 모티브

역사는 반복된다. 이 말은 카를 마르크스가 썼던 말이고, 나 자신도 다른 글에서 썼던 말이다.[10] 그러므로 역사는 반복된다는 말 자체는 반복되며, 한국에서 항공기 이미지의 작은 역사를 다루는 이 글에서도 나타나는 모티브다. 사실, 테크놀로지의 역사는 겉으로 보기에 끊임없이 놀라운 쇄신을 이루며 새롭고 깜짝 놀랄 성과를 보이고 있는 듯이 보이지만, 그 근저를 흐르는 모티브는 반복이다. 예전에 쓰였던 기술이

---

10 이영준, 「돌고 도는 깻잎머리」, 『이미지 비평: 깻잎머리에서 인공위성까지』, 눈빛, 2004년.

겉모습만 바꿔서 나시 나타나는 경우기 많은 것이다. 양차 세계대전을 겪고, 20세기 후반 컴퓨터 기술의 비약적 발전에 힘입어 항공기 자체는 엄청나게 발전한 게 사실이지만, 항공기 이미지를 둘러싼 패러다임은 형태를 바꿔서 반복해 나타난다. 마르크스는 『루이 보나파르트의 18번째 브뤼메르』에서 "역사는 반복된다. 한 번은 비극으로, 또 한 번은 소극(笑劇: farce)으로"라고 말했다. 첫 번째가 비극인 이유는 아무도 모르고 일어난 일이기 때문에 그렇지만, 두 번째가 소극, 즉 웃음거리인 이유는 아는 사람이 있는데도 반복되어 일어나기 때문이다. 그러나 여기서 중요하게 생각할 부분은 프랑스대혁명의 정치사적 부분이 아니라, 마르크스가 쓴 반복의 수사법이다. 그는 역사는 반복되기는 하지만 같은 형태의 반복이 아니라, 반복의 과정에서 차이가(소극·비극) 구성되어 나타나는(articulation) 면을 강조한 것이다. 즉 역사는 반복되기는 하지만 항상 같은 모습으로 반복되는 게 아니라 그 모습을 바꿔서 반복된다는 것이다.

항공기 이미지가 그러하다. 오늘날의 항공기는 기술적으로나 외양적으로나 안창남이 처음으로 한국의 하늘을 날아 사람들에게 항공에 대한 꿈에 설레게 만들었던 1910년과는 도저히 비교가 되지 않는다. 그러나 오늘날의 에어쇼를 가보면 거기 오는 많은 관람객들이 항공기의 스펙터클에 매료되는 것을 볼 수 있는데, 스펙터클로서 항공기라는 패러다임은 1910년대의 50마력짜리 엔진을 단 복엽기나, 수호이 SU27이 코브라 기동을 보여주는 오늘날의 에어쇼에서나 공통적이다. 즉 어떤 상이한 역사적 시기에도, 그리고 아시아, 유럽, 미주 등 어느 지역을 막론하고 하늘에 떠 있는 항공기의 이미지에 매료되는 관객은 항상 있는 것이다. 더군다나 항공기처럼 속에 있는 복잡한 메커니즘을 일반인은 상상조차 할 수 없으면서 그런 것의 내부 구조나 그것을 움직이는 원리, 규칙, 담론에 대한 이해 없이 스펙터클을 즐길 수 있는 물건은 흔치 않을 것이다. 실제로 서울 에어쇼에서 SU27이 코브라 기동과 서머솔트 기동을 선보였을

역사는 반복된다. 플라잉 윙(flying wing)의 형태를 구현한 항공기 노스럽
YB49(1944). 플라잉 윙은 단순하고 매끈한 형태 때문에 가장 이상적인 항공기의
형태지만 조종 특성이 불안정해 개발에 실패했다.

때 많은 항공 내니아들은 말로만 듣던 그 기동에 그저
어안이 벙벙해졌을 뿐이다.[11] 그들이 한 말은, "저게 어떻게
가능하지?" 이 말밖에 없었다.

　　반복해서 나타나는 것은 역사적 모티브만이 아니다.
항공기의 형태도 반복해서 나타난다. 꼬리날개와 동체가
따로 없이 오로지 날개로만 된(flying wing) 스텔스 폭격기
B2 스피릿의 형태는 실은 1929년 노스럽에서 만든 플라잉
윙기 X216H로 시작해, 1945년의 YB49로 다시 나타났다가
계속되는 실패 끝에 다시 한 번 더 나타난 것일 뿐이다. 사실
플라잉 윙은 이미 1910년 독일의 항공학자 후고 융커스가
실험했던 것이다. 그렇다면 융커스의 1910년대의 플라잉 윙과
오늘날의 스텔스 폭격기 B2의 차이는 무엇인가. 많은 차이가
있지만, 중요한 차이를 요약하자면 플라잉 윙의 불안정한
비행 특성을 바로잡아 줄 컴퓨터가 옛날에는 없었다는 것이
오늘날의 플라잉 윙과의 큰 차이다.[12]

11　항공기의 기수 부근에 달린 작은 날개(canard)와 추력
　　편향 노즐(thrust vectoring nozzle)의 작용으로 기체를
　　수직으로 세워 공기의 저항력을 극대화해 그 자리에서
　　급정거하는 것이 코브라 기동이다. 마치 코브라가 고개를
　　쳐든 형상과 비슷하다고 하여 코브라라는 이름이 붙은 이
　　기동은 후방에서 접근하는 적기를 앞으로 보내어 뒤에서
　　추적할 수 있게 해준다. 서머솔트(somersault: 공중제비)
　　기동은 항공기가 그 자리에서 공중제비를 돌듯이 한
　　바퀴 도는 것으로서, 이 역시 뒤에서 추격하던 적기를
　　앞으로 보내어 추격할 수 있게 해준다. 특히 추력 편향
　　노즐은 아직도 미국에서는 실험 단계에 있는 첨단 기술로,
　　제트엔진의 분사 가스 각도를 조절해 자유자재의 기동을
　　가능케 하는 것으로서, 수호이 항공기는 이를 실용화하고
　　있다.
12　반복의 모티브는 다른 테크놀로지의 영역에서도 나타난다.
　　미국 캘리포니아주 실리콘밸리에는 컴퓨터 역사 박물관이

역사는 반복된다. 노스럽 B2 스피릿, 2000. 노스럽 항공은 발달된 컴퓨터로 미묘하고 섬세하게 비행 자세를 제어해 40여 년 만에 플라잉 윙의 형태를 실현해내는 데 성공했다.

그렇다면 한국에서 항공 테크놀로지에 반복의 모티브가 있는가? 별로 그렇지 않은 것 같다. 대한국민항공부터 대한항공 때까지 쓰이던 여객기 DC3, DC4, 1960년대에 쓰이던 F27과 YS11, 보잉707은 지금 한국의 하늘에서는 어디에서도 볼 수 없다. 수명이 다했으므로 항공기들을 일찌감치 폐기 처분하거나 팔아 치운 것이다. 그러나 외국의 하늘에서는 이런 항공기들을 많이 볼 수 있다. 역사는 반복되지만 같은 형태로 반복되는 것이 아니라 형태를 바꿔서 반복되듯이, 이들 항공기는 형태를 바꿔서 반복된다. 예를 들어 F27은 오늘날 1960년대와 같은 형태로 반복되는 게 아니라 속은 컴퓨터화된 비행 제어와 항법 장치가 장착된 채로 F27 MK50, 혹은 그것의 확장형인 F50으로 계속 쓰이고 있는 것이다. 보잉707은 여객기로는 수명을 다했지만 지금은 같은 플랫폼을 개조해 KC135 스트래토 탱커 같은 공중 급유기, E3 센트리 같은 조기경보기, RC135 리벳 조인트 같은 정찰정보 수집기 등 다양한 형태로 반복해서 나타나고 있는 중이다. 본래 불연속성을 본질로 하는 한국의 테크놀로지의 성격에 맞게, 지금 한국의 하늘을 덮고 있는 보잉747, 737, 757, 767, 777, 그리고 에어버스 사의 여러 기종들은 아마 22세기에는 그 모습을 보기 어려울 것이다. 그때 가서 보잉747이라는 비행기가 있었다는 것을 기억하는 사람이 있을까? 아마 747양품점이나 747식당 같은 엉뚱한 형태로 기억될 것이다.

　　있는데, 그 박물관의 안내원은 컴퓨터 테크놀로지의 발전 과정에서 나타나는 반복의 모티브를 모니터를 예로 들어 설명했다. 컬러 모니터는 1990년대 들어 널리 쓰였지만 노트북 컴퓨터가 처음 나왔을 때는 다시 흑백 모니터를 쓸 수밖에 없었고, 컬러 모니터를 가진 노트북 컴퓨터가 일반화된 시기에도 초기 휴대전화의 모니터는 흑백이어야만 했고, 그래픽 인터페이스를 쓰는 또 다른 장치가 나오면 다시 또 흑백 모니터가 쓰일 수밖에 없는 것이다.

지금 707이라는 이름이 특전사의 대테러부대인 707특임대 같은 엉뚱한 형태의 이름으로 나타나 있듯이 말이다.

항공기에 대한 애기는 별수 없이 외국의 담론을 빌려올 수밖에 없다. 우리가 외국의 담론을 수입해다가 우리의 삶을 설명한 것이 어차피 어제오늘의 일도 아닌데, 항공기 이미지마저 외국의 틀로 설명한다고 해서 원통해할 독자는 없으리라. 항공기의 역사를 테크놀로지와 문화를 아우르는 포괄적인 관점에서 쓴 몇 안 되는 책인 『항공기』의 저자 데이비드 패스코는 항공기를 바라보는 관점을 "엔지니어링의 기적, 군사적 야망에 의해 발전된 도구, 속도에 대한 욕망의 산물, 작가·건축가·소설가·시인을 위한 영감의 원천" 등으로 나열하고 있다.[13] 이 목록은 일견 매우 풍부해 보인다. 그러나 항공이라는 기술의 출현이 여타의 여러 인간 인식과 실천의 분야들과 급속히 결합한 것을 생각해보면, 훨씬 폭넓고 다양한 관점들을 생각해볼 수 있을 것이다. 예를 들어 항공기의 발명은 그보다 60여 넌쯤 전에 발명된 카메라와 곧바로 결합해, 항공의 초창기에 이미 항공 정찰 사진이 나타나게 된다.

패스코가 항공기를 엔지니어링의 기적이라고 불렀듯이, 우선 항공기는 기술 발달 역사의 산물이다. 그러나 패스코가 '기적'이라는 말을 썼을 때 포함되는 긍정의 함의와는 달리, 항공기 기술 발달의 역사는 곧 뼈아픈 실패의 역사이기도 하다. 최초로 동력 비행에 성공한 라이트형제의 경우는 아마도 운이 억세게 좋다고 보아야 할 것이다. 그들의 최초 동력 비행 100주년을 기념해 2003년에 미국항공우주국(이하 NASA)의 엔지니어들이 라이트형제의 비행기 '플라이어'를 원형 그대로 만들어서 풍동(風洞) 시험을 했을 때, 엄청난 첨단기술로 무장한 NASA의 엔지니어들은 수많은 시도에도 도저히 플라이어를 날게 할 수 없었다. 플라이어는 비행 특성이 극도로 불안정해, 곧바로 날 수 없었던 것이다. 그래서

---

13   David Pascoe, *Aircraft*, p.8.

그 프로젝트에 참여했던 엔지니어는 라이트형제가 목을 부러트리지 않은 것은 극도로 운이 좋았기 때문이라고 했다.

그러나 라이트형제의 앞뒤로는 운 나쁜 발명가, 엔지니어들이 줄을 서 있는 게 항공 엔지니어링의 역사다. 라이트형제 이전에 무동력 글라이더로 2000여 회의 시험비행을 한 끝에 1896년 사고로 죽은 독일의 오토 릴리엔탈부터, 초음속 폭격기 발키리[14]를 개발하다 수많은 트러블 끝에 죽은 조종사들, 초음속 여객기 TU144를 미소 합작으로 개발하려다 엄청난 돈만 쓰고 실패해 버린 프로젝트, 그 여파로 직장을 잃거나 엉뚱한 곳으로 전보 발령된 엔지니어 등 항공 엔지니어링의 역사에는 뼈아픈 실패들이 많다. 오히려, 항공의 역사는 실패의 역사라고 해야 할 것이다. 오늘날 우리가 보고 있는 찬란한 항공기의 이미지는 실패라는 연료가 타서 나는 불꽃이라고 해야 할 것이다. 그러나 한국에서 항공기를 정비, 제조, 운행하는 기술의 역사는 매우 일천하다. 아니면, 아직 역사 서술의 지평으로 떠오르지 않은 항공 기술의 역사를 위한 기본 사료라도 정리해놓아야 할 것이다.

그다음으로 항공기를 보는 중요한 관점은 감각과 인식의 확장의 역사다. 이는 항공 여행을 통해 이전까지 알지 못했던 것들을 보고 배운다는 단순한 점도 있지만, 육상에만 한정됨으로써 2차원적 이동만 가능케 하던 육상 여행이나 해상 여행과는 달리, 항공 여행은 차원을 하나 더해 3차원상의 이동과 운동을 가능케 했다는 점에서 인간의 지각과 감각에 새로운 지평을 열어놓는다. 물론 기원전 훨씬 이전에 발명된 바퀴에서 철도를 거쳐 자동차 등 모든 운송 수단의 등장은 새로운 속도와 운송의 규모로 말미암아 인간의 인식과 감각에

---

14 미 공군이 XB70이란 명칭으로 개발한 최초의 초음속 폭격기. 음속의 3배에 가까운 속도에서 나타나는 새롭고 낯선 비행 특성 때문에 수많은 사고 끝에 결국 개발이 중단되었다.

새 지평을 열어놓았으나, 기본적으로 날 수 없는 운명에 처한 인간이 날 수 있는 수단을 발명했다는 건 인류사적 사건으로 기록되는 것이다.

프랑스의 몽골피에 형제가 1782년에 만든 열기구와 라이트형제가 만든 플라이어, 그로부터 크게 비약한 인공위성 등 항공 장치들이 발명될 때마다 예외 없이 사진과 결합했다는 것은 항공 여행이 인간의 눈을 새로운 시점에 올려놓아, 이 세계를 전혀 다른 차원에서 볼 수 있도록 해준다는 사실을 증명해준다. 반면, 항공기처럼 공기가 새나가지 않는 기밀(氣密: airtight) 구조로 되어 있는 폐쇄된 소통 수단을 통한 여행은 다른 곳으로 빠르게 이동하게 함과 동시에, 그곳으로 가는 경로상에 있는 새로운 것에 대한 노출의 기회를 줄이는 효과가 있다. 일단 비행기에 오르면(비행기 안은 비행기가 속한 나라의 영토로 간주하는 것이 국제법의 관례다) 그 비행기가 속한 나라의 영토와 분리될 뿐 아니라, 비행기 안에서는 밖의 공기를 전혀 느낄 수 없으므로, 비행기 여행을 통한 새로움의 체험은 아주 제한적이다. 유럽 가는 비행기 안에서 얼어붙은 시베리아를 내려다보면 그런 점을 느낄 수 있다. 여객기의 창문을 통해 내려다보는 시베리아는 아름다운 추상적 패턴으로 되어 있는 형태지, 어떠한 형태의 현실로도 다가오지 않는다. 여객기의 승객이 시베리아의 추위나, 러시아를 주름잡고 있는 마피아의 횡포, 시베리아 호랑이의 발자국 같은 것을 볼 수 있는 가능성은 전혀 없다. 더군다나 그 여행이 패키지 여행일 경우 새로운 것에 대한 체험은 거의 없다고 해도 무방하다. 그냥 열흘간 어디 갔다 오는데 그 배경이 유럽일 뿐이다. 따라서 항공 여행이 열어놓는 새로운 인식과 감각의 지평은 또 다른 제한에 묶인다는 변증법 속에 들어 있다. 열리는 것이 동시에 닫히는 것이 되는 역설의 변증법이다.

항공기 사고, 우연과 필연의 변증법
그다음으로 사고의 역사가 있다. 원래 날 수 없도록 운명

지워진 인간이 날기 시작했을 때 사고의 역사는 시작된다. 사실 제대로 된 비행기를 만들어서 날기도 전에 인간은 무수한 항공사고를 겪고 있었다. 앞서 말한 릴리엔탈의 경우는 그 한 사례일 뿐이다. 항공기가 빨라지고 규모가 커지면서 사고의 규모도 커지고 미스터리도 커진다.

역사상 최대의 항공사고는 1977년 카나리아 제도의 테네리페에서 일어났다. 공교로운 점은 583명이라는 희생자를 낸 사상 최대의 이 사고가 일어난 곳은 하늘이 아니라 땅 위였다는 데 있다. 테네리페 공항에서 KLM의 보잉747은 이륙을 위해 활주로를 전속력으로 달리다가 막 이륙하는 순간 택싱(taxing) 중이던 팬암의 보잉747과 충돌해 양쪽 비행기에 타고 있던 인원의 거의 대부분인 583명이 죽게 된다. 이는 오늘날까지도 최악의 항공사고로 남아 있다. 모든 사고가 그렇지만, 사고는 예측 가능하고 예방 가능한 틀의 바깥에서 일어난다. 흡사 합리적으로 인식 가능하고 파악 가능한 상징질서를 갑자기 꿰뚫고 실재(the real) 혹은 풍크툼(punctum)이 나타나듯이, 사고는 모든 예측할 수 있고 막을 수 있는 인식의 체계 사이에 난 틈을 뚫고 들어온다. 예측할 수 있으면 그것은 이미 논리적으로도 사고가 아닌 것이다.

야마노우치 슈우이치로는 일본의 여러 철도 회사에서 관리직을 거쳐 지금은 일본 우주개발사업단 이사장으로 있는 이로서, 『철도 사고 왜 일어나는가』라는 흥미로운 책에서 다양한 철도 사고의 사례를 분석하고 있다. 이 책의 흥미로운 전제 중의 하나는 철도의 역사는 사고의 역사라는 것인데, 야마노우치는 사고의 원인을 "시스템 바깥의 어떤 것이 시스템 안으로 침입하는 것"으로 보고 있다.[15] 사고의 세부적 원인은 피로나 판단 착오로 인한 인간의 실수, 시스템의 미비, 작업 과정의 불철저 등이 있지만, 가장 근본적인 문제는

---

15   야마노우치 슈우이치로, 『철도 사고 왜 일어나는가』, 김해곤 옮김, 논형, 2004년, 35쪽.

러시아 공군의 미그29가 시범 비행 도중 공중 충돌해 폭발하고 있다. 첨단 항공기는
첨단의 위험을 내포하고 있다.

항공사고의 승객들. 모의 충돌 실험에 쓰일 인형들.

인간의 시스템은 그것에 대해 표상 가능한 인식의 체계라 할 수 있는 상징질서를 이루고 있고, 상징질서의 틈, 혹은 허점에는 표상 불가능한 영역인 실재계가 있다는 점이다. 즉, 시스템이 있는 곳에 반드시 빈틈이 있는 것이다. 따라서 매우 역설적이게도, 사고는 우연히 일어나는 것이지만, 그런 침입은 필연적으로 일어난다. 인간은 이 우연과 필연의 변증법을 예측할 수 없다.

사고의 맥락에 정치적 상황이 추가되면 사정은 더 복잡해진다. 1983년 시베리아 상공에서 소련 전투기에 의해 격추된 KAL007과 1987년 버마의 안다만 해상에서 실종된 KAL858의 경우가 그것이다. 특히 분단 상황으로 말미암아 많은 한국의 항공사고들은 하이재킹과 연관된다. 한국 최초의 민간 항공사였던 KNA(대한국민항공)의 창랑호(DC3)는 1958년에 납북되었고, 이후 KNA는 경영 악화로 사장 신용욱은 1962년 여의도비행장이 보이는 곳에서 자살하고 만다. 납북 사건은 KNA가 KAL로 바뀌고 나서도 계속 일어났다. 1969년 강릉을 떠나 서울로 향하던 대한항공 YS-11기가 이륙 11분 만에 납북되었다가 사건 발생 2개월 뒤 승객 39명이 판문점을 통해 송환된 일이 있었다. 이 사건 이후 정부는 서울-강릉 노선을 삼척을 경유하는 노선으로 변경하고, 서울-강릉 이북 지역을 비행 금지 구역으로 선포했다. 또한 여객기의 보안을 위해 국내선을 취항하는 모든 여객기에 조종실과 객실 간의 칸막이를 봉쇄하며, 무장 보안관을 탑승시키고 검색을 강화하는 등 보안 조처를 하도록 했으며, 1970년부터 승무원들의 무기 휴대를 허용했다. 이 사건이 있은 지 1년이 안 된 1971년 1월 또다시 대한항공기의 납북 기도 사건이 일어났다. 승객 65명을 태우고 속초를 떠나 서울로 향하던 F27기가 대관령을 지나 강릉 서북방 30마일 지점을 비행하고 있을 때 승객을 가장하고 탑승한 납치범 김상태가 수류탄을 터뜨리겠다고 위협하며 기수를 북으로 돌릴 것을 강요했다. 범인이 사살당하면서 들고 있던 수류탄이 폭발하는 바람에 훈련 조종사 김명세가 죽었고 기체는 대파된 채 해변에 동체착륙했으나 승객들은 모두 무사했다.

1970년에는 일본 적군파에 납치된 일본항공 B727 요도호가 김포공항에 불시착하는 사건이 일어났다. 한일 양국은 상호 협조 체제를 갖추고 사건 해결에 나섰지만, 끝내 협상이 결렬되어 요도호는 북한으로 향하고 말았다. 당시 납치범들을 속이기 위해 김포공항에 평양공항이란 간판을 달고 요도호를 착륙시키고 북한 군관 복장을 한 국군 장교가 꽃다발을 들고 기내에 들어가는 등 눈물겨울 정도의 노력을 했지만, 납치범들은 속지 않은 채 승객 석방을 조건으로 야마무라 신지로 당시 일본 운수성 차관을 인질로 잡고 북한으로 넘어갔다. 국가의 존립이 위태해 긴급조치가 내려질 정도로 위험하고 살벌한 상황에서 대한민국의 얼굴인 김포공항에 평양공항의 간판을 달았다는 사실은 오늘날 보면 코미디로밖에 설명할 수 없는 일이다. 항공기 사고는 워낙 복잡한 요인들이 얽혀 있다 보니 정치적 성격을 띠지 않을 수 없는 게 사실이다. 이는 비단 KE858 폭파 사건 같은 경우뿐 아니라, 국내외에서 일어난 한국의 항공기 사고들이 모두 복잡한 정치적·사회적 파장을 안고 있음을 보면, 항공기 사고의 역사는 상당히 복잡한 역사임을 알 수 있다. 물론 항공기 사고에는 1996년 미국 로스앤젤레스에서 출발하는 대한항공기 내에서 긴급사태를 알리는 기내 방송용 테이프를 실수로 틀어 승객들이 패닉에 빠진 것과 같이 어이없고 사소한 일들도 많다. 관제사의 실수로 항공기가 활주로로 진입하지 않고 계류장으로 진입하려다 황급히 급상승하는 일도 있었으며, 이륙을 위해 택싱 도중 지상의 크레인과 충돌해 날개가 파손되는 등의 자잘한 사고들도 있다.

표상으로서의 항공기

그다음으로는 표상의 역사가 있다. 항공기가 사람들에게 어떤 것으로 인식되고, 어떤 이미지를 통해 알려졌는가 하는 역사다. 항공기가 땅에 붙어 있도록 숙명 지워진 인간의 운명을 조월할 수 있는 도구로 인식되었을 때, 항공기는 단순히 금속으로 된 '나는 틀'이 아니라, 종교적 초월의 형태를 띠게 된다. 건축가 르코르뷔지에가 항공기를 예찬한 것은 무엇보다도 건축가의 눈에 띈 항공기 형태의 아름다움이었지만, 그의 어휘는 다분히 초월성을 강조하는 것이었다. 100여 장 이상의 항공기 도판으로 된 책 『항공기』에서 르코르뷔지에는 항공기의 정확하고 정밀하며 현대적인 형태와 곡선의 아름다움을 예찬하며 다음과 같이 선언한다. "이 물건의 진실성에 대해 잠시라도 생각해보라! 기능에서 오는 깨끗함이 아닌가!"라고 외친 그는 새로운 시대의 상징인 항공기가 "우리의 마음을 시시한 것들 위로 끌어올려 주고, 우리에게 새의 눈을 가져다주었다. 눈이 분명하게 보면 마음은 분명한 결정을 내릴 수 있으므로 그것은 소중한 선물이다"라고 선언한다.[16]

표상의 영역을 영화, 드라마, 미술, 출판물 등으로 넓혀보면 그 역사는 매우 풍부해진다. 한국으로 영역을 한정해도 말이다. 항공기가 등장하는 한국 영화로 가장 대표적인 것은 「빨간 마후라」일 것이다. 1964년 신상옥이 만든 이 영화는 신영균, 최무룡, 최은희 등 당대의 쟁쟁한 배우들이 출연하고 있으며, 전투기 조종사들의 사랑과 조국애, 전우애 등 온갖 요소들을 갖추고 있어, 겉은 액션 영화지만 속은 멜로드라마의 성격을 띠고 있다. 한국전쟁이 배경인 이 영화는 당시 공군의 적극적인 협조 속에 만들어졌을 만큼 영화 속 항공기의 이미지는 절정에 달했었다. 촬영기사가 공군 전투기에 직접 탑승해 촬영하려 했으나 어지러워서 도저히 촬영을 할 수 없어서 오늘날의 시뮬레이터 비슷한 것을 만들어서 타고 찍었다는 얘기도 있다.

거의 알려져 있지 않지만 오지명이 간첩으로 나오고 주인공 신영일이 세스나기 조종사로 나오는 「청춘불시착」(1974)을 거쳐, 한국에서 톰 크루즈를 유명하게

16　David Pascoe, *Aircraft*, p.9.

만들어준 「탑 건」(1986)에 이르는 항공 영화의 흐름은 카자 실버만이 '지배적 픽션(dominant fiction)'이라 부른 것이 어떻게 영화적으로 묘사되었는지 잘 보여준다. 지배적 픽션은 가짜, 허깨비라는 의미에서 픽션을 말하는 게 아니다. 그것은 오히려, 루이 알튀세르가 현실에 대한 상상적(imaginary) 관계라고 말한 것에 가깝다. 즉, 주체가 이 세계에 대해 상상적 관계를 맺는다는 것인데, 여기서 상상적이란 허깨비 같은 걸 생각하는 게 아니라 주체가 현실이 그럴 거라고 생각하면서(conceive), 자신의 실천을 거기에 맞춰가는 과정을 말한다. 그러므로 지배적 픽션이란 허구가 아니라, 그에 기초해 주체가 이 세상의 현실과, 그 속의 삶을 엮어가는 방식을 말하는 것이다. 에르네스토 라클라우는 그것을 '총체성에 대한 의지'라고 표현하고 있는데, 그에 따르면 지배적 픽션은 "봉쇄, 의미의 고착, 차이의 무한한 작용을 일부러 인정하지 않음으로써 사회가 그 자체를 온전한 어떤 것으로 심어놓으려는 메커니즘"이다.[17] 실버만 자신의 정의에 따르면, "지배적 픽션은 집단적 동일화와 욕망을 조장함으로써 사회구성체를 조직하는 모순을 중립화한다. 또한 사회구성체는 통일과 동일성을 위해 지배적 픽션에 의존하고 있다."[18]

결국 지배적 픽션이란 주체가 사회를 받아들이는 데서 생길 수 있는 모순들을 무마하기 위한 상상적 장치들을 말한다. 항공기가 등장하는 영화에서 항공기가 그런 구실을 하는데, 위에서 말한 항공 영화들의 공통점은 항공기가 그런 상상적 장치로 쓰이고 있다는 점이다. 그런 영화에서

17   Ernesto Laclau, "The Impossibility of Society," *Canadian Journal of Political and Social Theory*, vol. 7, nos.1 & 2, 1983, p.24: Kaja Silverman, "Historical Trauma and Male Subjectivity," *Male Subjectivity at the Margins*, London: Routledge, 1992, p.54에서 재인용.

18   Kaja Silverman, Ibid., p.54.

지배적 픽션의 최대 향수사는 당연히 남성 주체인데, 그들은 항공기의 이미지가 지니는 속도, 강인함, 정교함, 세련됨, 공격성, 초월성 등의 가치를 자신의 것으로 접수한다. 따라서 항공 영화에서 배우 못지않게 항공기가 중요한 캐릭터로 등장하는 것도 우연은 아니다. 「빨간 마후라」의 F86 세이버, 「청춘불시착」의 세스나 177, 「탑 건」의 F14 탐캣은 모두 남성성의 승리를 위한 도구이자 터전이다. 영화에서 항공기들이 멋지게 나오는 것은 지배적 픽션의 소도구로 등장하기 때문이다. 따라서 한국에서 「빨간 마후라」의 계보를 잇는 영화가 한국 영화가 아니라 미국 해군기 F14 탐캣이 주인공인 「탑 건」이라고 해도 과언이 아닌 것이다. 실제로 「탑 건」은 그 전까지 대중적 이미지 문화의 영역에 속해 있지 않던 F14를 일약 영화의 주인공으로 만들었는데, 필자도 F14가 나는 모습이 우아하다는 것을 그 영화를 통해서 처음 느끼게 되었다. 사실 미 해군들 사이에서 '날아다니는 테니스장'이라 불릴 정도로 날개 윗면의 면적이 과도하게 넓고 최대 이륙 중량이 32.8톤이나 나가는 거대한 기체 F14는 「탑 건」이 나오기 전까지는 항공기의 아름다움이라는 범주에 속하지 못하고 있었다. 그런데 「탑 건」 카메라워크는 F14가 멋지게 보일 수 있는 수많은 카메라 앵글을 만들어냈다. 그 결과 한국의 수많은 젊은이들이 「탑 건」에 매료되었는데, 그게 톰 크루즈에 대한 매료인지, 그의 연인이자 교관인 켈리 맥길리스에 대한 매료인지, 아니면 F14에 대한 매료인지는 분명치 않다. 아마 이 모두이면서 어느 것도 아닐지도 모른다.

　　항공기의 매력이 인물의 매력을 대체하는 경향은 1960년대의 한국에서도 나타난다. 1960년대에 태어난 세대라면 누구나 귀에 익숙한 "하늘의 사나이는~" 하는 노래로 유명한 「빨간 마후라」는 시종일관 F86 세이버 전투기를 시도동기(leitmotif)로 하여 영화의 줄거리를 이끌고 있다. F86 조종사인 주인공들(신영균, 최무룡, 남궁원 등)은 전투기를 매개로 국가와 자신을 동일시한다. 한국전쟁이 한창이던 1952년 "우리는 하늘에서 산다.

그러나 밥은 땅 위에서 먹는다"고 말하는 철두철미한 군인인 전대장(박암)의 지휘를 받고 있는 나관중 대위(신영균)는 별명이 산돼지라고 불릴 만큼 터프한 사나이로서, 출격을 나가고 싶어 안달이 난 공군 조종사. 그는 북한에 있는 어느 다리를 끊기 위해 출격했다가 여러 차례의 폭격으로도 다리를 끊을 수 없자 전투기를 몰고 알카에다식 자살 공격으로 다리를 끊는다. 아들의 죽음을 접한 나관중의 어머니는 동료를 잃고 침통해 하는 조종사들에게 "너희들이 다 나관중이다"라며 의연한 모습을 보여준다. 이는 오로지 '국가-전투기-나관중(아들)-어머니'로 이어지는 동일시의 끈이 없으면 이루어질 수 없는 일이다. 한편, 국가와 자신을 동일시할 길이 없는 술집 여자 지선(최은희)은, 남자를 향해 "나 이제 막 타락해 버릴래요"라고 외치는 대사에서도 알 수 있듯이, 인생의 목표도 없이 방황하는 여자로 나온다. 그러나 지선도 결국은 자신을 지켜주는 조종사를 매개로 국가와 자신을 동일시하게 된다.

크레디트에 '공중 촬영 정해준'이라고 나올 만큼 실제의 공중 촬영에 많은 비중을 둔 이 영화는 1960년대 영화답지 않게 비행 장면에 어색한 부분이 없고, 한국전쟁 때 최첨단 전투기였던 F86의 비행을 박진감 있게 보여준다. 이 영화 속 F86의 비행은 오늘날 보아도 빠르고 운동감 있게 묘사되어 있다. 술집에 가서 질펀하게 놀 때도 항상 비행복이나 항공 점퍼를 입은 군인들의 이미지와 함께, F86의 스피드와 운동감은 국가와 군인의 동일시를 추상적이고 애매한 차원이 아니라 구체적이고 감각적인 차원에서 보여준다. '빠른 전투기-발달한 항공-튼튼한 국방-사나이 우정-여성에 대한 애정'으로 이어지는 동일시의 끈은 전쟁과 죽음을 트라우마가 아니라 영웅적 희생으로 받아들이게 한다. 그러나 전쟁의 트라우마마저 잊게 해주는 요인이 인간의 의지 같은 인격적 요인이 아니라 F86 전투기라는 사실은 매우 흥미롭게 다가온다.

아마 F86 전투기가 아직은 새롭게 비칠 1960년대여서 가능한 일이 아닐까 싶다. 그 후로 한국의 하늘을 지켜준 F5 자유의 투사나 F4 팬텀 같은 전투기의 이미지는 대한뉴스, 우표, 텔레비전 뉴스, 교실 환경미화의 단골손님인 각종 반공화보 등의 여러 형태로 보여졌기 때문에 굳이 영화에서 참신한 것으로 등장할 타이밍을 빼앗긴 것으로 보인다. 대한뉴스에서 보여준 국가-개인의 동일시 끈을 영화라는 형태로 다시 보여주는 것은 부담이 되었기 때문일 것이다. 그 후로는 전투기가 주인공이 되는 영화가 나온 적이 없을뿐더러, 항공기가 주인공의 트라우마를 극복하게 해주는 지배적 허구의 위치에 있는 영화도 없었다는 사실은 이런 점을 입증하는 것 같다.

　「청춘불시착」에서도 매력은 비행기 자체에 있는지 인물에 있는지 구분하기 힘들다. 이 영화에서 흥미로운 장면은 세스나기가 한강 상공을 나는 장면이다. 울릉도를 향해 동쪽으로 나는 세스나는 아직 전혀 개발이 되지 않은 채 나무들이 드문드문 심어져 있는 한강변을 지나, 당인리발전소가 있는 마포 상공을 넘어, 이제 막 아파트가 들어서기 시작하는 반포를 지나 뚝섬 광나루를 거쳐 워커힐 상공을 훑는다. 짧은 비행 속에 세스나는 근대화의 풍경들을 정리하고 지나간다. 세스나의 배경으로 나오는 한강변 풍경은 말 그대로 근대화로 꿈틀대는 제3세계의 전형적 모습이다. 요즘 같으면 영화에 세스나가 나왔다고 해도 누구도 주목하거나 놀라워할 사람이 없지만, 막 근대화의 싹이 트던 1970년대 초반에 세스나는 드물고도 참신한 물건이어서 오히려 주목을 받지 않았을까 싶다. 이 장면에서 세스나는 한낱 비행기일 뿐 아니라 시선의 담지자다. 사실 당시의 한강변이 아직은 개발이 덜 된 초라한 상태였지만, 스크린에 나타나는 창밖 풍경은 세스나의 고도와 속도, 외부와의 절연성 때문에 추상화되고 심미화되어 아름다운 근대화의 스펙터클로 변한다. 이는 새마을운동 홍보 사진에 나오는 원경으로 잡은 농촌 풍경이 삶과 노동의 지저분하고 구질구질한 모습은 제거된 채 아름다운 전원으로만 비치는 것과 같은 이치다. 「청춘불시착」의 경우 세스나의 유리창과 카메라의 렌즈라는 두 겹의 유리가 근대화의 풍경을 아름다운 스펙터클로 바꿔놓고 있다.

그렇다고 이 영화가 「꽃피는 팔도강산」처럼[19] 근대화의 스펙터클을 칭송하는 것을 주 내용으로 하고 있지는 않다. 「청춘불시착」은 기본적으로 남녀 간의 사랑이 근대화된 도시와 낙후한 농촌의 대비라는 배경 아래 펼쳐지는 영화다. 그리고 스토리를 복잡하게 만들기 위해 남파 간첩 오지명이 멀쩡한 남녀 관계에 끼어든다. 선남선녀가 타고 가는 세스나를 하이재킹한 염치없는 간첩의 이미지가 영화의 상당 부분을 차지하지만, 간첩으로 나오는 오지명의 이미지는 공산 괴뢰 도당이라기보다는 어설픈 폭력배를 연상시킨다. 한여름에 바바리코트를 입은 그의 몸체나 얼굴은 살벌하고 음흉한 간첩이 아니라 문자 그대로 '연기'를 하고 있는 어느 연극 배우의 그것이다. 어금니에 감춰둔 독약 앰플을 깨물고 죽거나, 토벌대와 총격전을 벌이다가 장렬하게 죽게 마련인 간첩의 이미지와 달리, 불시착한 세스나의 프로펠러에 맞아 어설프게 죽는 영화 속 간첩의 이미지는 가뜩이나 초라하다. 이 영화는 반공 이데올로기의 시대에 만들어졌지만, 간첩 오지명은 전혀 반공 이데올로기와 상관없는 그저 한낱 깡패로만 비칠 뿐이다. 아마도 이 영화의 주된 골격이 울릉도로 급히 혈청을 공수하는 잘생긴 조종사 신영일과 그를 좋아하는 간호사 사이의 낭만적인 이야기이고, 그 골격 사이에 1960, 70년대 영화에 자주 등장하던 토속적 주제인, 병든 시골 아이가 누워 있는 울릉도의 남루한 초가집과, 그 초가집만큼이나 남루한 활주로가 끼어 있는 빽빽한 것인데 그 사이에 로망과 스릴을 더하기 위한 요소로 간첩을 끼워

---

19   1970년대 초 KBS에서 방영한 드라마. 김희갑, 황정순 부부가 전국에 사는 자식들 집을 순례하며 한국의 발전상에 감탄한다는 내용으로, 당시 박정희 정권에 의한 개발과 근대화를 미화하는 선전용 드라마라는 평을 들었다.

넣었기 때문에 오지명의 이미지가 어설퍼 보였는지도 모른다. 비록 세스나라는, 당시로는 새롭고 첨단의 교통수단이 등장하기는 하지만, 「청춘불시착」은 오히려 「섬마을 선생님」의 정서에 닿아 있는 영화다. 사실 그런 점 때문에 근대화된 도회의 문명을 상징하는 것으로 세스나가 유효하게 비춰지는지도 모른다.

영화에 비하면 미술 작품은 항공기 이미지를 무조건 찬양하기보다는 성찰적 거리를 두는 경우가 많다. 안젤름 키퍼에서 파나마렌코를 거쳐 레이먼드 한에 이르는 광범위한 이미지들은 그런 성찰의 스펙트럼을 보여준다. 항상 어설픈 엉터리 발명품 같은 모습의 비행기 형상을 한 작품을 만드는 파나마렌코는 인간이 기존의 비행기에 대해 가지는 관념에 대한 성찰의 계기를 주기도 하면서, 또 한편으로는 항공 산업 자체가 지니고 있는 상상력의 한계를 확장하는 구실도 하고 있다. 누가 아는가. 언젠가 파나마렌코의 작품을 닮은 비행기가 상용화될지. 즐거운 장난감을 닮기도 한 파나마렌코의 비행기에 비하면, 키퍼가 만든 비행기는 인간의 어설픈 지식의 산물이 사람을 잡기도 하는 비극에 대한 메타포다. 그의 비행기는, 나치의 조종사 요제프 보이스가 타다가 격추된 전투기를 연상케 하는, 날개는 우울하고 침침하며, 도저히 날 수 있을 것 같지 않은 멜랑콜리한 형상을 하고 있다.

그에 비하면 레이먼드 한이 2000년도에 작업한 「아메리사주: 바다에 착륙하기(Amerissage: A Landing on Water)」는 항공 여행이 지니는 문화적 요인들을 작품으로 잘 풀어내고 있다. 연착륙을 의미하는 '아메리사주'라는 단어가 암시하듯, 항공 여행은 모든 종류의 문화적 관습의 경계를 부드럽게 스르르 뛰어넘을 수 있을 듯한 자유로움과 초월성의 계기로 보인다. 그런데 그가 인용해 만든 대한항공의 1970년대 광고는 그런 초월과 자유로움이 얼마나 허구적인지를 보여주고 있다. "We fly with an American accent"라는 카피가 있는 대한항공 광고는

Raymond Hahn (left), Capt. Shin (3rd from left) and airline personnel offer you a unique blend of American efficiency and Korean hospitality.

We fly with
an American accent.

Sure, the crew looks Korean. But step aboard and the feeling is wonderfully American.

My name is Raymond and I look Korean too. But I was born and raised in America.

Because flying Korean Air Lines is a lot like flying an American airline. That's a Korean custom you'll truly appreciate.

Korean customs can sometimes be hard to understand and appreciate. My parents never really explained them to me.

It means that our planes are built in America. A luxurious fleet of wide-bodied 747's and DC-10's.

My parents gave me a large collection of toy planes, but I think it was made in Korea.

It means that our lovely stewardesses speak American. Pampering you in the style to which you'd love to be accustomed.

I'm learning Korean but it's very difficult. Koreans don't usually understand me the first time. In frustration, I resort to English and they respond.

So we give you superb American efficiency, combined with superb Korean service. A custom we take wherever we go, and wherever you go with us.

Depending on who I talk to, I usually feel either American or Korean (or neither), but not superbly both at the same time. Having American and Korean friends can be so different, too.

At Korean Air Lines, we do cherish the unique, the exciting, the exotic. But only on the ground. Not in the air. And that's an accent we know you'll understand.

I'll try to understand better the next time.

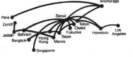

FLY  KOREAN

레이먼드 한, 「아메리사주: 바다에 착륙하기」(2000).

미국인이 되려 하나 미국이이 될 수 없는 제3세계 주체가 겪는 정체성의 분열을 보여주고 있다. 미국식 악센트를 씀으로써 미국에 가까워졌음을 알리려는 제스처는 미국식 악센트를 말하는(speak) 것이 아니라 나른다는(fly) 치환에 의해 자기도 모르게 탈주하게 되고, 미국에 동화되려는 자신의 목적으로부터 소외된다.

한복을 입은 두 스튜어디스는 (그들의 얼굴은 어떻게 정확하게 1970년대인지 신기하기만 하다. 얼굴과 시대 사이에는 뗄 수 없는 연관이 있는 모양이다) 서양식 헤어스타일을 하고 있는데, 광고가 강조하는 아메리칸 악센트는 실상은 헤어스타일의 악센트일 것 같다는 생각이 든다. 사실 그로부터 30여 넌이 지난 오늘날도 대한항공의 기내에서 나오는 안내 방송은 "디스 이즈 캡틴 스피킹" 하며 비행 시간과 목적지의 기상 및 시간을 알려주는 기장의 말씀이건, "오늘도 저희 비행기를 이용해주셔서 감사하며 또다시 여러분께 써브할 기회를 갖기를 희망"한다는 (조악한 영어 번역의 모범적인 사례다) 스튜어디스의 멘트에 이르기까지 여전히 코리언 악센트인 것을 생각해보면, 1970년대의 광고에 등장하는 아메리칸 악센트는 미국에 동화되고 싶지만 그렇게 될 수 없는 인종적·문화적·민족적 차이를 더 잔인하게 드러내주는 것이다. "우리는 아메리칸 악센트로 나릅니다(We fly with an American accent)"라는 말은 실제로는 "우리는 아메리칸 악센트에서 벗어나고 있습니다(We fly from an American accent)"로 들린다.

아마 레이먼드 한이 차용하고 있는 광고 속의 보잉747은 그런 소외를 초월할 수 있는 꿈의 비행기인지도 모른다. 한국에서 항공 여행이 전혀 성취할 수 없는 비현실이 아니라 어느 정도는 실현 가능한 꿈으로 다가온 것도 보잉747의 등장 이후이기 때문이다. 만일 그것이 앞서 서술한 쌍발 프로펠러기 DC3였다면 항공 여행을 통해 정체성의 경계를 넘나들고 시간과 공간을 초월하는 일은 일어나지 않을 것이다. 그러기에는 DC3는 항속거리도 짧고 속도도 너무 느리다.

짧고 느린 덕분에 DC3에는 국적이라는 사항이 별로 강조되지 않는다. 대개의 경우 DC3는 국경을 넘나드는 비행을 별로 하지 않기 때문이다. 반면, 보잉747은 수시로 국경을 넘나들기 때문에 국적이 중요하며, 전 세계에서 운항하는 대부분의 보잉747이 국적 항공사(national carrier) 소속이라는 사실이 이를 증명한다. 그래서 묘하게도, 보잉747은 가장 민족주의와 끈이 깊고 질긴 항공기다. 레이먼드 한 작품 속의 광고 사진에 태극기 색깔을 칠한 보잉747이 등장하는 것은 결코 우연이 아니다. 광고의 하단부에는 서울에서 앵커리지, 로스앤젤레스, 취리히, 파리 등 대한항공 여객기들이 넘나드는 국경의 범위들이 표시되어 있으며, 이 범위들은 초월할 수 있는 탈주의 선으로 연결되어 있다.

표상이라는 관점에서 봤을 때, 한국의 항공기 이미지에서 중요한 모티브 중 하나는 민족주의다. 이 점은 무엇보다도 중소기업을 중심으로 하는 항공 산업의 민간베이스가 취약해 대한항공이나 아시아나 같은 국적 항공사가 항공의 이미지를 주도해왔고, 한국에서 항공에 대한 대부분의 이벤트들이 국가의 주도로 열렸다는 점,[20] 항공 산업에 대한 연구 개발도 국가 주도로 이루어져왔다는 점과 연관이 있을 것이다. 그 점은 동체에 태극무늬의 붉은색과 파란색 줄무늬를 넣다가 1975년부터 하늘색 바탕에 수직꼬리날개에 태극 마크를 바탕으로 한 새로운 로고를 그려 넣은 대한항공의 기체 도장이 잘 말해준다. 물론 1988년 아시아나항공이 설립되기 전까지 대한항공이 한국을 대표하는 유일한 국적 항공사였다는 사실 때문에 그렇다고는 하지만, 항공 산업이라는 가장 첨단적이고 글로벌한 분야가 민족주의적 외양을 띠고 있다는 것은 아이러니가 아닐 수 없다.[21]

---

20   모형 항공기 대회 중 가장 큰 것이 공군참모총장배다.

21   물론 대한항공은 "세계 항공업계를 선도하는 글로벌 항공사"라는 선전 문구를 통해 글로벌화를 지향하고 있음을 표방하고 있다.

물론 아시아나도 수직꼬리날개에 선명한 색동무늬를 넣어 한국의 항공사임을 알리고 있다. 당시 월드컵 축구 대회에 나가던 국가대표 팀의 유니폼도 태극 마크를 본뜬 붉은색과 파란색이었던 점을 상기해보면 태극무늬는 한국 사람에게는 어떤 강박관념 같은 것이 아니었나 생각이 들 정도다.

1975년 이전의 대한항공 기체 도장은 보잉720과 707을 예외로 하고 나머지 항공기들은 객실 창문을 기준으로 기체의 아랫부분은 칠을 하지 않은 채 금속 표면을 노출시킨 일명 비키니로 놔두고, 위쪽은 흰색으로 도장하고, 유리창을 가로질러서 파란색 띠가, 그 아래로 붉은색 띠가 그려져 있으며, 수직꼬리날개에는 역시 같은 계통의 붉은색 마킹과, 역시 같은 붉은색으로 날아가는 새의 날개 모양을 딴 로고가 그려져 있다. 1970년대 당시 익숙하게 보던 대한항공 광고가 감미롭게 흘러나오는 노래 「웰컴 투 마이 월드(Welcome to My World)」와 함께 기러기가 슬로비디오로 날아가는 이미지였던 점을 생각해보면, 당시 대한항공이 새의 비상이라는 이미지를 강조하고 있었음을 알 수 있다.

항공 산업의 민족주의적 모티브는 제품의 외양에 민족주의 성격을 전혀 넣지 않고 있는 자동차 산업과 비교해보면 더욱 두드러진다. 아직 국내의 어떤 자동차 회사도 차체 디자인에 '우리'의 기와지붕의 우아한 곡선이나 고려청자의 신비한 색, 찬란한 통일신라 금관의 우아미 등 민족주의적 모티브를 섣불리 넣고 있지 않기 때문이다. 이는 전자 산업도 마찬가지다. 어떤 텔레비전이나 컴퓨터의 외양 디자인에 민족주의적 모티브가 들어간 적은 없다. 설사 그런 것을 넣었던 시도는 있었는지 몰라도 우리의 망막에 비친 것 중에는 없다. 항공이나 자동차나 전자나 다 글로벌한 산업이라는 공통점이 있음에도, 유독 항공 산업만 민족주의를 표방하고 있다는 사실은 흥미롭게 다가온다.

민족주의적 모티브는 전 세계 공항의 규격 요건을 바꿀 만큼 항공의 역사에서 획기적 위치를 차지하고 있는 보잉747의 이미지와 맞물렸을 때 묘한 조합을 이뤄낸다.

아무리 태극의 모티브를 딴 색으로 칠이 되어 있어도 보잉747은 여전히 보잉747이며, 엔진 나셀에는 자그마하게 엔진 제작사인 프랫 앤 휘트니나 제너럴 일렉트릭의 로고가 그려져 있어서, 항공기는 첨단 산업의 산물임을 공표하고 있다.[22] 그래서 민족주의와 첨단기술이 만나는 기묘한 짬뽕이 생기는데, 이는 사실 한국 국적 항공사만의 일은 아니다.

민족주의는 실버만의 '지배적 픽션'의 또 다른 형태인지도 모른다. 그것은 허구적 이념이지만 완전히 허구가 아니라 사람들을 묶어주고 위기를 넘기게 해주는 현실적 기능을 지니고 있기 때문이다. 그러나 실버만은 역사적 트라우마에 의해 지배적 픽션이 깨져나가는 순간에 대해 기술하고 있다. 지배적 허구에 기대어 남성 주체는 역사의 주인공이 되려 하지만 트라우마적일 정도로 소화해내기 어려운 역사적 사건도 있는 법이다. 전쟁이 가져온 상처 같은 것 말이다. 실버만은 역사적 트라우마를 통해 남성 주체가 얼마나 초라해질 수 있는가를 서술하고 있다. 그는 역사적 트라우마를 "큰 무리의 남성 주체들을 결여에 맞닥뜨리게 하여 팔루스(phallus)와의 상상적 관계를 유지할 수 없을 정도로 만들어버리고, 주도적인 픽션으로부터 위축되게 만드는 역사적 사건"이라고 부르고 있는데, 그것은 "어떤 사회가 주도적인 내러티브, 혹은 내재적 필연성이라고 생각하는 것을 역사가 방해하거나 해체하는 것"이다. 이런 대표적 사건으로는 전쟁, 혁명, 쿠데타 등이, 자연적 사건으로는 천재지변이 있을 것이다. 역사적 트라우마는 한마디로 자크 라캉이 말한 상징질서에 동화되기 힘들 정도로 주체를 망가트리는 사건에서 온다고 할 수 있다.

실버만은 영화 「우리 생애 최고의 해(The Best Years of Our Lives)」(1946)를 통해 역사적 트라우마가 어떻게 항공기의 이미지를 통해 나타나는지 설명하고 있다. 전쟁을

---

[22] 최근 국적 항공사의 엔진 나셀에는 엔진 제작사 로고가 항공사 로고로 대체되었다.

통해 겪은 역사적 트라우마는 남성성과 거세의 관계에끼지 이르고, 거세를 나타내는 영화적 장치는 엔진이 제거된 채 버려진 B17 폭격기로 상징된다. 폭격기는 비행기 야적장에 시체처럼 버려져 있다.[23] 제2차 세계대전의 상처로부터 돌아온 전직 조종사 프레드는 분시티에 정착하려 하지만 이미 민간의 세계에 적응할 수 있는 능력을 잃어버렸다. 그의 무기력함은 망가진 B17 폭격기의 폐허에 올라타서 과거를 회상하는 장면으로 나타난다. 엔진이 제거된 비행기는 마치 거세된 남성 형상을 하고 있다. 프레드는 폐허가 된 비행기에 올라타 당장이라도 폭격 임무를 수행하러 떠나고 싶지만 이미 비행기는 폐허일 뿐이다. 실버만은 이 순간에 대해 "프레드가 다시금 폭격 임무를 위해 하늘을 나는 상상을 할 때 그는 지배적 픽션을 폭파시켜버린 것이다. 그 순간 그는 사회적 합리성으로부터 도피해, 에고가 아닌 비에고를, 일관된 내면이 아닌 위협에 처한 외면성을, 삶이 아닌 죽음을 선택한 것"이라고 쓰고 있다.[24]

여기서 실버만이 전개한 논의를 따라 남성적 에고가 기초하고 있는 결핍과 부정성을 따지지는 않을 것이다. 중요한 것은 남성적 에고의 붕괴와 역사적 트라우마를 연결하는 축으로 항공기가 나타나고 있다는 점이다. 롤랑

---

23 비행기와 소망 충족의 관계는 비행기가 하늘 높이 날아간다는 점, 지리적 경계를 뛰어넘는다는 점, 다른 문화와의 접촉을 가능케 하는 통로가 된다는 점 등을 통해 분명해진다. 필자의 경우 비행기를 타고 멋진 곳으로 가는 여행에서 비행기가 간신히 이륙했으나 힘이 달려 높이 날아오르지 못하고 전깃줄에 걸려 여행이 좌절되고 마는 꿈을 꾼 적이 많다. 이때 전깃줄은 현실에서 겪는 온갖 장애, 심지어는 거세(castration)의 공포를 상징하는 것 같다.

24 Kaja Silverman, "Historical Trauma and Male Subjectivity," p.85-86.

바르트가 콩코드의 처녀 취항을 다룬 기사의 신화성에 대해서도 썼지만, 항공기는 이미 단순히 하늘을 나는 어떤 기계에 그치는 것은 아니다. 그것은 분명히 날아오르려는 욕구를 통해 지상의 삶이 갖는 한계들을 초월하려는 욕망을 내포하고 있는 기계다. 항공기의 발달을 가져온 계기들은 산업적이고 비즈니스적인 것일지 몰라도, 항공기가 산업이나 비즈니스의 영역이 아니라 위험한 발명품이던 릴리엔탈과 라이트형제의 시대에 목숨을 건 위험한 실험을 하도록 내몬 것은 날려는 욕망이었을 것이다. 이제 거세된 폭격기는 날고 싶은 욕망, 분시티를 떠나서 다른 삶을 꾸미려는 프레드의 남성적 에고가 덧없는 것임을 상징적으로 보여준다.

특히 대부분의 전쟁 행위가 남성들에 의해 계획되고 수행된다는 점을 생각할 때, 폭격기의 거세, 그리고 프레드가 거세된 폭격기에 탄 채 과거를 회상하는 장면은 남성 주체가 역사의 과정에 참여할 수 있는 능력을 상실했음을 말해주는 것이다. 「우리 생애 최고의 해」는 항공기를 매개로 남성적 주체의 결핍을 말하고 있다. 그 결핍은 군사적 용도의 항공기가 적을 없애는 기능도 있지만 사실은 그 항공기를 다루는 주체 자체를 없애는 효과도 있다는 점과 연관된다. 실버만은 "1940년대에, 파괴와 해체의 힘은 전쟁을 꾸미려는 사람들의 손아귀를 벗어나, 적을 부순 것이 아니라 남성적 자아의 긍정성(positivity)을 없애버렸다"고 했는데, 이는 전쟁의 하드웨어인 무기는 적만 잡는 게 아니라 아군과 자기 자신을 잡는다는 사실과도 관계가 있다. 실제로 소총에서 초음속 전투기에 이르는 많은 전쟁의 도구들은 그것을 이용하는 사람 자신에게 큰 위험으로 다가온다. 무기를 잘못 다루면 적보다 내가 먼저 그 희생물이 될 수 있다. 실제로 그런 사례는 비일비재하다. 비단 잘못 다루는 것뿐 아니라, 전쟁의 도구들은 무게와 속도, 폭발 등으로 인해 다루는 사람의 신체에 스트레스와 위험을 가져다준다. 항공기는 아마도 전쟁의 도구들 중 가장 위험한 것일 것이다.

항공기 구경 습관

마지막으로, 구경 습관(spectatorship)의 역사가 있다.
서구의 경우에는 이러한 수많은 역사가 오래된 에어쇼를
낳았을 뿐 아니라, 누구나 활주로에 뜨고 내리고 택싱하는
비행기를 볼 수 있는 전망대를 공항에 설치하도록 했다.
반면 한국의 공항에는 그런 시설이 없다. 보안상의 이유
때문이다. 항공기는 보아서는 안 되는 것이기도 하지만,
항공기를 보는 사람도 없기 때문이다. 한국에서 항공기의
이미지를 볼 기회는 에어쇼와 카페라는 비일상적인 공간밖에
없다. 양평 같은 곳에서 볼 수 있는 항공기 카페는 항공기의
동체를 이상하게 개조해, 이상한 곳에, 이상한 맥락으로
놓는다. 그것은 항공기의 이미지라기보다는 변형된
페티시로서 항공기라고 해야 할 것이다. 분명히 카페에
항공기를 설치하는 것은 날려는 욕망과, 항공기가 구현하는
초월 의지의 한 표현인 것만은 분명하다. 그러나 카페에
설치된 항공기는 영영 날 수 없는 것이므로 욕망과 초월을
완전히 차단당한 거세의 이미지에 가깝다. 그 점에서 항공기
이미지는 한국에서는 결핍의 영역이다. 그러나 항공기 자체가
결핍의 대상은 아니다.

하룬 파로키의 영화 「원거리 전쟁(War at a Distance)」
(2003)에서 내레이터가 냉랭한 목소리로 말하듯이, 원래
기계는 인간의 능력을 본떠 만들었으나 속도, 정밀성,
관찰력, 나아가 지각력에서 곧 인간을 능가하게 된다.
근대의 테크놀로지는 그런 능력을 통해 인간의 한계를
확장해주고, 거세된 주체에게 팔루스를 복귀시켜주는
보철기구(prosthesis)라 할 수 있을 것이다. 항공기의 경우
속도와 정밀성에 시선이 더해진다. 땅에서는 못 보는 것을
보게 해주기 때문이다.

따라서 항공기는 나는 기계일 뿐 아니라 보는 기계이고,
꿈의 기계이며, 폭력과 파괴의 기계이기도 하다. 항공기는 두
차원에서 사라지고 있다. 항공 여행이 보편화하면서 그것은
더 이상 특별한 이벤트가 아니다. 사람들은 어떤 항공사의

플레인스포터들(planespotters). 수많은 항공기 매니아들이 항공기를 사진 찍고 식별 번호(tail number)를 적는 모습을 볼 수 있다. 네덜란드 암스테르담의 스히폴 공항.

스히폴 공항의 활주로 옆에서 비행기를 지켜보고 있는 사람들. 일요일이면 이 자리 부근의 공터는 주차된 차들로 가득 차고, 평일에도 음료수와 간식을 파는 트럭이 항상 있을 정도로 항공기를 구경하는 사람들이 많이 찾는 곳이다.

표를 어떻게 사면 싸다는 것에는 관심이 있지만 자신들이 이번에 태평양을 건너 뉴욕에 가는 데에 최초로 플라이 바이 와이어(fly-by-wire) 방식으로 조종되며, 최초로 종이에 설계도를 그리지 않고 전적으로 컴퓨터상으로만 설계된 항공기 보잉777을 탄다고 해서 특별히 흥분하지는 않는다. 사실 요즘의 항공기는 그것이 747이건 777이건 320이건 340이건 외양과 여행의 절차가 크게 다르지 않기 때문이다. 더군다나 스펙터클로서 항공기에 별 관심이 없는 한국 같은 나라에서는 더 그렇다. 그리하여, 항공 여행이 흔해지는 정도에 비례해 항공기의 모습은 우리의 시각장에서 사라진다. 거의 '언캐니(uncanny)'하다고 느껴질 정도로 지금과는 완전히 다른 패러다임의 항공기가 나와서 사람들에게 문화적, 심리적, 생리적, 지각적 충격을 주면 그때 가서 항공기가 다시 나타날지도 모른다. 물론 구경거리(spectacle)로서, 즉 허깨비(illusion)에 가까운 상으로서 말이다.[25]

군용기도 사라진다. 항공기라는 대상으로서는 훤히 드러나는 가시성을 지니고 있는 민간 항공기와는 달리, 군용기는 훨씬 미묘한 가시성의 전략을 갖고 사라진다. 예를 들어 요즘의 군용기는 옅은 회색으로 도장되는 게 세계적인 추세다. 하늘에서 모습을 감추기 위해서다. 우리의 통념상 하늘에서 눈에 띄지 않으려면 하늘색으로 도장해야 할 것 같지만 실제로는 회색 계통으로 칠해야 눈에 안 띈다고 한다. 이는 민간 분야에서는 존재하지 않는 색채학을 적용한 결과다. 그리고 그것은 생존의 색채학이고 기만의

---

25   구경거리로서의 'spectacle'이란 말은 'specter' 즉 유령이란 말과 같은 어원을 가지고 있다. 실체가 없이 이미지만 있는 환영 같은 상태를 말하는 것이다. 무엇을 구경한다는 것은 어떤 장치의 작동이나 실체에는 접근할 수 없는 상태에서 거리를 두고, 물론 그런 작동의 위험으로부터도 거리를 두고 관조적으로 바라보는 것을 의미한다.

마치 거세된 듯 엔진이 제거되고 껍질만 남은 한국의 항공기. 경기도 양평.

서울 발산역에 있는 어느 카페 옥상에 얹혀 있는 러시아제 헬리콥터.

색채학이다. 오늘날 생존을 위한 (비)가시성은 스텔스 기술이라는 형태로 결정화되어 있다. 모습이 사라지는 것이 군사적 가시성의 궁극적 목표다. 그것은 육안에서만 사라지는 걸 의미하지 않는다. 스텔스 기술의 핵심은 레이더 스크린에서 사라지는 것이다. 그것은 또한 소음 레벨을 낮추어, 청각적으로도 사라지는 걸 의미하고, 엔진의 배기노즐에서 나오는 열선의 방출을 분산시켜 적외선 탐지 센서에 나타나지 않는 걸 의미하기도 한다. 군용기는 다양한 차원에서 사라지는 것이다.

　　항공기가 사라진 자리에 남는 것은 속도다. 세계 유일의 초음속 여객기 콩코드는 현역에서 은퇴했지만 그 속도는 숫자로 남아 있. 총알보다 빠른 비행기 SR71도 마찬가지다. 마하 3.5의 속도에서 유턴하려면 회전 반경이 수백 킬로미터에 이른다는 이 전설적인 비행기의 속도도 숫자상의 전설로만 남아 있다. 폴 비릴리오가 어릴 적 전쟁의 기억을 회상하면서 라디오방송이 전하는 것보다 독일군이 훨씬 빠른 속도로 진격해 오는 것에 공포를 느꼈다고 했던 전격전(Blitzkrieg)의 속도처럼, 항공기의 속도는 우리가 그것을 지각하기 전에 우리에게 다가와서는 지각했을 때는 이미 사라진다.

　　누군가 사진은 너무 늦게 나타났거나 너무 일찍 나타났다고 했다. 아직 생활 습관의 패러다임이 사진을 받아들일 준비가 안 된 상태에서 나타났다는 말이기도 하고, 회화 같은 시각문화의 패러다임의 발전에 비해서는 너무 늦게 나타났다는 말이다. 한국에도 항공기는 너무 늦게 나타났거나 너무 일찍 나타난 것 같다. 인간의 지각은 결코 항공기의 속도에 맞출 수 없다. 그런 점에서는 항공 기술과 문화가 발달한 서구나 낙후한 한국이나 별 차이가 없다는 점에서 아이러니하다. 미래의 항공 기술이라고 해서 이 갭을 더 줄일 수 있는 것은 아니다. 오히려 인간이 지각할 수 있는 속도와 항공기가 제공하는 속도 사이의 갭은 더 커질 것이다. 언젠가는 모든 것이 사라지고 속도만 남는 절대속도의 영역이 올지도 모른다.

말 없는 컨테이너가 전 세계를 여행한다. 컨테이너는 얼핏 보면 그저 사각형의 쇠로 된 박스처럼 보이지만 오늘날 컨테이너는 정보화되어 있어, 컨테이너를 실은 트럭이 항만의 문을 통과하면 컨테이너에 붙은 바코드가 자동으로 인식되고, 그 정보는 컨테이너가 하역될 부두의 위치, 그것을 싣게 될 선박의 이름과 시간 등을 알려주게 된다. 우리가 사용하는 많은 재화들을 실어 나르는 컨테이너는 그 속에 수도 없이 많은 물건들을 담아보았고, 수도 없이 많은 곳들을 가본, 엄청난 정보에 노출되어 있는 물건이다. 그 단순한 외양 속에 많은 것을 감추고 있는 것이다.

보이는 부산항과 보이지 않는 부산항[1]

자갈치 시장과 갠트리 크레인

부산은 우리가 볼 수 있는 부분과 볼 수 없는 부분으로
되어 있다.[2] 모든 도시들이 볼 수 있는 부분과 볼 수 없는
부분으로 나뉘어 있는 건 당연한 일이지만, 부산의 경우는
도시 구조상 그 차이가 좀 특수하게 나뉘어 있다. 그것은
지리적으로 나뉘어 있고 도시의 발달 단계로도 나뉘어 있다.
이 글은 그 분리를 항구도시 부산의 특징을 이루는 구조로

---

1   이 논문은 2006년 5월 27일 아트선재센터에서 열린
     부산비엔날레 심포지엄에서 발표되었다. 까다로운 절차를
     거쳐 부산항을 방문할 수 있게 도와주신 부산비엔날레
     조직위원회의 김연임 씨, 위험한 부두 현장에서 나를
     안내해주신 부산항 부두 관계자 여러분들께 깊이
     감사드린다.

2   볼 수 있는 부분과 볼 수 없는 부분은 사적 공간(개인의
     주거 공간)과 공적 공간으로 나뉜다. 공적 공간에는 산업
     시설, 군사보안 시설 등이 있지만 공적 공간은 꼭 물리적
     영역으로만 나뉘는 것은 아니다. 오늘날의 산업 세계에서는
     결과는 보이지만 그 과정이나 작동은 겉으로 보이지
     않는다. 그것은 여러 가지 이유로 보이지 않게 되어 있다.
     작동(operation)이란 오늘날의 소비자나 시민들에게는
     보여줄 필요도 없고 보여줘서도 안 되는 것이다.
     소비자들이 원하는 것은 매끈한 결과물이지 복잡하고
     더럽고 위험한 작동이 아니기 때문이다. 작동이 보이지
     않는 대표 사례로 앨런 세큘라는 오늘날 바다가 더 이상 볼
     수 없는 곳이 되었다며 바다의 비가시성에 대해 불평하고
     있다. 이 논문은 그의 불평을 중요한 논점으로 삼아서
     전개된다. Allan Sekula, *Fish Story*, Düsseldorf: Richter
     Verlag, 1995 참고.

승낙번호 : **124**

사진촬영 신청(승낙)서

출입일시	2006 . 5 . 31 . (10 : 00 ~ 18 : 00)			
목 적	2006부산비엔날레 학술회의 관련			
대상(장소)	자성대, 신선대, ~~육군~~ ~~해군~~ , 3부두, 4부두			
인적사항	직책	성명	주민등록번호	주 소
	게원조정예술 대학교 교수	이 영 준		경기도 용인시 신봉동 LG5차 505-403
차량번호				
허가조건	보안사항 준영촬영			

※ 부두시설 · 하역장비 · 콘테이너 적재물 촬영

상기와 같이 국가보안목표시설에 대한 사진촬영을 신청하오니 승낙하
여 주시기 바라며, 보안상의 위해요소가 돌출되어 민 · 형사상 문제가 발생
될 경우 본인이 모든 책임을 질 것을 서약합니다.

2006. 5. 30.

신청자 소 속 : (사)부산비엔날레조직위원회
직 위 : 부산비엔날레
성 명 : 황 종 환
전화번호 : 051-888-6693, 02-6263-6691
FAX번호 : 02-6263-6692

부산항만공사사장 귀하

위와 같이 국가 보안시설에 대한 사진촬영을 승낙함.

200 .

부산항만공사

나를 부산항에 들어갈 수 있도록 해준 사진 촬영 승낙서. 보아서는 안 되는 곳을 보기
위한 절차가 이리도 까다로운 것이다.

설명하려는 것이다. 볼 수 있는 부산은 영도대교를 기점으로 그 남쪽의 남항을 말한다. 한국 어업 생산량의 37퍼센트 이상이 모이는 한국 최대 규모의 어항이며, 그 주위에 어업 생산물들을 처리하는 수협위판장, 자갈치시장, 횟집, 건어물상회들이 밀집해 있는 남포동 일대가 그것이다.[3] 이런 장소들은 부산 시민, 관광객, 외국인 등의 소비자들이 실제로 출입하며 수산물을 거래하고 관광 장소로 이용한다는 특성에 맞추어 발전해왔고, 수많은 영화와 드라마, 추억 이야기, 소설 등 다양한 방식으로 표상되어 왔다. 그리하여 우리는 자갈치시장이 부산의 명물이며, 남포동 횟집이 어떤 곳인가를 현실적으로 인식할 수 있게 되었다. 사람들이 항구도시로서 부산을 인식하는 것도 그런 장소들을 통해서다. 이 지역은

---

[3]　남항은 총해면적(總海面積) 9만 제곱미터로 총안벽연장 4144미터다. 해양수산청이 부산광역시에 운영권을 위탁한 항만으로 1000톤 미만의 어선과 연안화물선이 이용하고 있는데, 남부민동 해안에서 동쪽으로 길이 400미터의 남항방파제가 1931년에 축조되어 내항을 향한 풍파를 막아주면서 물양장(남항의 총물양장은 2만 3940제곱미터)도 축조되어 있다. 남부민동방파제 맞은편인 영도의 북서안에서 남쪽으로는 길이 126미터의 남항방파제가 축조되어 있는데, 영도 쪽 남항 해안은 주로 조선과 수리조선소가 밀집되어 있다. 남항은 수심 3~9미터로 얕은 곳이 있어 대형 선박의 운항이 어려운 대신 연근해 어업기지항으로서 역할이 크다. 선박계류장의 수용 능력은 600여 척 정도지만 1일 평균 1000여 척이 계류되어 항내가 붐비는 실정이다. 남항 서쪽 물양장(충무동 쪽)과 북쪽 물양장(남포동 쪽)으로는 어획물과 잡화가 양륙되고 수산물의 위판(委販)과 가공 시설이 늘어나 수산물 처리의 중심지가 되고 있다. 현재 남항의 수산물 위판 실적은 전국의 30퍼센트를 차지하고 있다.

컨테이너를 나르는 갠트리 크레인. 자성대 부두. 인간을 압도하는 규모에 비해서
엄청나게 빠른 속도를 가졌다. 컨테이너 한 개를 배에 싣고 내리는 데 1분이 안 걸리는 것
같았다. 오늘날 물류는 정신없이 빠른 사이클 속에 돌아가는 것이다.

일반인의 시신 앞에 놓여 드러나 있는 부산이다. 남항은 어업 중심이고 몇 백 톤 단위의 소규모 영세 선사(船社)들이 주로 이용하는 항구이고, 더 이상의 발전 가능성은 막혀 있는, 과거의 향수에 묶여 있는 항구다. 많은 시민과 관광객은 이런 점을 충분히 인지하고 남항을 방문한다. 그들이 남항에서 갠트리 크레인이나[4] 컨테이너 야드,[5] TEU,[6] COPINO,[7] 슈퍼 포스트파나막스[8] 등의 말로 표상되는 세계를 들으려고 오는 건 아니다.

---

[4] Gantry crane. 컨테이너를 배에 싣고 내리는 데 쓰는 초대형 크레인. 갠트리 크레인의 특징은, 크레인의 틀 자체가 움직이는 일반 크레인과 달리, 틀은 움직이지 않으며 그 위에 따로 움직이는 부분이 달려 있어서 기사는 그 부분만을 조종한다는 점이다. 또한 부두의 갠트리 크레인은 오로지 컨테이너만을 나르도록 되어 있는, 단일 목적의 크레인이다. 부산항의 갠트리 크레인은 높이가 70미터에 이른다.

[5] Container yard. 선사가 컨테이너를 집적·보관·장치하고, 적입 컨테이너를 수도(受渡)하는 곳으로서 항만 근처에 있는 야적장. CY로 약칭된다.

[6] Twenty-foot Equivalent Unit. 컨테이너의 양을 표기하는 단위: 1TEU는 20피트 길이 컨테이너 1개, 5000TEU급 선박은 20피트짜리 컨테이너 5000개를 한 번에 실어 나를 수 있는 선박이다.

[7] Container Pre-notification Message: 선사가 컨테이너를 반출입할 때에 터미널이나 전산화된 컨테이너 야드 센터 등에 제공하는 사전 정보.

[8] Super Post-Panamax: 파나막스는 파나마 운하를 통과할 수 있는 선박의 최대 규격으로 폭 32.3미터 이하, 길이 294.1미터 이하, 하절기 흘수(summer draft) 12미터 이하를 말한다. 포스트 파나막스란 이 규격을 넘는 초대형 선박을 가리키는 말이다.

갠트리 크레인. 자성대 부두. 오늘날의 문명은 더 이상 철에 의존하는 문명은 아니다. 그런 것은 서양의 경우 20세기 전반기에 이미 끝났다. 그렇다고 철의 문명이 사라진 것은 아니다. 더 이상 우리 눈에 보이지 않을 뿐이다. 그것은 너무 덩치가 크고 먼대가리가 없어서 사라진 것도 있고, 부산항 북항처럼 일반인은 들어갈 수 없는 통제 구역 안에서 벌어지는 일이기 때문에 사라진 것도 있다. 하지만 어렵사리 들어간 부산 북항은 아직도 철이 지배하는 곳이다. 그리고 철이 지니는 모든 속성들, 튼튼함, 무거움, 강직함, 비타협성이 아직도 생생히 살아서 드라마를 이루며 움직이는 곳이다. 북항 방문은 언젠가는 사라져갈 철의 문명을 볼 수 있는 좋은 기회였다.

부산에는 너 크고 복잡한, 볼 수 없는, 일반인이 보아서는 안 되는 부분이 있다. 이는 보안시설로 분류되어 일반인의 출입이 금지된 북항으로서, 제1, 2, 3, 4, 5, 6, 7, 8부두, 자성대, 신선대, 감만, 우암, 허치슨 부두 등이 이에 속한다. 이들 부두들은 일반인의 생활과는 상관이 없는 컨테이너 부두들이 대부분이며, 일부 군사시설을 제외하면 대부분 수출입, 환적 화물들을 취급하는 곳이다. 이들 시설들은 날로 현대화하고 있으며, 요즘은 IT화해, 컨테이너에 물건을 넣어서 트럭에 적재하고 이를 크레인으로 날라서 배에 싣고 내리는 모든 절차들이 인터넷상으로 계획되고 확인 가능하다. 그런데 군사시설이 아닌 일반 컨테이너 부두가 왜 국가 보안시설인지는 이번 방문을 통해 확인하지 못했지만, 아마도 보안의 개념은 부두를 지키는 경비원이나 부두관리공사(그들은 자기 회사 이름을 절대로 밝히면 안 된다고 했다) 직원들의 엄격하고 살벌한 태도와는 달리, 대단히 애매하고 다중적인 의미를 지니고 있지 않나 생각된다. 이번 연구에서 보안의 개념이 상당히 중요한 것이, 볼 수 있는 부산과 볼 수 없는 부산을 가르고, 시민들에게 부산에 대한 인지를 결정해주는 중요한 기준이 보안이기 때문이다. 자성대나 신선대 같은 곳은 일반 시민에게는 존재하지 않는 곳이나 마찬가지다.

보안의 개념은 우선은 국가 안보와 관련해 생각해볼 수 있을 것이다. 그러나 각종 소비재나 생활, 산업에 필요한 물건들을 싣고 내리는 컨테이너 부두가 왜 국가 안보와 직결되는지는 나로서는 잘 이해할 수 없었다. 예를 들어 컨테이너 부두에 불순분자가 침입하면 남한의 사회질서를 교란하고 북괴가 침략하는 데 결정적인 도움을 줄 수 있는가? 전투비행단이 있는 비행장이라면 몰라도, 왜 컨테이너 부두가 국가 안보와 직결되는지는 나로서는 알 수 없는 일이다. 차라리 산업 보안이라면 이해할 수 있다. 산업에서 정보가 차지하는 비중이 날로 커가는 요즘, 산업 정보의 유출은 각 기업이 첨예하게 감시하며 방지하는 영역이기

갠트리 크레인을 움직이는 인원은 매우 적다.

때문이다. 그러나 컨테이너 부두는 한두 업체가 관련되는 곳이 아니라 컨테이너 관리 회사부터 여러 선사 등 다양한 업체들이 관련되는 백화점 같은 곳이기 때문에, 이곳의 산업 보안이라는 게 어느 정도에서 지켜져야 하는지도 나는 알 수 없었다. 그렇다면 작업장의 안전을 위한 보안인가? 이것이라면 이해할 수 있다. 컨테이너 부두는 수많은 중장비들이 움직이는 곳이며, 그 장비들은 하나같이 인간의 스케일을 뛰어넘는 초인간적 크기와 무게를 지닌 것들이기 때문에 안전사고의 위험이 많은 곳이다. 그러나 나는 부두 관리자들이 그렇게 무섭게 강조하는 사진 촬영 금지 구역과 안전사고가 무슨 상관이 있는지는 끝내 파악하지 못했다. 사진 촬영 금지는 시선의 규제에 대한 것이지 개인 신상의 안전에 대한 건 아니기 때문이다. 마지막으로 상상해볼 수 있는 차원은 회사의 하자 노출 문제다. 어떤 회사든지 작업 과정에서 하자가 발생할 수 있고, 이의 노출은 꺼리는 건 당연하다. 예를 들어 환경 규제나 안전 관리 등에서 발생하는 하자나 규칙 위반 등은 외부인의 시선에 노출되면 안 되는 것이다. 그런 보안이라면 이해할 수 있으나 그것이 부산항만 부두 관리자들이 애초에 내세웠던 보안 관련 중요 심득사항은 아니었다. 그들은 평론가가 부산항을 방문할 수 없는 이유로 우선 '군사 보안시설'이기 때문이라고 못을 박았기 때문이다. 그래서 평론가는 11개 조항의 사유서를 보낸 끝에야 간신히 북항을 볼 수 있었다.[9]

---

[9]   1. 부산비엔날레는 부산의 지역적 특성을 주제로 다루고 있으며, 심포지엄도 그와 연관한 인문사회학적 담론에 대한 것임.

2. 기계비평가이며 계원조형예술대학(경기도 의왕시 소재) 사진과의 교수 이영준은 이 심포지엄에서 부산이라는 도시의 특성을 비평적 시각에서 발표하고자 함.

3. 참고로, 비평이란 사물이 돌아가는 이치를 설명하고 그 이미지를 알기 쉽게 설명하는 행위임.

부산항만권리공사가 발행한 항만 견학 승인서와 사진 촬영 허가서를 받아서 까다로운 절차를 거쳐 방문한 자성대, 신선대, 제3부두 등의 컨테이너 부두들은 보안시설이라는 면 외에도, 작동들(operations)이라는 비가시적인 면들을

4. 본인은 『사진, 이상한 예술』, 『이미지비평: 깻잎머리에서 인공위성까지』 등의 저서를 낸 비평가이며 현재 서울대, 중앙대, 홍익대에서 강의하며 시각문화의 다양한 측면들을 창조적으로 해석하기 위해 활발하게 노력하고 있음.

5. 본인은 또한 암스테르담, 볼티모어, 선양 등 세계 각국의 저명한 학회에서 한국의 산업문화와 테크놀로지의 특성에 대해 발표하여 호평을 받은 적이 있음.

6. 부산을 비평적으로 해석한다는 것은 항구도시 부산의 특징 중 바깥에서 보았을 때 두드러지는 특징에 대해 해석하는 것임. 그것은 사람들이 부산에 대해 갖고 있는 꿈, 희망, 현실 등에 대해 자세히 들여다보는 것임.

7. 그렇게 하기 위해서는 부산항이 싱가포르나 홍콩, 지룽(타이완) 등 동남아시아의 다른 항구도시와 어떻게 다른지 비교할 필요가 있음.

8. 본인은 5만 톤의 자동차 운반선 그랜드 머큐리호를 타고 그런 항구들을 속속들이 살펴보고 『경향신문』에 기사를 쓴 적이 있음.

9. 따라서 본인은 항만의 특성에 대해서 어느 정도는 알고 있으며, 그 위험이나 보안의 필요성에 대해서도 절실히 알고 있음. 따라서 국가 안보나 산업 보안에 전혀 저촉되지 않는 범위 내에서 부산항을 살펴보고, 그에 대한 평론가로서의 느낌과 해석을 심포지엄에서 발표할 예정임.

10. 발표의 내용은 문화 도시로서 부산의 장래의 발전에 도움이 되는 건전하고 미래 지향적인 내용으로 되어 있을 것임.

11. 이에 부산항에 대한 구경을 허가해주시면 매우 감사하겠습니다.

큰 배가 입출항할 때 끌어주는 예인선들이 정박 중이다.

품고 있는 곳이다. 결국 이 보고서는 평론가가 부산 북항에서 본 작동들에 대한 서술이다. 또한 왜 일반인은 그곳들을 절대로 보면 안 되는지 하는 수수께끼에 대한 해답이다. 먼저 부산항의 역사와 현황을 살펴보자.

부산항은 1876년 2월 26일 한국 최초의 국제항으로 개항한 이래 1906년부터 1944년까지 근대 항만으로서 면모를 갖추었다. 1974년부터 제1, 2단계 개발 사업을 추진해 1978년에는 한국 최초의 컨테이너 전용 부두인 자성대 부두를 개장했으며, 1985년부터 시작된 제3단계 개발 사업으로 1991년 6월 신선대 컨테이너 부두, 1998년 5월 제4단계 개발 사업인 감만 컨테이너 부두를 개장했다. 1978년까지 축조된 부두는 주로 남항의 물양장(物揚場)과[10] 여객 부두 위주였으며, 1978년 이후부터 부산항은 컨테이너 부두를 중심으로 하는 산업항으로서 면모를 갖추게 된다.

2000년도 취급 물량은 수출 5474만 톤, 수입 4715만 톤, 연안화물 1552만 톤으로 전년 대비 8.7퍼센트 증가한 1억 1741만 톤을 기록해 사상 최대치를 나타냈다. 부산항은 1999년 644만 TEU의 컨테이너를 처리한 데 비해 2000년에는 754만 TEU를 처리해 홍콩, 싱가포르에 이어 세계 3위로 부상했다. 현재의 컨테이너 접안 시설은 안벽 2만 4159미터, 물양장 1528미터에 동시 접안 능력은 북항이 125척, 감천항이 34척으로 연간 하역 능력은 9104만 6000톤, 화물 동시 보관 능력은 11만 톤이다.

북항의 특징은, 정보화 시대에 맞춰, 컨테이너 화물의 처리도 IT에 많이 의존하고 있다는 점이다. 특히 신선대 부두는 자동화 크레인(Automated Transfer Crane: ATC)을 이용해 사람의 개입 없이 컨테이너를 이동할 수 있는 능력을 갖추고 있다. 이 시설의 핵심은 컨테이너의 위치를 정확히 몇 센티미터의 오차 범위 안에서 인식할 수 있는 센서,

---

[10] 주로 100톤 미만의 어선이나 잡화선들이 물량을 싣고 내리는 부두를 일컫는다.

크레인의 작동을 모니터링할 수 있는 카메라, 야적장에서 정확하고 체계적이고 빠르게 컨테이너를 인식할 수 있도록 각 컨테이너에 주소를 할당해주는 플래닝 시스템, 그것들을 총괄적으로 인식해 빠른 처리를 가능케 해주는 COPINO의 활용 등이다. 이에 맞추어서, 부두별로는 자체 정보망이 구축되어 컨테이너 화물의 현재 위치를 파악할 수 있는 추적 및 관리 시스템이 갖추어져 있다. 선박의 입출항 및 작업 현황은 인터넷 서비스를 통해 실시간으로 확인할 수 있다. 선박 입출항 시간, 선석[11]의 위치, 컨테이너의 하역 현황 등이 인터넷상으로 일목요연하게 확인이 가능하다. 자성대는 PECT(신선대 컨테이너 터미널) 전산 운영 시스템인 PECTOS-2000을 이용해 전 작업의 통제 및 자체 온라인 네트워크와 KL-Net 등을 통해 물류 정보를 교환하는 EDI 시스템을 구축해놓고 있다. 오늘날의 컨테이너 부두의 작동은 더 이상 하드한 기계만의 작동이 아니라, 소프트한 정보와 지식의 작동에 종속되어 있는 것이다.

오늘날 이러한 해상운송의 양상에 대한 무지에 대해 앨런 세큘라가 가한 비판은 흥미로운 점을 시사해준다. 정치경제학의 입장에서 이미지의 생산과 순환을 다루고 있는 평론가이자 사진가인 세큘라는 실제로 항해를 경험해보고 오늘날 정보산업에 대해 사람들이 과도하게 집착하고 사이버 공간의 지배를 지나치게 강조하는 것에 대해 비판하면서, 이 세상은 여전히 거대한 규모의 물질적 교환이 지배하고 있다고 했다.[12] "형이상학적 구성물인 '사이버 공간'과, 먼 거리를 즉각적으로 이어준다는 환상"에 맞서서, 그는 오늘날 여전히 육중한 철로 된 선박과 컨테이너, 또 이를 조작하는, 돈 많이 못 버는 육체 노동자들의 땀 흘리는 노동이 여전히 운송의 상당 부분을 차지하고 있다고 지적한다. 아무리 첨단

---

[11]   berth. 부두에서 선박을 대는 장소. 묘박지(錨泊地)라고도 한다.

[12]   Allen Sekula, *Fish Story*, p.50.

성보기술이 발달해도 조야하고 투박한 물질은 움직여야 하며, 그를 위해서는 육체를 혹사하는 노동이 있어야 한다는 것이다. 그러나 그가 『피시 스토리(Fish Story)』를 쓴 지 딱 10년이 지난 지금, 무겁고 둔중한 해상운송도 이제는 정보화 산업에 상당 부분 의존하고 있다. 오늘날 IT화해 있지 않은 항만은 느린 처리 속도와 비체계성 때문에 날로 커가는 중국의 상하이나 선전 같은 항구에 맞설 수가 없다. 부산항에서 채용하고 있는 COPINO가 그런 시스템인 것이다. 부산항은 더 이상 1996년 세큘라가 묘사한 하드하고 둔중한 물질의 항구는 아니다. 그리고 오늘날 퀵 디스패치의 개념에 따라, 수천 개의 컨테이너를 실은 선박도 항구에 머무르는 시간이 12시간을 넘지 않는다. 그보다 더 짧은 시간 안에 수천 개의 컨테이너를 모두 내리고, 또 새로운 컨테이너를 싣고 다시 떠나서 전 세계의 항구를 잇는 것이 오늘날 해상운송의 가속화된 템포다. 오늘날 해상운송의 속도는 세큘라가 묘사한 대로 "이 세기의 4분의 1 초반에 머물러" 있지도 않고, 그것은 '일부러 느린' 사회도 아니다.[13]

현재 한국 항만을 찾는 선사들은 매우 다양하다. 1997년 경제 위기 이후, 한국 항만업의 물동량이 연간 20퍼센트를 상회하는 탁월한 발전을 이룬 건 대중국 수출입화물 환적(換積)에 많은 부분을 의거한 것이다. 2003년 국내에서 처리한 1200만 컨테이너 중 36퍼센트는 환적 화물인 것으로 밝혀졌다.[14] 그러나, 2006년에 이르러 중국 내 다수의 대규모 항만 개발이 완료됨에 따라 MSC, 머스크, 에버그린 등 부산항에 기항하는 외국적 선사들이 환적 기지를 국외 타

---

13   Ibid., p.50.

14   환적이란 항구에 화물을 아주 내리는 것이 아니라 다른 항구로 옮기기 위해 잠시 두는 것을 말함. 환적 화물은 화물을 야적할 수 있는 장소와 기계력만을 제공해서 부가가치를 창출한다는 점에서 항만의 수익에서 중요한 부분을 차지하고 있다.

항만으로 이전하면서 부산항의 컨테이너 화물이 거의 늘지 않고 있는 것으로 나타났다. 부산항만공사가 집계한 '2006년 4월 부산항 운영 실적'에 따르면 4월 한 달 동안 부산항은 100만 3734TEU의 컨테이너 화물을 처리해 전년 동월 대비 3.5퍼센트 감소했으며, 특히 환적 화물이 많이 줄어들어 4.6퍼센트 감소한 43만 2289TEU를 기록했다. 자성대 부두의 4월 처리 실적은 지난 3월 신규 선대가 추가되면서 전월 대비 10퍼센트가량 늘어났으나 신선대 부두는 전월 대비 3퍼센트 감소한 16만 TEU, 감만 부두는 전월 대비 무려 21퍼센트 감소한 21만 TEU, 신감만 부두도 12퍼센트나 감소한 8만 6000TEU의 물동량을 처리하는 데 그쳤다. 부산항에서 환적 화물을 많이 처리했던 MSC가 중국의 닝보항으로 환적 기지를 옮긴 데 이어 머스크도 광양항으로 환적 기지를 이전했을 뿐만 아니라 중국으로 직기항이 늘어난 에버그린은 국내의 로케이션까지 줄어들어 부산항의 환적 화물이 많이 감소했다는 분석이다. 그러나 부산항의 주요 선사인 한진의 4월 물동량은 전월 대비 20퍼센트, APL은 무려 83퍼센트나 늘어나는 등 MSC, 머스크, 에버그린 3사를 제외한 선사들의 총 물동량은 10퍼센트가량 증가한 것으로 집계되었다.

보이지 않는 작동들

그런데 해상운송의 현황에 대한 무지와 오해는 사실 지식인들의 책임만은 아니다. 부산항의 북항이 일반인이 들어갈 수도, 볼 수도 없는 곳인 것처럼, 해상운송의 많은 부분은 일반인에게는 표상되지도, 접근 가능하지도 않다. 그러나 거기에는 이런 시선의 금제(interdiction)만이 아닌, 작동의 비가시성(invisibility of operation)이라는 좀 더 크고 다른 주제가 연관되어 있다. 세큘라는 바다의 사라짐, 혹은 보이지 않음(invisibility of the sea)에 대해 불평하고 있는데, 바다에서 일어나는 물질의 순환은 점점 더 사람들의 시야에서 사라지고 있다는 것이다. 삶의 모든 경험을 간편한 패키지로 축소시켜버리는 오늘날의 소비자본주의에서 상품의 생산자들이 보여주는 건 기계의 작동이 아니라 최종 결과물일 뿐이다. 바다가 보이지 않는다는 건 물질 순환의 한 경로로서 바다가 더 이상 소비자에게 보이지 않음을 의미한다. 소비자들은 기계의 작동을 보고 싶은 것이 아니라 기계의 작용만을 보고 싶어 하기 때문이다. 그것은 작동이 훤히 드러나 보이는 증기기관차에서 작동의 소음만이 들리는 디젤기관차로의 전환, 그리고 결국은 작동이라고는 전혀 볼 수 없는 고속철도로의 전환 과정이 잘 말해주고 있다. 작동은 시끄럽고 복잡하고 불안한 반면, 조용하고 단순하고 간편한 작용만이 소비자의 시야에 주어져 있는 것이 오늘날 기계가 살아가는 상황이다. 해상운송도 마찬가지의 상황이며, 따라서 그런 장으로서 바다는 소비자들에게는 보이지 않는다. 소비자들에게 주어져 있는 바다 역시 소비 상품으로서 바다이며, 바다는 소비 용도에 맞게 아름답고 낭만적으로 스펙터클화되어 있다. 그들은 무시무시한 갠트리 크레인이 40톤이 넘는 컨테이너를 나르는 바다, 황천에 빠져 배가 45도까지 기울면 배 안의 모든 것이 뒤집어지는 끔찍한 바다를 상상하지 않는다. 그리고 그럴 필요도 없다.

　　북항의 특징이 바로 작동을 숨긴다는 점이다. 일반인은 북항에는 가볼 수 없을 뿐 아니라 그곳에서 무슨 일이 일어나는지 알 수도 없다. 더군다나, 일반인은 북항에 관심이 없다. 그들은 컨테이너에 실려 온 물건이 얼마나 좋고 예쁘고 값이 싼지에 관심이 있지, 컨테이너가 어떤 시스템을 통해 크레인으로 하역되어 트럭에 실려서 운송되는지에는 관심이 없다. 작동을 숨긴다는 것은 롤랑 바르트가 "근대의 기계의 특징인, 마술적으로 에너지를 숨긴다는 점(스스로 발생하는, 닫힌 동력이라는 점은 전기의 신화다)"이라고 말한 것과 비슷하다.[15]

　　컨테이너라고 하는 장치—기계라고 부르기에는 너무

15　　Roland Barthes, "The Plates of the Encyclopedia," *A Barthes Reader*, New York: Hill & Wang, 1986, p.220.

냉동 컨테이너. 일반 컨테이너와는 달리, 냉동 컨테이너는 전원과 탯줄로 연결되어 있어야 생명이 유지되는 독특한 존재론을 가졌다. 에어컨같이 생긴 것이 냉동장치다. 선박이 항해하는 동안 선원들은 일정 시간마다 냉동 컨테이너의 온도가 적정하게 유지되고 있는지 체크해야 한다. 혹시라도 온도가 안 맞아서 내용물이 녹으면 재화로서 가치를 잃기 때문이다. 뒤에 보이는 것은 곡식 저장용 사일로.

단순한─는 ㄱ 안에 들어 있는 내용물을 철저히 감춘다는
점에서 이런 작동의 화신이다. 아주 드물게 내용을 암시하는
컨테이너라고 해봐야 냉동 컨테이너 정도다. 냉동 컨테이너는
냉동장치가 겉으로 보일 뿐 아니라, 바깥의 전원에 연결되어
있기 때문에, 뭔가 항상 냉동을 요하는 것─그것이 식품이건
의약품이건 혹은 더 엽기적인 물건이건─임을 암시하고 있다.
그 외에는, 규격화되고 시스템화되어 있는 익명의 운반체인
컨테이너는 해운회사의 이름과 무게를 나타내는 숫자들─
자중, 하중, 총톤수─만이 표기되어 있는, 철저히 침묵하는
기계다. 그리고 그 단순한 외관으로 말미암아, 컨테이너에
뭐라고 해석의 말을 덧붙인다는 것은 거의 불가능해 보인다.
그러나 세큘라는 아마도 컨테이너에 말을 시킨 거의 유일한
평론가가 아닌가 싶다. 더군다나 컨테이너를 둘러싼 작동이
매우 단순하기 때문에 뭐라고 해석의 내러티브를 붙이기
어려운 것이다. 배에서 내려진 컨테이너는 바로 트럭에
실린다. 트럭은 부두를 빠져 나와서 어디론가 목적지로
향한다. 간혹 컨테이너 야적장을 빠져 나가지 않고 쌓여
있다가 다시 배에 실려 다른 항구로 옮겨지는 컨테이너도
있다. 그러나 전 지구적인 스케일로 보면 컨테이너의 작동은
사실 단순한 것은 아니다. 그것은 오늘날 가속화되는 속도로
이루어지는 글로벌한 스케일의 물류의 중요한 장치이자
지점이기 때문이다.

　　철의 문명, 북항
그런 속도를 가능케 해준 것은 어느 한두 요인이 아닌,
글로벌한 차원에서 재화의 순환 사이클의 가속화라는
차원이지만, 구체적으로 보면 철이라는 물질과 깊은 관계가
있다. 어쨌든 북항의 주인공은 단연코 철이다. 크레인이건
컨테이너건 선박이건 모두 철로 되어 있으며, 나머지는 더
부수적이다. 북항은 심지어 사람마저도 부수적인 곳이다.
북항은 철의 작동이다. 오늘날 산업이 물질적 구성이나
기능에서 니켈, 티타늄, 지르코늄 등 다양한 합금들과

비철금속, 무기물들, 유기물들을 중심으로 이루어지는 복잡한 층위들을 이루고 있는 점에 비하면, 철이 주인공이 되어 있는 부산 북항은 외관상으로만 보면 아직은 탈근대가 이루어지지 않은 근대 문명의 시간 속에 머물러 있는 듯이 보인다.

유토피아로서의 철에 대해서는 발터 벤야민이 자세히 적어놓았다. 19세기에 철은 새로운 시대의 도래를 알리는 전령이었다. 철은 새로운 공간을 가능케 했고 새로운 속도를 가능케 했다. 19세기의 철이란 오늘날 마치 뉴세라믹스나 파인세라믹스, 기능성 고분자 재료 등의 신소재가 이제까지 가능하지 않았던 새로운 개념과 기능으로 또 다른 유토피아를 꿈꿀 수 있게 해주는 것과 비슷한 위상을 지니고 있었다.

벤야민이 서술한 철골 건축에는 많은 꿈과 신화가 덧씌워져 있었다. "1800년경의 건축은 가장무도회에 갈 때처럼 일요일마다 베를린 주변의 곳곳에 유령과 같은 모습으로 등장했다"는 말에서도 볼 수 있듯이, 그 당시 건축은 건축이 아니라 신화이고 가면이고 상징이었다. 그러나 기술과 꿈이라는 상반된 요소를 예리하게 집어냈다는 데 벤야민의 탁월함이 있다. 그것은 그의 변증법적 시선 덕분이기도 하다. 그런 꿈은 기술 발전의 초기 단계에 더 잘 드러나는 것 같다. 왜냐면 초기에는 새로운 물질에 대한 놀라움도 솔직하게 표현되고, 그만큼 오해와 온갖 억측, 신화 등이 난무하기 때문이다. 이는 카메라가 발명된 초기에 그에 대한 무수한 풍자만화가 나왔다는 사실과도 통한다. 오늘날 더 이상 디지털카메라를 풍자하는 만화가는 없는 것이다.

공예기술자라면 누구나 다른 분야의 재료나 만드는 방법을 모방해서 술통 장수가 만든 것 같은 자기 컵, 자기를 닮은 유리잔, 가죽 끈 같은 금 장신구, 등나무를 사용한 철제 탁자 등을 만들어놓고는 취향의 기적을 이루었다고 믿었다. 이 분야에서는 사탕과자 제조업자 또한 자신의 취향의 영역이나 기준은 완전히 잊고 조각가나 건축가로 행세했다. (…) 이런 시도들은 기술

생산이라는 것이 처음에는 얼마나 꿈에 사로잡혀
있었는지를 가장 정확하게 증명해주고 있다(건축뿐만
아니라 기술도 어떤 단계에서는 집단적인 꿈의
증언이다).**16**

철은 운명적으로 속도와 관계있는 물질인 것 같다. 오늘날의
항구도 사람과 재화가 스쳐 지나가는 장소라는 점에서
19세기에 철에 대해서 생겨난 꿈은 오늘날 항구에서만 남아
있는 듯하다. 다른 곳에서는 더 이상 철에 대한 로망이란
찾아볼 수 없기 때문이다. 육중한 근대적 패러다임인 철은
21세기에 와서는 더 이상 주목받는 재료가 아니다.**17** 철은
근대와 탈근대가 뒤섞인 채 교차하고 있는 북항에서 활약하고
있다. 그러나 겉으로 보는 북항은 수많은 갠트리 크레인과
선박만이 주인공인, 외관상으로나 의미론적으로나 단순해
보이는 곳이다.

기호의 제국, 남항

반면, 남항은 겉으로 보이는 표상들로 가득 차 있다. 남항은
이미지의 보고이며, 여러 지층들의 보고다. 북항에서는
수필을 쓸 수 없지만 남항에서는 감성 어린 수필을 쓸 수
있으며 시도 쓸 수 있고 영화도 만들 수 있다. 실제로 영화
「친구」(2001)는 부산 남포동의 시장 골목을 무대로 하고
있으니 말이다. 남포동의 건어물시장 골목을 걸어보면
「친구」의 주인공들이 금방이라도 책가방을 옆구리에 끼고

---

16 발터 벤야민, 『아케이드 프로젝트』, 조형준 옮김, 새물결,
    2005년, 424쪽.
17 "최초의 철골 건축물들은 일시적(통과용의) 목적을 위해
    지어졌다. 즉 유개시장, 역, 박람회장 등. 당시에는 기능적인
    동시에 일시적이었던 것이 오늘날에는 시대의 속도가
    빨라졌기 때문에 본격적이고 항상적이라는 인상을 주기
    시작하고 있다." 위의 책, 425쪽.

남포동의 건어물상회 골목. 영화 「친구」의 주인공들이 금방 튀어나올 것 같다.

달려 나올 것만 같다. 북항에서 보이는 철의 신화와 작동의 은폐가 비평가의 시선에만 보이는 것이라면, 남항에서의 작동은 모든 사람의 눈에 드러나 있다. 그 노출 덕분에 남항에는 많은 내러티브들이 쌓일 수 있는 것이다. 거기다가 오래된 점집 같은 센티멘털한 요소까지 더해지면 남항은 이제 더 이상 항구가 아니라 완전히 드라마적 내러티브의 일부가 된다.

일반인의 시선에는 보이지 않는 작동들로 가득 차 있는 북항과는 달리, 남항에서 작동들은 일반인의 눈에 보일뿐더러, 그들의 기억과 상상 속에 분명한 자리를 차지하고 있다. 아마 그 기억의 역사는 한국전쟁으로까지 거슬러 올라갈 것이다. 짧게 잡으면 부산이 관광도시로 자리 잡고 자갈치시장과 남포동, 광복동이 부산의 명물로 자리 잡은 역사까지 거슬러 올라갈 것이다. 매립지 위에 인공적으로 조성되고 일률적으로 관리되는 북항과는 달리, 자연 발생적으로 조성되고 수많은 사람들의 왕래와 이해가 얽혀 있는 남항은 도시 구조의 콘텍스트도 여러 층위로 되어 있다. 거기에는 회상의 부분(점집과 예부터 있어온 건어물상회, 횟집)과 생산의 부분(어업 전진기지), 도시 구조물(영도다리, 부두, 도로) 등의 이질적인 층위들이 마구 뒤섞여 있다. 그리고 일반인의 방문과 시선에 노출되어 있는 남항에 오랜 세월 동안 먼지가 쌓이듯이 내러티브와 아우라가 쌓이는 건 당연하다. 1978년부터 계획적으로 매립지에 건설된 북항과는 달리, 일제강점기 때부터 있었던 남항에는 아직도 일본식 집의 흔적이 역력한 가게들이 많이 남아 있으며, 그런 집들은 이후에 조금씩 개조가 되고 덧칠이 돼서, 세월의 흔적들을 지층처럼 켜켜이 쌓아놓고 있다. 거기다가 남항에서 거래되는 온갖 수산물의 계열별 분류가 지니는 경우의수를 역사적 지층이 지니는 경우의수와 곱하면 남항은 기의 천문학적 숫자의 표상들과 상징들을 품고 있는 셈이 된다. 순수하게 기능적인 집합체이며 비평가의 해석을 거부하는, 그리고 업무 목적 이외에는 어떤 시선도 거부하는 북항과는

혼잡학의 극치, 일반 부두의 풍경. 여기에는 원근법이라곤 없다.

신선대 부두의 컨테이너 터미널. 철저히 원근법적인 공간이다. 그만큼 재화와 인원과 정보에 대한 확실한 통제가 이루어지는 곳이다. 부두에 있는 모든 것은 관장하는 시선 아래 다 드러나 있어야 하고, 그 시선은 정보화에 철저하게 의존하고 있다. 어떤 컨테이너가 언제 부두로 들어와서 어떤 배에 실려 나간다는 절차는 부두 관리 회사에서 철저하게 미리 짜놓은 프로그램에 따라 이루어진다.

이 사진을 찍기 위해 갠트리 크레인에 올라갔을 때, 고소공포증이 약간 있는 필자는 다리가 후들거릴 정도로 무서웠다. 내가 탄 크레인은 무인으로 조종되는 것인데, 나를 안내한 직원의 무전기로 크레인이 곧 움직일 것 같으니 빨리 내려오라는 전갈이 왔다. 우리가 크레인에서 내리자마자 크레인이 움직이기 시작했다. 잘못하면 스스로 움직이는 괴물에게 희생될 뻔한 것이다. 물론 이 크레인에는 사람의 움직임을 탐지하는 센서와 카메라가 장치되어 있다. 그러나 자동으로 움직이는 기계가 시야에서 인간을 놓치면 어떤 일이 벌어질까 상상하니 모골이 송연해졌다. 기계가 자동화될수록 더 면밀하고 세심하게 관리되어야 하는 것이다. 컨테이너 터미널의 원근법은 단순히 시각의 원근법이 아니라 관리와 통제의 힘이 닿는 선의 원근법이었다.

영도다리 부근의 전형적인 옛날 창고. 누군가 창고 건물의 계보학을 쓴다면 이런 창고는
한국의 초기 근대화와 연관 지을 수 있을 것이다.

가파른 산 위에 형성된 부산 특유의 동네들. 항구의 배와 묘한 대조를 이루고 있다.
남들은 부산이 항구 도시라고 하지만 내 눈에 부산은 산악 도시로 보였다. 실제로
부산에는 금정산 등 시민의 사랑을 받는 산들이 많이 있다.

딜리, 남항은 접근 가능한 상징물과 표상물들의 집합체다.

인공적으로 조성된 매립지에 몇 가지 되지 않는 기술적, 문화적, 역사적, 감각적 층위를 가진 북항은 밖에서는 철저한 보안 때문에 들여다볼 수조차 없지만, 일단 안에 들어가면 시야는 끝까지 뚫려 있다. 대개 속도를 중시하는 컨테이너 부두들이 그렇지만, 능률적이고 빠른 작업을 위해 공간과 시야는 막혀 있지 않다. 북항은 소실점이 있는 원근법의 공간이다. 쌓여 있는 컨테이너들과 갠트리 크레인의 끝을 이어보면 저 멀리 부두의 끝 어딘가에 소실점이 생긴다. 시선은 그 공간을 가로질러, 어떤 작동이든지 훤히 볼 수 있게 되어 있다. 감독(supervision)이란 말에 들어 있는, 위에서부터(super) 바라다봄(vision)이 실현되어 있는 공간인 것이다. 북항이라는 선원근법의 공간은 요소도 몇 안 되지만, 통제와 장악을 위해 모든 것이 정돈되어 있다. 컨테이너는 미리 프로그래밍된 자리에 놓여 있지 않으면 배에 실릴 수 없는 것이다. 반면, 북항에서도 비교적 오래된 제1, 2, 3, 4부두는 좁기 때문에 시야가 뚫려 있지 않고 막혀 있다. 공간 자체가 좁아서 컨테이너들이 촘촘히 쌓여 있고, 크레인도 갠트리 크레인은 적고, 그나마 규모도 작으며, 통상의 느리고 처리 능력이 떨어지는 크레인이 많이 쓰이는 편이다.

반면, 남항의 공간은 별로 원근법적이지 않다. 각종 선박, 선구를 취급하는 상점들, 술집들, 식당들, 횟집들, 건어물상회들, 일제강점기 때 건물과 탈근대식 건물 등 수많은 다양한 요소들과 층위들이 큐비즘적으로 얽혀 있는 남항에서는 모든 것을 관장해서 보는 시선은 물리적으로나 문화적으로나 감각적으로 불가능하다. 그곳은 수많은 시선과 시점들의 모자이크인 것이다. 따라서 북항과 달리, 남항은 어떤 단일한 패러다임이 지배하는 곳이 아니며, 누구도 일관되게 통제할 수 없는 공간이다. 설사 사길 지시강에서 팔리는 고래 고기가 불법으로 포획된 것이라 할지라도 남항에서는 시비 걸 사람이 없을 것이다. 북항과 남항은 같은 물을 공유하고 있지만, 같은 땅을 공유하면서도 많은 것이

영도다리 바로 아래에 있는 옛날 스타일 점집. 다른 시간대에 존재하는 곳이다.

다른 북한과 남한처럼, 참으로 많은 것이 다르다. 사실 같은
물이 아닐지도 모른다. 북항과 남항은 수질도 다르고, 관리
방법도 다를 것이기 때문이다.

그렇다면 항구란 무엇인가? 그 전에 바다란 무엇인가를
물어야 할 것 같다. 여기서 새삼스럽게 바다가 무어냐고
기본적인 질문을 하는 이유는 볼 수 없는 부산항, 표상되지
않는 부산항에서 접하는 바다는 일반인이 상상하는 그런
바다와는 많이 다르기 때문이다. 일반인의 상상 속에 바다란
레저의 바다, 서정의 바다, 낭만의 바다 정도다. 그들에게
노동의 바다, 과학의 바다, 투쟁의 바다라는 표상은 들어
있지 않다. 그런 바다를 볼 수 있는 스코프도 없거니와,
그들에게 그런 바다를 볼 기회란 주어지지 않기 때문이다.
항구와 연관된 바다는 물이라기보다는 영토의 개념에 가깝고,
유동하는 어떤 것이면서 엄청난 강제력을 지닌 것이고,
자체의 폭력으로 인간의 폭력을 압도해버리는 것이었다.
우리는 흔히 '물'이라는 것을 별 볼 일 없는 것, 허약한 것과
비유할 때가 많다. '물먹었다', '물대통령', '물살' 등의 말이 그
예다. 항구의 바다는 그런 물이 아니다. 그것은 여러 강제력을
지닌 무서운 물이고, 어떤 고체보다도 파괴력을 지닌 무서운
힘이다. 비릴리오가 "탁 트인 바다는 모든 사회적, 종교적,
도덕적 제약, 모든 정치적, 경제적 제약, 지구의 중력과
빽빽하게 좁은 대륙에 의한 물리적 법칙조차도 보충해준다"고
한 말이 그래서 이해가 된다.[18]

바다는, 물은 열려 있는가? 그렇지 않다. 열린 바다는
바다의 제국에 의해 대체되며, 바다는 더 이상 마냥
누구에게나 열려 있는 자유의 영역이 아니라 특정한 권리가
행사되고 특정한 항로가 개설되고 특정한 코드가 부여되는
새로운 질서의 공간이다. 결국 남항의 물과 북항의 물은 같은
것이 아니다. 어떤 동네나 술집이 물이 좋냐느니 나쁘다느니

---

18   폴 비릴리오, 『속도와 정치: 공간의 정치학에서 시간의
      정치학으로』, 이재원 옮김, 그린비, 2004년, 41쪽.

하는 말은 결코 농담이 아니라, 다른 지역에 다른 특질과 위계가 존재함을 의미하는 것이다. 국가는 공해상에서 산업자본과 헤게모니 다툼을 벌이게 된다. 결국 산업자본은 국가를 초월한다. "무서운 것은 이 모든 강력한 항해 조직이 국가의 산물이 아니라 이런 나라들의 중상적 기술자들이 자생적으로 만들어낸 산물이라는 것이며, 여기서 국가가 하는 역할이란 그저 그런 생산물을 승인하고는 자기 것이라고 내세우는 것뿐이라는 사실이다."[19] 정부의 관리하에 있던 부산항이 21세기 초 부산광역시의 관할로 넘어온 것이 그런 사정을 잘 대변해준다.

바다는, 인접한 땅과 더불어, 영토화와 탈영토화가 복잡하게 얽혀 있는 곳이다. 들뢰즈가 말한 매끈한 공간과 홈이 파인 공간의 차이는 오늘날 대양 항해의 성격을 파악하는 데 가장 중요한 이론적 지표가 된다. 겉보기에 바다는 균질한 것 같고 어떤 장애도 없는 듯이 보이며 어떤 경계도 가지고 있지 않은 것처럼 보인다. 그것이 들뢰즈가 말한 매끈한 공간이다. 즉 아무런 질서화나 구획화, 코드화가 이루어져 있지 않은, 자연 그대로 주어져 있는 공간이다. 반면, 홈이 파인 공간은 인간이 구획을 나누고 원칙을 부여한 공간, 즉 도시나 경작지 같은 것이다. 그가 말하는 홈이란 도시의 도로나 통신망, 밭의 고랑, 수로 등 공간을 질서화하기 위해 부여된 모든 체계를 말하는 것이다.

> 홈이 파인 것이란 고정된 것과 가변적인 것을 교차시켜서 서로 구별되는 형식들에 질서를 부여하고 연속적으로 이어지게 하는 것, 수평적 선율의 선들과 수직적 화음의 판들을 조직하는 것이다. 매끈한 것이란 연속적 변주, 형식의 연속적 전개, 리듬에 본래적인 독자적 가치를 이끌어내기 위한 화음과 선율의 융합, 수직선과 수평선을

---

19 위의 책, 43쪽.

들뢰즈는 이동성(mobility)의 화신으로서 항구와 바다에 대해 너무나 정확하게 꿰뚫어 보고 있는 것이다. 결국 항구란 이 세계에 대한 두 가지 다른 관점이 만나는 곳이다. 땅에서 보는 세계는 항상 고정되어 있다. 고정된 땅 위에 건물과 시설이 있고, 그것들은 영구적이며 그렇게 고정된 지점들 사이를 자동차나 사람들, 정보들이 이동하며 고정된 것들의 생존을 가능케 해준다. 바다에서 보는 세계는 그 반대다. 바다는 근본적으로 항상 유동하고 있으며, 그 유동체 위를 배들이 항상 떠서 움직이며 이 세계의 고정된 지점들을 이어주고 있다. 바다 위의 배에서 보는 이 세계는 기본적으로 항상 움직이고 있다. 설사 고정된 땅도 움직이는 체계에서 바라보면 움직이는 것으로 보이는 것이다. 땅 위의 고정된 지점들이란 잠시 움직임이 멈춘 마디 같은 것이다. 항상 움직이는 이동성의 체계 사이를 고정된 지점들이 이어주고 있는 것이다. 영구적인 것은 땅이나 건물이 아니라 이 세계가 항상 유동하고 있다는 사실이다. 부산항은 바로 그런 사실의 체화(embodiment)다. 그 똑같은 사실이 산업적으로 표상된 곳이 북항이고 관광적, 소비적, 대중적으로 표상된 곳이 남항이다.

　　결국 항구란 바다와 땅이라는 두 개의 다른 세계가 만나며 겹치고 서로가 서로에게 스며드는 전이의(liminal) 공간이다. 그것은 여러 양상으로 나타난다. 육지에서 육지의 재료로 육지의 지식으로 만들어진 선박이 바다로 나아가 바다의 물건이 되고 바다의 운명에 몸을 맡기는 것, 바다에서 잡은 물고기가 육지로 옮겨져 가공 처리되어 땅의 생산물이 되는 것, 육지에서 만들어진 물건들이 컨테이너에 실려

20　질 들뢰즈, 펠릭스 가타리,『천 개의 고원: 자본주의와 분열증 2』, 김재인 옮김, 새물결, 2001년(원문은 1980년판), 913쪽.

남포동 일대에는 적산가옥의 형태가 그대로 남아 있는 곳이 많다. 왠지 일본의 어느
길거리를 똑 닮은 모습이다.

비디의 물건으로 전환되는 것이 그 양상들이다. 이 와중에서
육지의 물건은 바다의 파도와 바람, 소금에 견딜 수 있도록
외양과 속성이 변한다. 이는 배에 녹이 슬지 않도록 방청
페인트를 칠하는 것부터 바람에 견딜 수 있는 충분한 강도의
구조물을 만드는 것에 이르기까지 다양한 차원을 갖고 있다.
그것은 흡사 원래는 육상 생물이었다가 수중 생물로, 혹은 그
반대로 전이를 일으키는 원시적 과정의 확대, 반복과도 같은
것이다. 항구란 말하자면 두 가지 다른 상태가 만나는 문지방
같은 곳이다. 부산항의 풍부함은 문지방 공간의 풍부함이다.
그 풍부함은 관광객에서 학자에 이르는 여러 부류의
사람들에게 열려 있다.[21]

---

[21] "등 푸른 생선이 몸에 좋은 이유를 써라"는 시험 문제에
어떤 학생이 쓴 답안은 바다와 땅 사이의 문지방 공간의
특징에 대해 함축적으로 요약해준다: "생선을 먹는 것은
그 자유로움이 각인된 생선의 살과, 파도에 단련된 뼈와
파도 소리까지 새겨진 생선을 먹는 것이다. 넓은 바다에서
자유로운 만큼 많은 고비와 적들, 그는 수십 번의 혹은
수백 번의 싸움에서 살아남았고, 또 그보다 약한 자와의
싸움에서 이기기도 했으리라. 그런 싸움들로 단련된
세포들도 그 생선에 각인되어 있는 것이다. 이리하여
생선을 먹는 것은 그의 자연적 투쟁의 기억들도 같이
먹는 것이니 몸에 그 힘까지 흡수되는 것이다. 그리하여,
등 푸른 생선이 몸에 좋은 이유는, 바다의 역사, 하늘의
역사, 약육강식의 자연의 역사가 살과 뼈에 기록된
생선을 먹음으로써 그 기록들이 내 몸에 흡수되기
때문이다."—계원조형예술대학 이주희.

KLM 아카이브 조사 연구 일지

1일째, 2006년 6월 26일

KLM(Köninklijke Luchtvaart Maatschappij: Royal Dutch
Airline) 항공사의 아카이브를 연구하기로 한 것은 KLM에
무슨 대단한 뜻이 있어서는 아니었다. 한 번도 아카이브
연구란 것을 해보지 않았기 때문에 처음부터 KLM의
아카이브를 연구하겠다고 마음먹고 그것을 목표로 삼아서
접근한 것이 아니었다. 단지 항공 기술에 대한 자료가 있으면
한번 들여다보기나 하자는 막연한 생각만 있었을 뿐이다.
사실 내가 아카이브 연구를 한 번도 하지 않았던 것은
아카이브에 대한 공포 때문이었다. 정리도, 해석도 안 된
엄청나게 많은 자료의 바다를 헤엄칠 자신이 없었던 것이다.[1]

이번 연구에서 가장 좋은 점은, 아직까지 KLM의
아카이브를 뒤져서 학술 연구를 하거나 책으로 낸 사람이
아무도 없다는 것이다. 이건 완전히 무주공산이고, 오로지
나에게만 열려 있는 보물 창고였다. 서가에 가서 본 보물
창고는 역시 엄청난 것이었다. 서가에는 50장에서 70장
정도의 사진들이 들어 있는 파일북이 500권 정도(최대 3만
5000장의 사진들), 수천 장의 유리 원판, 수만 장의 6×6
사이즈 네거티브들이 차곡차곡히 정리되어 있었다. 그리고
이미지들은 항공기종, 조종석, 객실, 정비, 승무원, 항공기가
취항하는 장소의 풍경, 나르는 짐들(동물에서 기계 부속까지),
행사 등 항공사의 업무에 관한 것을 총망라하고 있었다.

---

[1] KLM의 이미지 아카이브는 KLM에서 암스테르담 시립
아카이브 내의 마리아오스트리아연구소(Maria-Austria
Institute)로 이관되어 있었다. 이 연구소에서는 KLM뿐
아니라 네덜란드의 저명한 사진가들의 사진들을 수집,
분류, 보관해 연구자들에게 제공하는 일을 하고 있다.
http://www.maria-austria-instituut.nl

n aan het werk in een motor van een DC-3.
ft jaren veertig.
'GAA
perwer in vlucht.

DC-3, Ibis in de centrale werkplaats van
che Dienst op Schiphol.
ertig.

DC-3, Pelikaan in de centrale werkplaats
nische Dienst op Schiphol.
ertig.

werkplaats van de Technische Dienst op
de voorgrond de Douglas DC-3, Gier.
ertig.

2, Sperwer tijdens het inladen op het
Schiphol.

KLM의 역사에 대한 사진을 모은 전시 도록.

이게 바로 내가 아카이브에 가지고 있는 공포였다. 이 많은 자료들을 어느 세월에 다 볼 것이며, 알아야 할 정보 자료들은 어떻게 다 조사할 것이며, 이걸 어떤 관점에서 정리해서 글로 쓰나 등등, 나의 앞길은 이 세상에서 가장 흥미롭고도 위험한 지역을 여행하려는 탐험가처럼 기대와 두려움으로 가득 차 있었다.

어쨌든 천 리 길도 한 걸음부터라고, 나는 천천히 사진 한 장씩 들여다보기 시작했다. 사진은 일련번호가 붙어 있기는 했지만 충분한 설명문이 있는 것은 드물었고, 날짜가 있는 것도 드물었다. 사진의 특성이나 KLM의 역사적인 면에 대해서는 아키비스트인 아드리안 엘리헌스에게 물어봤지만 항공기의 특수하게 기술적인 면에 대해서는 그도 몰랐다. 아마 KLM의 담당자나 스히폴 공항 근처의 아비오드롬 항공박물관의 큐레이터에게 물어야 할 문제일 것이다. 처음에는 그저 어떤 것들이 있나 감이나 잡자고 사진들을 아무 생각 없이 들여다보기 시작했다. 앞으로 봐야 할 물량이 얼마나 될지, 어떤 특정한 방식으로 봐야 할지 전혀 감이 없었기 때문에 그저 몸이나 풀자는 심정이었다. 더군다나 네덜란드에 온 지 이제 하루밖에 안 된 것이다. 어쨌든 나는 사탕 가게에 온 어린아이처럼 너무나 흥분되고 즐거웠다.

그저 사진을 아무 생각 없이 들여다보다가, 각 사진에 나오는 항공기의 특징적, 역사적 변천들이 눈에 들어왔고, 아드리안에게 종이를 빌려서 눈에 띄는 것들을 적기 시작했다. 잠깐 사이에 기재한 것들이 A4 용지로 네 장이 넘어갔다. 사실 아카이브 연구라는 것을 하는 것이 생전 처음이기 때문에 어떤 식으로 기재해야 하는지, 어떤 식으로 이미지를 해석해야 하는지 전혀 감이 없었다. 그러나 생물이 진화하듯이 나의 기재 방법이나 관점은 조금씩 틀을 잡아나가기 시작했다. 처음에는 A4 용시에 연필로 이무 특징이나 되는 대로 적었다. 사진의 일련번호도 적지 않았다. 그러다가 일련번호가 있어야 나중에 다시 찾을 때 소용이 있을 것 같아서 일련번호를 세심하게 찾아다 적기 시작했다.

이제 나는 엄청난 자료의 바다에 들어온 것이다. 산에 갈 때 꼭 그랬다. 혼자서 거대한 산 앞에 서면 막막한 생각밖에 들지 않는다. 더군다나 산꼭대기가 뿌연 안개와 눈보라에 쌓여 있으면 더 그랬다. 내가 과연 저 산을 오를 수 있을까, 저 속에 꼭 들어가야 하는 것일까 하는 걱정과 회의가 몰려왔다. 그러나 산에 들어가서 한 시간쯤 지나면 몸과 마음이 산에 적응이 되고, 내가 편안한 곳에 들어왔다는 안도감에 발걸음도 가벼워지고, 나무와 바위가 정답게 느껴진다. 드디어 내가 산에 들어왔구나 하고 느끼는 것이다.

지금이 바로 그렇다. 아카이브에 들어온 지 몇 시간이 지나자 대강 파악이 되고, 앞으로 뭘 할 수 있겠다는 감이 잡히기 시작한다. 첫날은 파일북을 열두 권쯤 봤다. 자료들의 압박이 나를 피곤하게 만들었다. 이 귀여운 괴물들을 천천히 잘 다루는 방법을 파악해야겠다는 생각이 들었다. 다룬다기보다는 내가 적응해야 할 것이다.

2일째, 2006년 6월 27일

종이에 연필로 쓰는 것으로는 체계적인 연구의 토대가 될 수 없음을 깨닫고, 노트북컴퓨터를 가지고 오기 시작했다. 여행 갈 때 항상 들고 다니는 카메라는 가방에서 빼버렸다. 내가 찍는 사진보다는 남이 찍은 사진을 들여다보는 일이 더 중요하기 때문이다. 오늘도 파일북을 열두 권 정도 들여다봤다. 아직 이 사진들에 대한 판권 허가는 어떻게 받을지, 이것을 책으로 낼 경우 누구의 도움을 받아야 할지, 사진들을 어떻게 내가 가져올 수 있을지 등등 실질적 문제는 전혀 상의하지 않았다. 여기서 무엇이 나올지 나도 모를 뿐 아니라, 아카이브에 출근한 지 이제 이틀쨌데 너무 서두르듯이 덤벼든다는 인상을 주는 것은 좋지 않다고 생각했기 때문이다. 서두르지 않고 꼼꼼히 일을 처리하는 서구적 템포에 맞춰야 하기 때문이기도 하다.

내가 항공기에 쓰인 **PH-NCE** 등 마킹 글씨에 대해서도 꼬치꼬치 묻자 아드리안은 네덜란드의 항공기

미킹 을 충망라한『네덜란드 항공기 등록부(Nederlandse Luchtvaartuig Registers)』를 가져다주었다. 사실 KLM 아카이브에 파고든 지금까지 남아 있는 의구심은, 한국 사람인 내가 네덜란드의 항공사인 KLM의 자료들을 연구하고 책으로 만드는 것이 무슨 의미가 있을까, 과연 항공이라는 드넓은 영토에서 네덜란드가 차지하는 위치는 무엇일까, 전 세계의 여러 선구적 항공사 중에서 KLM이 차지하는 위치는 무엇일까 하는 것들이었다. 이 의구심을 요약하자면, KLM은 과연 이렇게 많은 시간과 돈을 들여서 연구할 가치가 있는 항공사인가 하는 점이다.

또한 나의 의문은, 네덜란드는 1920년대부터 활발한 생산을 했던 포커르 항공을 제외하고는 항공 산업과 테크놀로지에서 선구적이지도 않았고, 개척자적이거나 주도적인 위치에 있지 않았다는 점이다. 하지만 나의 아카이브 연구는 이제 겨우 이틀이 지났다. 아직은 어떤 것도 속단할 수 없다. 내 앞에는 보아야 할 이미지들이 수만 장 있고, 그것들을 보아나가면서 새로운 지식들이 생길 것이고 새로운 의문점들이 떠오를 것이다. 아직 숲의 초입에 서 있는 내가 별게 없다고 해서 숲속에 있는 것들에 대해 속단할 수는 없는 것이다. 20일 후 이 아카이브를 다 들여다본 뒤에는 아마 나는 항공 산업과 테크놀로지의 역사에 대해 새로운 눈을 가지고 있게 될 것이다. 적어도 지금은 그런 기대를 해본다.

나는 사진에 나타나는 모든 디테일에 대해 적기 시작했다. 새로운 모델이 나오면 당연히 적었고, 엔진, 동체, 세부들, 실내, 조종석에 새로 나타나는 특징들, 항공기에 싣는 화물들, 복장으로 본 승객들과 승무원들의 신분, 상태, 항공기에 적힌 각종 마킹들, 공항 시설 그리고 물론 왜 사람들은 항공기 앞에서 자랑스러운 태도로 사진을 찍었는가, 산업적 스펙터클 앞에서 기념사진을 찍는다는 것은 무슨 의미가 있는가 등등, 떠올릴 수 있는 가능한 많은 질문들을 같이 적었다. 말하자면 이미지 속에 들어 있는 모든 디테일들과 그와 연관된 이슈들을 몽땅 적는 것이다.

3일째, 2006년 6월 28일

이제 슬슬 지치기 시작한다. 아카이브의 괴물들이 양으로 나를 압도해오는 데 당해낼 수가 없다. 이것은 마라톤이다. 3일 만에 지치다니. 한국에서부터 쉬지 못하고 달려왔고, 오자마자 바로 아카이브를 들여다보기 시작했으니 지치는 건 당연하다.

사진에 붙어 있는 많은 네덜란드어 표기를 일일이 번역해달라고 하기가 미안해서 아드리안에게 화란어-영어사전을 빌렸다. 그러나 별 도움이 안 되었다. 그냥 물어보는 것이 더 빠르고 정확할 거 같다. 상당히 많은 사진들은 연도가 없기 때문에 기종, 등록기호(PH-TBL 등), 주변 장치들, 건축물의 양식, 의복 등으로 판단해야 한다. 마리아오스트리아 연구소의 사람들은 매우 친절하다. 한국에서 뜬금없이 와서 KLM 사진들을 보겠다는 엉뚱한 평론가의 요청을 그들은 아무 불평 없이 들어준다. 네덜란드어 해석에서 식당 에스코트까지. 자기 연구를 위해 와 있는 마리아가 많은 도움이 되었다. 같은 책상에서 앉아서 일하기 때문에 모르는 것이 나타나면 무조건 그녀에게 들이밀었다.

이 사진들이 놀라운 것은 사진의 질이 참 좋다는 점이다. 4×5 사이즈의 원판으로 찍힌 사진들은 디테일이 생생할 뿐 아니라, 항공기의 기계적 아름다움을 잘 보여주고 있다. 누군지 사진과 항공기에 다 능통한 사람이 찍은 것 같다. 아마도 KLM 홍보 담당자와 사진가 사이에 긴밀한 상호작용이 있었던 것 같다. 항공기의 이런 측면을 부각시켜주시오, 하면 그대로 찍고. 아쉬운 것은 사진가에 대한 정보가 없다는 점이다. 그래도 사진에 나타난 모든 역사적 변천이 무척이나 흥미롭다. 초기에는 항공기라기보다는 무슨 방앗간에서 떡방아 찧는 기계처럼 어설프고 조잡하게 보이던 날틀이 시간이 갈수록 매끈한 현대적 디자인으로 바뀌는 것도 경이롭고, 그에 맞춰서 힘과 아름다움이 결합된 이상적인 기계미에 다가가는 것도 경이롭다. 더욱더 튼튼하면서도 더 매끈히고 더 효율저이고 더 섹시하게 진화하는 항공기. 반짝이는 금속 표면의 질감과 기수에서 꼬리 끝까지 무엇 하나 걸치지 않게 쭉 뻗은 선과 면들. 자부심에 가득 차서 그 앞에서 사진 찍는 사업가들과 승무원들과 승객들과 구경꾼들. 항공기는 분명히 당시의 주도적인 스펙터클이었다.

무게를 줄이기 위해 가벼운 나뭇가지(wicker)로 만든 의자를 놓았던 초창기에서, 전형적인 네덜란드 디자인 스타일의 미니멀하고 멋진 의자를 거쳐 오늘날의 스타일을 닮은 편안한 의자에 이르는 인테리어의 변화, 간단한 차에서 점점 가짓수가 많아지는 기내식, 그에 맞춰 변화하는 기내식 시설, 병아리에서 딸기에 이르는 자잘한 물건부터 발전기와 항공기 동체까지 아우르는 화물의 변천 등 모든 생생한 변화들이 아카이브 속에 들어 있었다. 아카이브를 통해 그 경이로운 발전 과정을 목격한다는 건 꼭 연구자로서만 아니라, 구경꾼으로서도 무척이나 흥미로운 것이었다. 나는 행복하다!

4일째, 2006년 6월 29일

계속되는 아카이브 작업으로 눈이 빠지게 아프고 삔 손목으로 무거운 파일들을 옮기느라 아팠으므로 오늘은 하루 쉬기로 했다. 쉬면서 성찰할 시간이 필요했던 것이다. 그 대신 위트레흐트에 있는 철도 박물관을 가보기로 했다. 사실 기차들이야 거기서 거기지만 철도 박물관에서 발견한 것은 엄청난 규모의 도서관이었다. 그중에서도 내 눈에 확 띄는 책은『새 철도 기술 도감(Nouveau Portefeuille de L'ingenieur des Chemins de Fer)』(1866)이었는데, 철도에 대한 모든 것을 담고 있는 그래픽북이었다. 그 책에는 레일의 단면, 각각의 유형들, 역의 설계, 다리의 설계, 철도 차량의 설계, 신호기의 디자인 등 19세기에 철노에 내해 상상할 수 있는 것들이 다 있었다. 그 책의 정교한 그래픽과 치밀한 편집은 그보다 100년쯤 전에 나온『백과전서』의 친손자임을 입증하는 것이었다. 19세기 프랑스의 철도 문화도 놀라웠고 책의 규모와 정교함도 놀라웠다. 이 책을 하나 사고 싶었지만 아마 값이 무척이나 비쌀 것 같다. 도서관의 사서는 친절하게도 나의 질문에 모두 답을 해주었고 책의 페이지들을 사진 찍을 수 있도록 허락해주었다. 그러면서 드는 의문과 걱정은, 이렇게 점점 많은 자료들이 쌓여가는데, 이걸 나중에 어떻게 다 소화하나, 어떻게 해석해서 나의 담론으로 만드나 하는 것이었다. 이렇게 복잡하고 세밀한 역사에 들어 있는 해석의 광물들을 내가 다 캐낼 수 있을까 하는 의문이었다.

앞서 말한 아카이브의 공포가 바로 그것이다. 이 많은 자료들은 나를 질식시키고 있었다! 내가 질식당하기 전에 뭔가 해야 할 것이다. 그것은 연구의 범위를 한정하고 주제를 분명히 하는 것이다. 관심 범위가 넓은 것도 좋지만, 그건 내가 다룰 수 있는 한에서 그렇다. 나는 먹을 수도 없으면서 음식을 잔뜩 사다가 쟁여놓는 바보가 아닐까 하는 의문도 들었다. 먹을 만큼만 챙기자. 그리고 영양가가 있는 것만 챙기자. 그런데 어떤 것들이 영양가가 있는지 판별하는 것도 쉽지 않다. 왜냐면 당장 영양가가 있어 보이는 것도 나중에 나올 더 영양가 있는 자료에 비하면 상대적으로 영양가가 떨어질 텐데, 그런 것도 모르고 무조건 쟁여놓는다는 일도 무식하지 않은가. 이게 또 다른 아카이브의 공포였다. 앞으로 뭐가 나올지 모른다는 것. 그러나 지금은 그런 걸 걱정할 때도 아니고, 또 걱정해봐야 소용이 없었다. 나는 끝이 어딘지도 모르고 있지 않은가. 아마 끝은 내 스스로 정해야 할 것 같다. 공포란 앞에 뭐가 있는지 모르는 데서 오는데, 내 스스로 끝을 설정해놓으면 공포도 없어지지 않을까.

5일째, 2006년 7월 4일

오늘 본 자료에는 전설적인 미국 여성 비행사 아멜리아 에어하트가 전 세계를 일주하려다가 태평양 어딘가에서 실종되었을 때 탔던 것과 같은 록히드 엘렉트라가 있었다. 날렵한 동체와 튼튼해 보이는 두 엔진은 연료만 충분하다면 지금도 어디든지 갈 수 있을 것같이 보였다. 에어하트도 그래서 이 비행기를 모험의 수단으로 택했을 것이다. 사진 속의 엘렉트라를 보자 에어하트의 수많은 전설들이 떠올랐다. 여성으로서는 최초로 항공기를 타고 대서양을 횡단한 이 전설 속의 영웅은 KLM의 여객기 속에도 살아 있었다. 사진 속의 엘렉트라는 모험의 도구라기보다는 편안한 여행을 위한 휴게실이었다. 승객들의 얼굴도 편안해 보였다.

DC3에 비하면 동체도 훨씬 크고, 강력한 엔진을 네 개 장착한 DC4는 같은 더글러스 항공에서 만든 것이지만 항공 기술의 발달을 한눈에 보여주는 기계였다. 물론 그것은 항공 기술 자체의 발전이 아니라 점점 규모가 커지고 사이클이 빨라지는 물류 순환 흐름의 필요성 때문이기도 할 것이다. DC4에 실린 화물의 종류는 놀라운 것이었다. 기껏해야 과일이나 닭, 자잘한 소비품들만 싣던 DC3와는 달리, 훨씬 강력해지고 빨라진 DC4에는 발전기, 자동차, 소형비행기 등 스케일이 완전히 다른 것들이 실리고 있었다.

그리고 사진들은, 항공기라는 것이 이렇게 희한한 물건이라는 놀라움의 증명에서, 항공사의 작동에 대한 기록으로 성격이 변해가고 있었다. 이제 사진은 기념물이라기보다는 하루의 근무를 서식에 기록하듯이 업무의 기록으로 성격이 변해가고 있었다. 특정한 운송 수단에 의존하는 여행은, 그것에 타는 순간부터 뭔가 다른 세계를 경험한다는 경이감 때문에 더 특별한 경험이었다. 내가 처음 기차를 탔을 때 그랬고, 1970년에 처음으로 고속버스가 나왔을 때 그랬으며, 처음 비행기를 탔을 때가 그랬다. 그런 여행이 점점 밍밍해지는 것은 여행 자체가 삶의 매트릭스 속으로 깊이 들어와 있기 때문이다. 유럽에서의 철도 여행이 그랬다. 그것은 독특한 여행 수단을 타고 독특한 곳을 간다는 초월적인 느낌보다는, 그저 버스나 지하철의 연장인 철도를 타고 암스테르담보다 약간 다른 도시인 런던을 가거나 파리를 가는 정도의 여행이었다. 그래서 오늘날의 사람들은 우주여행을 꿈꾸고 있는 것 같다. 우주선을 타는 것은 철도나 비행기를 타는 것과는 절차나 느낌이 많이 다를 것이기 때문이다.

1930년대까지 민간 항공기는 아직은 다른 기계와의 직조 속에 들어가 있지 않았었다. 당시는 항공기와 자동차, 항공기와 철도, 항공기와 선박을 연결하는 시스템은 없었던 것이다. 오늘날의 항공기는 자동차, 철도, 선박과의 네트워크 속에 존재한다. 1960년대 초에 차량과 항공기를 연결하는 벨트 시스템이 출현한 것은, 아주 단순한 장치지만, 항공기가 다른 운송 장치와의 매트릭스 속으로 들어가는 중요한 계기를 이룬다.

6일째, 2006년 7월 6일

여기 와서 좋고도 힘든 일이, 나에게 마리아오스트리아 연구소의 아카이브를 연결시켜준 빌럼 판주텐달도 그렇지만, 항공에 박식한 사람들을 많이 알고 있는데 소개해주겠다는 것이다. 그런 사람들을 만나서 얘기를 듣는 것은 여기 오기 전부터 계획했던 일인데, 막상 와보니 내가 KLM의 역사나 네덜란드의 항공사에 대해 너무 아는 것이 없는데 불쑥 사람들은 만나봐야 뭘 하겠냐는 고민이 들었다. 지금의 아카이브 연구를 통해서 어느 정도 지식은 쌓였지만, 그들을 만나서 좀 더 깊은 얘기를 나누려면 나는 더 많이 공부해야 한다. 빨리 연구를 진척시켜서 지식을 쌓은 후 그들을 만나야겠다. 다른 산업도 그렇지만 항공이라는 것도 다양한 사람들의 매트릭스이기 때문에 사람들을 만나서 얘기를 듣는 것도 무척이나 중요한 일이다. 그리고 아직은 이 연구를 토대로 책 만드는 일에 대해서는 누구와도 진지하게 얘기하지 않았다. 아직 연구가 어떻게 진행될지 모르기 때문이다. 아마 영문으로 된 논문을 하나 써서 테크놀로지 관련 저널에 보내보고, 결과가 괜찮으면 그걸 토대로 출판사와 접촉해볼 수 있을 것이다.

오늘부터 보는 사진에는 록히드 컨스텔레이션이 많이 나온다. 어릴 적 김포공항에 갔을 때 학처럼 긴 랜딩 기어 위에 얹힌 늘씬한 동체에 커다란 네 개의 프로펠러가 무척이나 인상적이었던 바로 그 비행기다. 아마 이 모델은 영원히 나의 뇌리에 남아 있을 것이다. 어릴 적 처음 봤던, 잊을 수 없는 비행기 중의 하나. KLM의 아카이브 속에 컨스텔레이션은 너무나 자랑스럽게, 반짝이는 동체를 뽐내며, 대서양을 가로지르는 속도의 화신으로 우뚝 서 있었다. 이 비행기는 네덜란드가 만든 건 아니지만, 국적 항공사라는 타이틀을 걸고 한 나라를 대표하는 항공기인 만큼, 국가적 자부심의 표상이라 할 만하다. KLM이란 말에 있는 왕립(Köninklijke)이란 말이 그 자부심을 나타내주고도 남는다.

아드리안의 소개로 일이 끝나고 저녁에 로테르담까지 가서 본 빈센트 멘첼의 사진은 실망이다. 그는 로테르담 공항의 사람들을 중심으로 찍었는데, 그저 저널리스트가 찍은 평범한 포트레이트일 뿐 아니라, 공항의 특성에 대한 어떤 정보도 주지 않는, 주관적 사진일 뿐이었다. 거기다가 사진을 예술적으로 만들기 위해 인물 주위에 티가 날 정도로 시커멓게 버닝과 다징을 해 촌스러운 표현주의 사진을 만들고 말았다. 우리 사진예술과 1학년생들이 이렇게 버닝을 하면 내가 만날 야단쳤던 바로 그런 사진들이다. 사진을 보는 동안, 나를 여기 데려온 아드리안이 전시가 어땠냐고 물어볼 텐데 어떻게 대답해야 할지 난감하다. 실망스럽다고 할 수도 없고. 싱싱한 생선을 기껏 기름에 튀겨 푹 익혀서 싱싱한 맛을 없애버린 듯한 사진들이다. 아니나 다를까. 같이 간 아드리안의 친구 얀 빌럼이 전시가 어땠냐고 묻는다. 그래서 별로 크지 않은 공항의 다양한 측면들을 보여줘서 대단하다고 했다. 내가 생각해도 명답이다.

전시가 열린 로테르담의 쿤스트할은 렘 콜하스가 설계했다는데, 삼성미술관의 저가 축소판이다. 삼성미술관보다 약간 작은 규모에 싼 재료로 지어섰나. 그 옆에 병원이 있는데, 병원 옆에는 비싼 헬리콥터가 비상용으로 항시 대기 중이었다. 정말 항공의 수준 차이를 절실하게 느끼게 해주는 대목이었다. 그리고 그 헬리콥터는 수시로 뜨고 내려, 단순히 전시용이 아니라는 것을 입증하고 있었다.

멘첼의 사진은 실망이지만 사진을 둘러싼 취미 문화는 놀라운 것이었다. 공항에 대한 사진전이 열릴 수 있는 것은 공항 주변에서 비행기를 관찰하고 사진 찍고 정보를 교환하는 것을 낙으로 삼는 수많은 매니아들이 있기 때문이다. 아드리안과 그의 친구 얀 빌럼(그는 로테르담 공항 개항 50주년을 맞아 로테르담 공항의 역사에 대한 책을 쓴다고 한다)은 대단한 항공기 매니아들로서, 4년마다 비행기를 세내어 미국 위스콘신에서 열리는 오슈코시 에어쇼를 보러 간다고 한다. 그 중간중간에는 DC4나 DC6 같은 고전적인 비행기를 세내어 타는 경험도 즐긴다고 한다. 한 시간 타는 데 1500달러를 내는 이 비행기들을 이들은 재미로 타는 것이다. 물론 그 재미는 역사를 체험해본다는 측면이 강하다. 일종의 골동품 애호 취미 비슷한 것이다. 그리고 이들은 모두 DC3 다코타의 열렬한 팬들이었다. 네덜란드에 2대밖에 남아 있지 않다는 이 비행기는 한 달에 한 번씩 일반인을 위한 비행을 하는데, 얀 빌럼은 다코타보존협회에서 요직을 맡고 있다고 한다. 알고 보니 아드리안도 상당한 항공 매니아였다. 그는 로테르담 공항 주변을 다니며 망원경을 꺼내 들고는 항공기의 식별 번호를 일일이 적었다. 그리고 스히폴 공항 주변에서 항공기 사진도 많이 찍어두고 있었다.

스히폴 공항에서 만난 이안 스캇이라는 항공기 매니아는 맨체스터에서 왔다고 하는데, 온 나라의 공항들을 다니며 항공기의 식별 번호를 적는 것이 그의 취미라고 한다. 그 번호들을 적어다가 오늘은 스히폴 공항에 어떤 비행기가 뜨고 내렸고, 인터넷과 문헌을 뒤져다가 D로 시작하는 번호는 무엇을 의미하는지 찾아보고 즐기는 것이 그들의 취미였다. 그는 맨체스터공항이 구경꾼에게 우호적인(spotter friendly) 공항이라고 했다. 공항 홈페이지에는 그날그날 뜨고 내리는 항공기의 식별 번호들이 나오며, 공항 주변에는 구경꾼을 위한 언덕도 있다고 한다.

공항 주변에서 얼쩡거리다가는 체포될 수 있으며, 공항
주변에서 아예 항공기를 가까이 볼 수도 없으며, 공항에서
사진 찍다가는 국가 안보에 위협이 된다는 협박을 들어야
하는 한국과는 비교할 수 없는 문화였다. 아마 이게 선진국과
후진국의 차이인 것 같다. 비싼 장롱을 들여놓고 손때가
탈세라 감히 만지지도 못하고, 애들한테도 절대로 손도
못 대게 하며 고이 모셔두는 집과, 그 장롱을 여기 놓아도
보고 저기 놓아도 보고, 이것도 넣어보고 저것도 넣어보며
다양하게 활용하며 즐기는 집의 차이. 아직도 한국에는
모더니티는 오지 않았다.

7일째, 2006년 7월 7일

아드리안에게 이미지를 사용하려면 어떻게 해야 하냐고
했더니 돈을 내면 된다고 한다. 돈은 이번 조사 연구에서
생각하지 않았던 부분이다. 물론 항공료나 체재비, 식사료
등의 돈은 생각했지만, 학술 목적을 위한 돈 문제는 생각하지
않았던 것이다. 아드리안은 학술 목적을 위한 출간이라면
많은 돈을 물리지는 않는다고 한다. 그리고 이미지는
자기들이 320dpi로 스캔해준다고 한다. 하지만 수백 장의
사진들을 스캔 받으면 돈이 만만치 않을 텐데 고민이다.

이제 열흘 정도 남았다. 슬슬 연구의 주제와 범위를
정해야 한다. 그리고 관련 인물들도 만나야 한다. 우선은
KLM 아카이브의 큐레이터를 만나야 하고, 아비오드롬
항공박물관의 도서관에도 가서 관련 자료를 찾아야 한다.
열흘이 왠지 아주 짧게 느껴진다. 그리고 무엇보다도, KLM을
연구해서 뭐 하나 하는 생각도 든다. 나와 KLM의 관계는
무엇일까. 가끔 타는 승객? 그 외의 연관은? 사실 별로 없다.
그런 연관이 중요한 것이 아니라, 항공의 역사에서 KLM이
갖는 위치가 문제다. 뭔가 특별한 주제가 되는 점을 찾아야
한다. 그렇지 않으면 별 의미가 없을 것이다. 그리고 그 속에서
사진 표상이 갖는 의미를 찾아야 한다.

결국 문제는 두 가지로 압축된다. KLM이 항공의

역사에서 갖는 특이성은 무엇인가, 사진이 그 안에서 하는 역할은 무엇인가 하는 것이다. 관련 자료는 다른 도서관이나 아마존에서 찾아야 한다. 그런데 문제는 대부분의 자료가 네덜란드어로 되어 있다는 점이다. 미국의 항공사를 택할 걸 그랬나 하는 생각도 든다. 하지만 이 정도의 돈과 시간을 들여서 온 이상, 이제 KLM 연구는 나의 운명의 일부가 되어버렸다. 포기하거나 뒤로 돌아갈 수는 없다.

9일째, 2006년 7월 10일

참으로 이상한 것은, 흑백에서 컬러로 넘어오면서 사진의 질, 구도, 의미 등 모든 것이 약해진다는 점이다. 물론 1970년대부터 나타나기 시작한 컬러사진은 색이 그렇게 좋은 편은 아니다. 그러나 문제는 그것만이 아니라 헹크 봄 같은 훌륭한 전문 사진가가 잘 찍어서 또박또박 쓴 글씨로 번호를 매기고 딱딱한 하드보드에 사진을 정성스레 파일화한 1950년대 이전과는 달리, 1970년대 이후의 컬러사진은 번호도 제대로 붙어 있지 않고 사진 자체도 볼 것이 거의 없다는 점이다. 그저 하늘을 나는 보잉747, 혹은 땅 위에 서 있는 보잉747 정도였다. 뭐라고 코멘트를 붙일 구석이 없는 사진이었다.

현재까지 약 90권 정도의 파일북에 있는 5000장쯤의 사진을 봤다. 보면서 다음과 같은 주제들을 뽑아낼 수 있었다.

+ 항공과 국가적 자부심(항공 기술의 초기 역사에서 어떻게 국가는 기술의 진보를 꿈의 기술로 구현해내는가?)
+ 식민주의와 항공(네덜란드 / 인도네시아, 수리남)
+ 현대적 디자인이 운송 기술에 미친 영향 / 디자인에 대한 현대 기계의 영향(속도, 효율성, 강도)
+ 스타일만 아니라 기술이라는 면에서 '동시대적'이라는 것이 무엇인가? 시대에 뒤처져 보인다는 것은 무엇인가?
+ 기업의 사진을 만들어낸다는 것의 의미는

무엇인가?(실질적으로, 의미론적으로)

+ 항공기 속이나 그 앞에서 사진 찍는다는 것의 의미는 무엇인가?

+ 항공기는 어떤 종류의 기념물인가?(그 의미는 시대에 따라 변한다.)

+ 항공의 영향으로 이 세계는 어떻게 변했는가?

+ 항공의 이미지는 어떻게 변했는가?

+ 전 지구적인 것과 지역적인 것을 연결, 혹은 단절시키는 수단으로서 항공

+ 아카이브는 어떻게 꾸며지고 유지되는가?

그리고 이 주제들을 해석하기 위해서는 다음과 같은 다양한 역사적 층위들에 대한 연구가 필요하다는 것을 알게 되었다.

+ 항공 사진의 역사

+ 항공 일반 / 민간 항공의 역사

+ 항공기 제조회사(포커, 더글러스, 록히드)의 역사

+ 항공 서비스의 역사(특히 KLM)

+ 항공기 모델의 역사(포커 F2, F4, F6, F8, 더글러스 DC2, DC3, DC4, DC6, DC8, 보잉747)

+ 화물 운송의 역사(장비들과 방법)

+ 민족주의와 식민주의의 역사, 테크놀로지와 식민주의

+ 항공 서비스의 역사(항공운송이 부드럽고 편하고 친근한 이미지로 다가오게 되는 역사)

+ 디자인의 역사(산업디자인, 그래픽디자인)

+ 기술의 철학

+ 조종과 통제라는 면만 아니라 승객으로서 인간-기계의 상호작용, 인터페이스

+ 스히폴 공항의 역사

+ 격납고 디자인과 건축의 역사

+ KLM에서 사용한 항공기 모델 변화의 역사

+ 네덜란드 식민주의의 역사

참으로 수많은 연구가 필요한 자료들이었다. 이걸 몇 년 계획으로 어떤 식의 결과물로 내놓을지 아직은 뚜렷한 계획이 없다. 어쨌든 아무도 건드린 적이 없는 자료이기 때문에 기회의 문은 넓게 열려 있는 것은 확실하다.

10일째, 2006년 7월 11일

나에게는 무척이나 친근한 이미지가 나타났다. 그것은 링크 트레이너(Link Trainer)다. 링크 트레이너란 에드윈 링크가 1920년대에 처음 만들어 보급한 비행 시뮬레이터다. 오늘날의 시뮬레이터와 같은 원리로 되어 있으며, 그 원조다. 링크 트레이너가 나에게 친근한 이유는 내가 7년간 유학했던 도시 빙엄턴의 공항 이름이 에드윈 링크 에어필드이기 때문이다. 빙엄턴에서 비행기를 타고 내릴 때 링크가 뭐하는 사람일까 의아했었는데 나중에야 그가 누군지 알게 되었다. 그는 뉴욕주의 쓸쓸하고 썰렁한 작은 도시 빙엄턴에 살던 발명가였다. 빙엄턴 대학에는 그의 아버지가 만든 링크 오르간이 있다. 링크는 오르간 제작자인 아버지의 뒤를 이어, 그러나 오르간이 아니라 오르간의 풍력을 이용한 비행 시뮬레이터를 만들었다. 아이러니하게도, 1920년대에 링크가 처음으로 비행 시뮬레이터를 만들었을 때 이를 주로 사간 곳은 놀이공원이었다고 한다. 처음에는 그의 시뮬레이터의 가치를 아무도 몰랐던 것이다. 요즘 사용하는 비행 시뮬레이터는 전부 링크 트레이너를 기반으로 하고 있다. 또 아이러니한 것은 링크의 트레이너가 제2차 세계대전 전에 일본에 많이 팔렸는데, 많은 일본군 조종사들이 미군을 폭격하기 위해 그 트레이너로 연습했다고 한다.

11일째, 2006년 7월 12일

새로운 아카이브의 공포가 닥쳤다. 사실은 공포가 아니라 새로운 즐거움인데, 항공촬영에 대한 새로운 자료들이 튀어나온 것이다. KLM의 아에로카르토(Aerocarto)란 부서에서 만들어낸 항공촬영 자료들이 튀어나오자 나는

새로운 자료들을 본다는 흥분과, 이걸 어떻게 다뤄야 하나
하는 막막함으로 좀 혼란스러워졌다. 더군다나 이 사진들은
하나같이 질이 좋고, 아카이브 파일로 정리가 잘 되어 있다.
KLM의 여객 서비스에 대한 사진들과는 완전히 다른 차원의
얘기다. 여기서 나의 고민은, 항공촬영 자료들을 과연 KLM의
다른 사진들과 같은 차원에서 다룰 수 있는가, 아니면 별도로
다뤄야 하는가 하는 점이다. 당연히 별도로 다뤄야 한다.
여기는 국가적 자부심이라든가, 기념사진의 이벤트성 같은
주제는 해당하지 않기 때문이다. 이것은 그런 사진들에 얽힌
사진 외적 함의들을 해석하는 문제가 아니라, 공중에서 보는
기계적 시선의 특성에 대한 문제다. 그런 사진의 일반 특성에
대해서는 막연한 에세이 정도는 쓸 수 있다. 그러나 지금 보고
있는 것은 KLM의 아에로카르토라는 부서에서 특정한 지역,
특수한 역사를 갖고 펼쳐진 특수한 얘기다. 나의 궁금증은,
항공촬영의 매핑에서 KLM 아에로카르토 부서의 위치는 어떤
것인가 하는 것이다. 즉 이 사진들에 대한 특수한 지식은
따로 있는 것이다. 그것을 역사적이고 비평적인 차원에서
풀어낸다는 것은 새로운 과제다.

　　항공촬영 사진들을 어떻게 할 것인가로 잠시 혼란이
있었으나 이것은 좀 옆으로 제쳐두기로 했다. 아직도
파일들을 100권 이상 봐야 하는데, 또 어떤 새로운 재료가
나올지 모르기 때문이다. 그때 가서 또 조사의 방향을 바꾸는
것은 좋지 않다고 생각했다.

　　12일째, 2006년 7월 13일
왜 안 나오나 했던 자료가 드디어 나왔다. 그것은 사고에
대한 것이다. 어떤 항공사건 사고를 피할 수 없고, 그에
따르는 기록이 있는데, KLM도 예외는 아니다. 한국의
항공사는 사고에 대해서 극도로 예민해서 사고에 대한 것을
밝히기를 꺼린다. 그럴 만도 한 것이 각종 크고 작은 사고에
항상 시달리는 우리의 태극 날개이기 때문이다. 한국에서는
항공사고가 나면 울며불며 우리 아들 살려내라며 직원들

멱살 잡는 가족들이 가장 주요한 스펙터클이다. 그리고 모든 장면들은 다분히 감정적이다. 서구에서는 항공사고가 나면 우선 철저한 기록과 조사가 따른다. 때로는 조사에 몇 년이 걸리기도 한다. KLM은 1977년 카나리아 군도의 테네리페에서 KLM의 보잉747과 팬암의 보잉747이 활주로에서 충돌해 583명이 죽는 항공 사상 최악의 대참사를 겪었다. 가장 큰 여객기에 손님이 가득 찬 상태로 충돌했으니 엄청난 대참사인 것은 당연하다.

그런데 흥미로운 것은 사고에 대한 사진 기록들은 1920, 30년대에는 많이 있었는데, 최근으로 오면서는 교회 추모미사 사진밖에 없다는 것이다. 분명히 사고 현장에서 많은 사진들을 찍었을 텐데, 그 많은 사진들은 어디 갔을까? 아마도 또 다른 대외비 아카이브가 있어서 거기에 꼭꼭 쟁여둔 것이 틀림없다. 항공사에 사망 사고만 한 트라우마도 없을뿐더러, 그것은 항공사의 위신을 엄청나게 실추시킬 뿐 아니라, 상당한 손실로 이어지기 때문에 감추고 싶은 것은 당연한 것이다. 그런데 그런 인식이 항공사고의 초기에는 아직 없다가 나중에 생겨난다는 사실이 흥미롭다. 아마도 초창기에는 사고란 원래 그렇게 날 수밖에 없나 보다 하고 좀 순진하게 생각하다가 나중에 가서는 어떻게든 부정적인 이미지의 유출을 막아야겠다는 생각이 들었기 때문일 것이다.

이 부분에 대해 KLM의 아키비스트인 헤스 이네커 스미트에게 물어야겠다고 내가 아드리안에게 말했더니, 그는 그런 것은 안 물어보는 것이 좋겠다고 한다. 항공사고란 항공사에는 우리가 상상할 수 없을 정도로 어두운 부분인 것 같다.

13일째, 2006년 7월 14일

이제 나의 연구는 막바지로 접어들었다. 사실은 막바지가 아닌데 어느덧 네덜란드를 떠날 때가 온 것이다. 진작 했어야 하는 일이, 이 아카이브의 관련자들을 만나는 것이었다. 그러나 수많은 자료들에 질려서 하루하루를 보내는 동안,

근처의 터키 식당에서 케밥을 먹으며 시간을 보내는 동안, 시간이 얼마 남지 않게 되어버렸다. 일단 조사를 하면서 생긴 많은 의문들을 가장 먼저 물어봐야 하는 사람은 KLM의 그래픽 아카이브의 큐레이터이자 아키비스트인 스미트다. 아드리안에게 이 사람과 연결을 시켜달라고 하니 전화를 했지만 받지 않는다고 한다. 휴가를 갔는지 어쩐지 알 수가 없다. 아드리안이 나에게 어떤 질문을 할 거냐고 하기에 KLM이 이미지 아카이브를 운영하는 방향과 그에 맞춘 사진의 특성, KLM의 역사에서 나타난 자잘한 사항들을 물어보겠다고 했는데, 내가 생각해도 좀 어수선하다. 그 이유는 여기 처음 올 때 어떤 쪽으로 집중적으로 들여다보겠다고 작정하고 온 게 아니기 때문이다. 6월 25일에만 해도 암스테르담에 가서 직접 KLM의 원자료들을 들여다본다는 점에 흥분했는데, 막상 자료는 많이 보지도 못하고 시간은 가고, 논점도 분명치 않고, 많은 딜레마에 봉착했다. 아카이브의 공포도 해결된 것은 아니고, 그저 인간의 능력에는 한계가 있으니 자기 할 만큼만 하면 된다는 식으로 위안을 삼고자 한다.

어쨌든 나의 주제는 항공기 이미지의 사진을 통한 표상이라는 쪽으로 집중되고 있는데, 데이비드 나이가 쓴 제네럴 일렉트릭 사진에 대한 책『이미지 세상들: 제네럴 일렉트릭 기업 아이덴티티, 1890~1930(Image Worlds: Corporate Identities at General Electric, 1890-1930)』에서 했듯이 기업 문화로서 사진 표상이라는 점에 너무 집중하고 싶지는 않다. 나의 관심은 테크놀로지 그 자체이지 기업이 그걸 어떻게 이용해서 돈을 벌고 경영을 하는가 하는 것은 아니기 때문이다. 그러려면 항공 기술의 발전에 대해 더 연구해야 하는데 그건 아직 안 한 상태다. 더군다나 KLM이 주로 거래했던 포커르 항공과 더글러스 항공의 역사를 또 공부해야 하는데, 이건 또 새로운 신이다! 물론 다뤄야 할 주제가 많다는 것은 알고 시작한 일이다.

온갖 고민으로 착잡하게 들끓는 마음을 차분히 가라앉히고 생각한 것은, '나는 아직 항공 전문가가 아니다.

이번의 조사는 항공 테크놀로지에 대한 비평적 작업을 하기 위한 기초 조사로 삼자'는 것이다. 아마 암스테르담에 몇 번 더 와야 할지도 모른다. 다음번에는 사람들 중심으로 스케줄을 짜서 만나야 할 것 같다.

14일째, 2006년 7월 15일

막막하기만 한 아카이브의 공포는 의외의 곳에서 풀렸다. 그것은 끝(closure)을 보았기 때문이다. 그렇다고 실제로 여기가 절대적인 끝이다라는 어떤 선언을 본 것이 아니라, 내가 봐야 할 사진들의 범위를 정해놓은 사건을 접했기 때문이다. 평소부터 친하게 알고 지내던 헤릿 릿펠트 아카데미의 교직원인 엘스 뉴웬하우스가 자기 집에 나를 초대했는데, 그의 남편은 사진가였다. 오로지 나만 초대되었고, 그들 부부는 무척이나 친절했기 때문에 우리는 아주 유쾌하게 술도 마시고 담배도 피고 청어리도 먹으며 신나게 얘기를 했다. 그러다가 나의 KLM 연구 얘기가 나오자 엘스의 남편 카리는 자기 친구가 KLM의 역사를 정리한 사진 전시를 기획한 사람이라며 도록을 보여주는 것이었다. 그가 준 카탈로그에는 내가 보고 싶은 자료가 일목요연하게 정리되어 있었고, KLM이 어떻게 사진을 통해 자신을 표상하는지, 항공 테크놀로지는 어떻게 표상되는지 다 나와 있었다. 흠이라면 도판이 작은 것이었지만, 내가 원하는 모든 것이 다 있었다. 그래서 농담 삼아 엘스에게, 아카이브 조사는 아직 다 하려면 멀었지만 이 카탈로그 한 권으로 모든 문제가 풀렸기 때문에 이제부터는 마음 편히 놀겠다고 했다. 그리고 카리는 며칠 후에 나를 그 전시를 조직한 친구에게 소개해주겠다고 했다. 이게 웬 떡이냐. 의외로 일이 쉽게 풀리는 것이었다.

16일째, 2006년 7월 17일

KLM의 스미트는 끝내 연락이 되지 않았다. 그와의 만남은 아마 다음번으로 미뤄야 할 것 같다. 사실 아카이브라는 것이 재료의 보고이긴 하지만 누가 해석해주지 않으면 아무 말도 할 수 없는 존재다. 아카이브를 들여다본 것은 그 뒤에 따라붙을 수많은 해석의 말들을 위한 전주곡 정도라고 해야 할 것이다. 그리고 수많은 참고 문헌들도 나를 기다리고 있다. 항공 일반의 역사부터 KLM의 역사 등등 세분화된 역사들이 나를 기다리고 있다. 처음에 여기 올 때는 뭔가 굵직한 책을 하나 쓰겠다고 생각했지만, 지금은 수많은 사진들 속에 들어 있는 역사와 테크놀로지에 대한 해석의 말들을 찾아야 한다. 이미지의 더미로서 아카이브는 말이 들러붙지 않고서는 아무 의미가 없는 것이다.

　17일째, 2006년 7월 18일

마지막으로 아카이브에 가서 사람들에게 작별 인사를 하고, 도판을 사용할 수 있는 비용을 지불했다. 사진 한 장당 3유로씩 해서 35장에 105유론데 반으로 깎아서 50유로만 받겠다고 한다. 물론 출판용으로는 쓸 수 없는, 단순 참고용의 저해상도 이미지를 위한 값이다. 아드리안은 이건 공식적인 일이라 철저히 따져야 한다고 한다. 역시 '더치페이'라는 말이 괜히 나온 것이 아니다. 어쨌든 내가 간단하게 현금으로 50유로를 내겠다고 했더니 현금을 내면 계산이 복잡해진다고 한다. 자기들은 직접 현금을 받을 수 없다는 것이다. 그래서 은행에 돈을 보내는 방법에 대해 한참 궁리를 해보다가 아드리안은 그냥 현금으로 내라고 한다. 그런데 그 50유로로 아이스크림이나 사 먹겠다고 한다. 도대체 조금 전에 돈 관계는 엄격히 따져야 한다는 말은 어디로 가고? 아무튼 돈은 내야 한다고 하니 50유로를 주고 나왔다. 일이 완전히 끝난 것은 아니지만 이번 방문의 목적은 어느 정도 달성되었기 때문에 마음은 홀가분하다. 에어컨도 안 나오는 그 답답한 사무실을 더 안 나가도 되기 때문이다.
　나에게 남은 것은 언젠가 아드리안이 나에게 보내줄 35장의 도판과 사진에 나오는 모든 디테일들을 빼곡히 적은 30페이지의 기록 노트, 이 아카이브 일지, 그리고 10페이지

분량의 여러 질문들이다. 이걸 가지고 무얼 만들지 아직
모른다. 책이 될지, 논문이 될지, 아니면 기억으로 남을지.

아카이브 연구가 끝났을 무렵 나에게 남은 것은 수많은
질문들이었다. 기본적인 것은 아드리안에게 물었지만 그가
대답해줄 수 없는 것들이 많았다. 이번 조사에서는 이 질문에
대답할 수 있는 사람은 아무도 못 만났다. 아마 그것은 후일을
기약해야 할 것이다. 질문은 크게 두 부류로 나눌 수 있다.
하나는 역사적인 질문이고, 또 하나는 기술적인 질문이다.
그것들을 여기 옮겨보았다.

1. 역사적 질문들

Vol. 184 Fokker F7

• 1924년 인도네시아로의 비행. 이것을 독일의 비행선
체펠린이 뉴욕 맨해튼으로 비행한 것과 비교할 수 있을까?
당시 비행기에는 "네덜란드 왕립항공협회(KNVvL)"라는
특별한 마킹이 되어 있었다.

#Foto KLM 2934.1 포커르 F9의 창가에 민속 의상을 입은
사람들이 잔뜩 타 있다. 무슨 일이었을까? 기술과
토속적인 것의 만남을 보았을 때, 현대 기술이 토속적인
것을 주변화하는 작용이 있다는 것을 알게 되었다.

• DC2를 보면서, KLM과 더글러스 항공의 끈끈한 인연은
어떻게 만들어진 것일까 하는 의문이 들었다. KLM은
오랫동안 더글러스 항공이 만든 모델들을 계속 써왔기
때문이다. 각 비행기의 이름이 리트빙크, 쿠틸랑, 키비트,
에델발크, 플라밍고, 잘라크, 투칸 등 네덜란드 사람들
이름으로 되어 있다가 나중에는 렘브란트나 프란스 할스 같은
화가 이름으로 바뀐 것이 흥미로웠다.

#604552 KLM 최초의 록히드 슈퍼 컨스텔레이션
'프로톤(Proton)', 1953년 1월 1일. 나중에 도입된
컨스텔레이션에는 휘고 더흐로트, 트리톤, 피닉스,
이소토프, 네가톤, 뉴클레온, 뉴트론, 엘렉트론,
메손, 포시톤, 켄타우루스, 흐리피운, 데시데리우스

에라스뮈스 등외 이름이 붙었다.

#516689, DC7C 황해, 홍해, 흑해, 산호해, 남해(자위더르해:
Zuider Zee), 지중해, 바렌츠해, 베링해, 일본해 등
바다의 이름을 붙인 컨스텔레이션들이 나타났다.
도대체 각각의 비행기에 이름을 붙이는 원칙이 무엇인지
궁금해졌다. 한국의 항공사에는 없는 관행이기
때문이다. 비커스 바이카운트(Vickers Viscount) 803
사진이 있다.

#Foto KLM 9806.1 오토 릴리엔탈의 이름이 붙은 비행기가
있다. 1959년 7월 1일.

#612630 레오나르도 다빈치, 다이달로스, 엘레하머, 루이
블레리오, 얀 올리슬라헤르스(네덜란드 군사 항공의
선구자) 등 항공의 선구자들 이름을 붙인 비행기들이
있다. 1973년에서 1986년 사이에 DC10에다 알베르트
슈바이처, 굴리엘모 마르코니, 윈스턴 처칠, 피에르
드 쿠베르탱, 프랭크 휘틀, 오빌 라이트, 토머스 앨바
에디슨, 앙리 뒤낭 등 역사적 위인들의 이름을 붙인
것들도 많았다.

#Foto KLM 1-1694 이제는 음악가 이름도 나온다. 요한
제바스티안 바흐, 루트비히 판 베토벤, 주세페 베르디,
모리스 라벨.

#Foto KLM 1-4414 판 다워넌과 데 수트 사이의 계약. 아마
KLM과 포커르 항공의 계약일 것으로 추정된다. 1989년
1월 26일.

#631260 펠트하위젠 판 산턴 기장이 테네리페의 사고로
죽다(PH-BUF). 테네리페 사고가 KLM에 의미하는 것은
무엇인가? 그들은 사고의 트라우마를 어떻게 다루는가?

#631233 KLM 최초의 보잉747 미시시피가 스히폴에 도착.
1971년 1월. 왜 보잉747은 프로토타입 발표 후 1년
4개월이나 뒤에 KLM에 공급되었나? 이전의 새로운
모델의 도착에 비하면 특별한 세리머니가 없는 점도
특이하다.

#KLM Foto 1-2544 '레오나르도 다빈치'란 이름이 붙은 비행기가 있다. 내가 전에 탄 알리탈리아 비행기에도 같은 이름이 붙어 있었던 기억이 난다. 1987년 9월 9일.

#525228 (CF5228) 수많은 사진들을 한데 붙여 놓고 수정하는 장면. 사진적 스펙터클이다. (무슨 목적일까? 전시? 선전용?)

Vol. 290
• 포커 F7a '피트 이페르란' **H-NACT**의 복원, 아비오돔, 1992년 9월 16일. 무엇을 위해 복원하는 것일까?

2. 기술적 질문들

Vol. 184 Fokker F7
• 당시 편의성의 수준은 어떠했는가? 객실에 압력은 유지되고 있었는가? 소음 수준은 어떠했는가?

• 세부들: 엔진 카울링의 왼쪽에 작은 크랭크가 달려 있다. 카울링의 아래에는 작은 프로펠러가 달려 있고, 날개의 전연부에도 있다. 카울링은 어떤 금속을 어떤 처리를 통해 만들었나? 프리스트레스드 스킨(pre-stressed skin)을 쓴 것일까?

• 항공의 역사에서 특정한 디자인은 얼마나 일반화되는가? 그것들은 네덜란드 특유의 것인가? (다른 기술의 분야에서 나타나는 디자인 특징들과의 관계는 무엇인가?) 주 랜딩 기어 지지 기둥에 붙어 있는 라디에이터같이 생긴 것은 무엇인가?

Vol. 185 AVRO
• 왜 날개에 영국의 항공기 회사 **AVRO**의 로고가 있을까? 또 다른 영국 회사 디 해빌런드와의 관계는 무엇인가?

Vol. 188
• 항공 헬멧의 역사?

Vol. 189

#520394 주 날개에 랜딩 기어가 붙어 있는 데서 오는
　　　구조적인 문제는 없는가? (택싱하는 동안 진동이 날개에
　　　영향을 줄 것 같다).

#520778 포장도 안 된 도자기를 비행기에 싣고 있다. 항공
　　　운송의 초기 역사.

Vol. 196 Fokker F8

#521459 앞에서 본 배기 파이프. 다른 유형의 프로펠러들을
　　　구별할 것.

Vol. 197 Fokker F9

#KLM 2933.11932.12.11 동체를 유선형으로 만든다는 개념이
　　　아직 없음.

Vol. 198 Fokker F12

#522266 카울링의 앞부분이 열렸다 닫혔다 하는 구조로 되어
　　　있다. 무슨 목적일까?

#523274 주 날개 끝에 붙어 있는 작은 구조물은 무엇일까?
　　　당시는 항법을 어떤 식으로 했을까?

Vol. 207 DC2

#527104 KLM과 더글러스 항공의 밀접한 관계. 엔진의
　　　온도를 높이기 위해 더운 공기를 불어넣는다?

Vol. 208

#524222 기장의 좌석 뒤에 매달려 있는 무선통신 장비.
　　　진동으로부터 보호하기 위해 매달아 놓았나?

Vol. 212

#4673-1 "EPOX 육류 냉장 수송기(Meat Products —
　　　Refrigerator Cargo)." 그 자리에서 무게를 달아서

관세를 매긴다?

Vol. 213
#525226 증기를 이용해 동체에서 지방과 밀랍을 떼어낸다?

Vol. 214
#14410 최종 조립을 위해 바지선에 실려 포커르 공장에서
스히폴 공항으로 운반되는 DC3(포커르와 더글러스와
면허 생산 계약을 맺은 것으로 추정). 1946년 2월.

Vol. 220 Lockheed L14 Super Electra
• 록히드와 더글러스 사이의 경쟁?

Vol. 223 L749 Constellation
#70700 무선통신 장비 / 조종 계기판의 배치(설명이
필요하다).

Vol. 232
#608509 슈퍼 컨스텔레이션의 조종석. 승무원은 몇 명일까?
(기장, 부기장, 기관사, 항법사, 통신사…)

Vol. 240
• DC8의 여러 기계적 부분들에 대한 이미지.
#621054 역추진 장치?
#626910-960 화물기를 여객기로 개조?
#632224 벤딕스 레이더가 장착된 F27.
#632279 아날로그 계기판이 아직 있는 F27? 199년 3월
1일(?).

Vol. 254 Boeing 737-300
• KLM의 역사에서 보잉이 꽤 늦게 등장하는 이유는 무엇일까?
• 새로운 푸른색 마킹의 의미는 무엇일까?

#631245 항공운송의 새로운 장을 연 보잉747은 KLM에서는 어떻게 받아들여졌나? 항공 여행에 대한 새로운 이해? 항공 화물 운송의 새로운 개념?

Vol. 267
#633673 5개 엔진이 달린 747? 어색하게 큰 속 콘과 엉성한 구조로 봤을 때 보조 동력 장치인 것으로 추정됨.

사진이 과학의 증거가 되는 불가사의한 정황

> 기록의 목적을 위해서는 글쓰기는 위험할 정도로 방만한
> 것인 반면, '카메라'는 사진가로 하여금 철저히 자기 일에
> 충실하도록 한다.
> ─ 존 탁

오늘날 사진의 객관성이 의심받고 있다는 것은 인터넷에
어떤 사진이 올라오기 무섭게 '합성이네'라는 댓글이 달리는
걸 보면 알 수 있다. 물론 이런 댓글의 상당수는 장난삼아
올리는 경우가 많지만, 상당히 많은 사람들이 예전처럼
사진을 바로 믿어버리지 않는다는 건 확실하다. 1998년 11월
19일 금강산 인근 장전항에서 문화일보 김선규 기자가 우연히
UFO를 촬영한 사진이 신문에 실렸을 때 사진 설명의 상당
부분은 UFO 자체에 대한 게 아니라, 왜냐면 UFO는 아직도
우리의 인식 체계에 들어와 있지 않으므로, 그 사진이 어떻게
우연히 찍혔느냐에 대한 설명에 할애되어 있었다. 즉 증거의
임의성에 대한 게 설명의 핵심이었다. UFO 사진이라면 그게
어떤 종류고 어디서 온 거고 하는 사실보다 과연 사진이
조작이냐 아니냐가 우선 관심의 대상이라는 사실은 누구나
알고 있다. 그게 UFO 사진이란 걸 확증하기 위해 실제로
UFO를 찍었다는 사실은 전혀 중요치 않다. 어떻게 해서 미리
설정이나 조작을 하지 않고 우연히 UFO를 찍었는가에 대한
설득력 있는 설명이 중요한 것이다. 결국, 한 장의 사진이
천 마디 말을 대신하는 게 아니라, 한 장의 사진이 증거로서
기능하려면 천 마디 말의 뒷받침이 필요한 것이다. 결국
사진의 증거능력은 사진 자체에서 나오지 않는다. 사진은
오랫동안 법적·과학적 증거로서 기능해왔으나, 사진이
증거능력은 사진 바깥에서 왔다.
　　사진이 증거로서 기능하게 된 근거는 두 가지라고
볼 수 있다. 그 하나는 묘사의 객관성이고, 또 하나는 어떤

사물의 현존성에 대한 증명이다. 사진이 발명되었을 때 객관적인 묘사의 장치로서 주목받았으나 기계적으로 이미지를 복제해내는 장치인 사진 그 자체는 객관적이지 않다. 그것은 사진 바깥에서, 사진 이전에 준비되어 있었다. 사실 표준화를 거치지 않은 어떤 기계도 객관적이지 않듯이, 표준화되지 않은 방법으로 찍은 사진에서 전혀 객관성을 기대할 수 없다. 렌즈에는 고유의 수차가 있기 때문에 색상과 형태가 제대로 재현되지 않는 경우가 있다. 오늘날의 렌즈는 컴퓨터로 설계해 수차가 없다고 하지만, 값이 싼 줌렌즈의 경우 형태의 올바른 묘사는 기대할 수 없을 정도로 화면 주변부의 왜곡 수차가 심한 편이다. 또한 광각렌즈는 렌즈의 고유한 특성상 형태를 제대로 묘사하는 것을 기대할 수 없으며, 망원렌즈는 원근감을 대폭 압축시켜버리기 때문에 사물들 간의 거리가 훨씬 좁아 보이게 된다. 거기다가 다른 종류의 필름들이 갖는 색재현 특성—디지털카메라의 경우는 CCD(Charge Coupled Device)의 구성 방식과 제조 회사마다 조금씩 다른 색재현도—이나 액세서리들이 갖는 특성과 편향성이라는 변수를 곱하면 사진은 같은 상황에서 무수하게 다른 이미지들을 만들어낼 수 있다. 흡사 알 수 없는 아메바가 걷잡을 수 없게 번식하듯이, 하나의 카메라는 동질적인 이미지를 만들어낼 수 있을 거라는 기대와 달리, 통제할 수 없는 엄청난 양의 이질적인 이미지들을 쏟아내게 되어 있다.

　　사진이 객관적인 경우는 객관성의 코드를 사진가가 알고 의식적으로 삽입하는 경우다. 건축 사진이 그런 경우인데, 건축 사진은 건축물의 수직선을 살려서 찍는 게 핵심이다. 개념상으로 볼 때 건축물의 벽이 가지는 선은 수직이다. 그러나 땅에 서서 보는 사람의 눈에 그 선은 수직으로 보이지 않는다. 원근법 때문에 지상에서 보는 건축물의 선은 수직일 수 없는 것이다. 즉 위쪽으로 가면서 좁아지게 되는데, 건축 사진은 이를 바로잡아 수직선으로 만들기 위해서 대형 카메라를 사용해 틸트(tilt)와 시프트(shift)를 해줘야 한다. 즉, 카메라의 필름면 각도를 조절해 수직선을 수직으로 보이게 세워주는 것이다.

디지털 사진을 쓰는 경우는 모니터마다 색상이 다르기 때문에 캘리브레이션(calibration)을 해줘야 한다. 즉, 모니터의 색상과 프린터로 나오는 색상이 맞도록 색조절을 해주는 것이다. 그런 전제와 프로토콜이 있어야 사진은 증거 노릇을 한다. 결국 과거의 사물의 현존을 보증해주는 것은 사물 자체의 현존이 아니라 사진 속에 그 사물의 흔적이 어떻게 재현되어 있느냐이기 때문이다.

그런데 사진의 중요한 특성은 그런 전제와 프로토콜이 보이지 않게 만드는 능력이다. 예로, 사진에는 사진을 찍을 때 필요한 주변장치들—조명, 배경, 가장 중요한, 사진을 언술로 치면 발화자라고 할 수 있는 촬영자의 존재—을 가시화하지 않는 작용이 있다. 사진은 누군가 발화를 해서 전달된 내용이 아니라 사물 자체가 아무런 매개 없이 곧바로 전달된 것으로 보이게 하기 때문에, 발화의 주변장치들은 가시화되면 안 되는 것이다. 아무도 발화하지 않았는데 사물이 스스로 발화하고 있다는 것, 그래서 사진을 보는 이는 사물 스스로의 발화를 듣고 있다는 게 우리가 사진을 믿는 근거다. 즉 인간의 이야기가 아니라 사물의 이야기이기 때문이다. 사람은 거짓말을 해도 사물은 거짓말을 하지 않으니까. 이는 사물에의 개입이나 해석을 배제하고 자연 스스로가 말하도록(speak for themselves) 한다는 1830년대 과학자들의 태도를 구현하고 있는 것과 같다.[1] 사진 이미지가 외부 어떤 것의 도움도 받지 않고 발언할 수 있다는 직접성은 사진에 들러붙어 있는 가장 큰 신화라 할 수 있을 것이다. 그러나 어떤 문화적 표상물도 개념이나 역사, 감각의 매개 없이 우리에게 주어져 있지 않듯이, 사진도 우리에게

---

[1] Peter Galison, "Judgement against Objectivity," *Picturing Science, Producing Art*, Caroline Jones and Peter Galison (eds.), New York/London: Routledge, 1998, p.328.

직접적으로 주어져 있지 않다. 사진 안에 묘사되어 있는 내용은 더 말할 것도 없다. 따라서 시각적 표상으로서 사진은 비시각적 표상에 강력히 의존하고 있다는 역설에 부딪히게 된다.

결국 사진은 눈에 보이는 부분과 보이지 않는 부분 둘로 나뉘어 있는데, 후자가 전자를 떠받쳐주는 구실을 한다. 마치 토대와 상부구조처럼, 눈에 보이지 않는 부분—사진의 관습, 프로토콜, 코드, 담론적 정당화, 설명, 제도, 이론—은 눈에 보이는 부분을 결정해준다. 그 중간에 프레임이 있다. 즉 사진의 실제 테두리로서 프레임과, 보이지는 않지만 사진의 가치와 질을 결정하는 마스터 노릇을 하는 테두리— 은유적 차원(미적 기준, 도덕, 관습, 규칙 등등)과 실제적 차원(테두리, 액자)을 둘 다 포함해—가 그 프레임이다. 특히 CCD에서 말한 프레임은, 그림의 안과 밖의 딱 중간에 있으면서, 즉 그림에 속해 있지는 않으면서 어떤 게 그림에 들어갈 가치가 있고 어떤 게 가치가 없는지를 정해준다는 점에서 보이지 않는 권력을 행사하고 있는 것이다. 사진의 객관성을 주장하는 대부분의 논거들은 바로 이 점을 놓치고 있다. 수많은 프로토콜과 담론의 교차가 사진의 객관성을 보장해주는 것이지, 사진 자체가 객관적인 건 아니라는 것이다. 사진의 객관성이란 그 프레임 안에서가 아니라, 바로 프레임을 경계로 안과 밖에서 벌어지는 어떤 싸움의 이름이다. 그런 싸움이란 역사의 하늘 아래 펼쳐진다. 피터 갤리슨은 20세기 과학에서 객관성이란 것이 19세기에 생각했듯이 자연이 스스로를 드러내는 식이 아니라, 잘 훈련된 과학자의 눈에만 보이는 어떤 것이라고 말한다. 실제로 의과 대학생은 엑스레이 사진을 판독하기 위해 수천 장의 사진을 본다. 그러면 판독 능력, 혹은 가독 능력(literacy)이 생긴다. 자연은 저절로 스스로를 드러내는 게 아니라, 훈련된 눈 앞에만 나타나는 것이다. "20세기의 과학자는 초보자의 눈에는 아무것도 보이지 않는 것을 잡아낼 수 있는 훈련된 눈을 가진 전문가로 등장한다."[2]

　　그 싸움은 공교롭게도 사진 아닌 곳에서 이미 준비되어
있었다. 그것은 사진 이전에, 오늘날로 치면 사진의 구실을
하게 될 그래픽 체계였다.[3] 일찍이 서구에서는 자연과학,
복식, 장식, 음식 등 인간이 접하고 만들어내는 모든 세계의
사물에 대한 도감이 발달하게 되는데, 이때 나타난 방식이
유형학(typology)이다. 유형학은 사물들의 이미지를
체계적으로 분류해, 주 항목과 세부 항목으로 나누고, 하나의
항목에 속하는 사물들에 공통의 속성을 부여해, 서로 비교할
수 있게 했다. 그리고 각 항목들을 체계 속에 넣는데, 이때
중요한 덕목은 질서와 표준화였다. 이런 원칙은 도감에
들어가는 드로잉이나 그래픽에도 예외 없이 적용되는데,
이 시각적 표상물들은 사물의 형태를 주관적 표현에 의한
왜곡 없이 묘사하려고 애쓰고 있으며, 각각의 세부들은
정확히 묘사되어, 기계 구성품인 경우는 그 부분의 기능이
무엇인지 알 수 있게 되어 있다. 그림들은 최대한 주관적
편견을 배제하기 위해 세필로 그려져 있으며, 명암의 표현도
큰 터치가 아니라 일일이 같은 굵기와 필치의 선들을 쌓아서
나타내고 있다. 그리고 사물들의 크기와 각 부분 간의
상관관계는 누가 보아도 금방 파악할 수 있게 정확하게
나타나 있다.

　　이런 유형학적 도감이 역사상 유례없는 큰 스케일로
실현된 것이 드니 디드로와 장 르 롱 달랑베르가
1751년부터 1772년 사이에 만든『백과전서』다.『백과전서』는
프랑스대혁명 발발 전인 앙시앵레짐하에서 디드로, 달랑베르
등의 감수로 이루어진 과학·기술·학술 등 당시의 학문과

2　　Ibid., p.337.

3　　피터 갤리슨은 "기계적인 객관성이라는 이상은 사진이
　　나타나기 훨씬 전에 실행되었던 것이고, 사진이 도감
　　제작에 쓰이기 훨씬 전에 수립되어 있었다"고 한다. Ibid.,
　　p.354.

기술을 집대성한 대규모 출판 사업이었다. 집필자들은 프랑스의 일류 계몽사상가들로서, 1751년 제1권이 출판되고 이어 1772년까지 본문 19권, 도판 11권의 대사전이 완성되었다. 『백과전서』 집필자들은 이성을 주장하고 신학과 교회에 강한 비판을 보였기 때문에 발행 금지 등 당국의 탄압을 받기도 했다. 편찬의 기본 취지는 혁명보다는 개혁을 겨냥한 것이었으나 근대적인 지식과 사고 방법으로 당시 사람들을 계몽하고 권위에 비판적 태도를 취했기 때문에 결국 『백과전서』는 프랑스대혁명의 사상적 배경이 되었다. 집필자나 편집자 및 이 사업에 참여한 사람들은 각양각색이었지만 대부분 가톨릭교회와 절대왕정에 반대하는 입장이었다. 이들의 작업은 18세기 후반 프랑스 자본주의의 총괄적 반영이었으며 당시의 진보적 사상을 총동원한 결과로서, 1789년 프랑스대혁명의 사상적 무기인 동시에 사상적 지반을 굳히는 구실을 했다.

『백과전서』에 실린 도판들은 사물들의 보편적 상태를 보여주고 있는데, 즉 특정한 각도에서 들어오는 특정한 종류의 빛이 아니라 가장 중성적인 빛 속에 놓여 있는 사물들을 정면상 아니면 30도가량 옆에서 본 모습으로 묘사하고 있다. 최대한도로 주관화를 방지하는 세팅 속에 묘사되어 있는 것이다. 이는 모든 사물들을 아무런 위계 등급 없이 동등하게 보겠다는 계몽적 사상의 소산이기도 하다. 이에 비하면 사진은 사물의 보편적인 상태를 보여주기는 불가능하다. 사진은 특정한 개별 사물만을 찍을 수 있기 때문이다. 물론 우생학을 목적으로 유대인이나 범법자 등 특정 유형의 인물들의 보편적 상을 만들어내기 위해 사진들을 겹쳐서 인화하는 방식으로 합성사진을 만든 19세기의 프랜시스 골턴 같은 경우는 있지만, 그의 사진은 의사과학(pseudo science) 이상의 지위를 지니고 있지 못하다.

그래픽 체계에서 미리 나타난 객관적 태도가 사진에 나타나기까지는 100년 이상을 기다려야 했다. 그것은 아우구스트 잔더나 카를 블로스펠트 같은 독일의 신즉물주의 사진가들의 유형학적 사진에서 구현되었다. 유형학적 사진의 요체는 사진을 아카이브, 혹은 그 구성 요소인 서랍 같은 체계에 넣는다는 것이다. 즉 사진의 비시각적이고 관료적인 분류 체계가 사진의 내용을 결정하는 것이다. 다시 한 번, 사진은 그 비시각적 요소 때문에 빛을 보고 있다.

갑자기 시대와 지역과 분야를 건너뛰어 2005년 미국 플로리다의 케네디 우주센터로 가보자. 2005년 7월 NASA는 '디스커버리: 비행으로의 귀환(Discovery: Return to Flight)'을 쏘아 올리면서 엄청난 양의 카메라를 동원해 방대한 사진 기록을 만들어냈다. 컬럼비아호가 착륙 도중 캘리포니아의 사막 위에서 폭발한 지 2년이 지난 일이다. 2003년 2월 일어난 컬럼비아호의 재앙은 발사 당시 0.75킬로그램 무게의 단열 발포제가 떨어져 왼쪽 날개에 부딪힌 것에서 비롯했다. NASA는 컬럼비아호의 피해 파악과 수리를 생략하고 지구 귀환을 강행하다 컬럼비아호의 날개 구조물 속으로 초고온 가스가 유입되어, 선체가 폭발하고 비행사 7명이 모두 죽었다. 그 후 2년은 미국의 우주개발 담당자들에게는 고통의 시간이었을 것이다. NASA가 발행한 200쪽짜리 PDF 파일로 된 보도 자료에 따르면, NASA는 컬럼비아호 사고조사위원회의 권고에 따라 대단히 복잡한 사진 기록과 분석의 체계를 수립해놓고 있었다. 그 핵심은 컬럼비아호 폭발의 원인인, 발사 당시 외부 연료 탱크에서 파편이 떨어져 나와 주 날개의 앞부분을 때린 현상이 재발하는 것을 막기 위해, 발사 과정을 철저히 모니터링하기 위한 것이었다. 그 단계들을 정리하면 다음과 같다.

조립 완료 사진: 설계도와 다른 모든 주요 부분은 조립 완료 사진(패널을 닫기 진에 찍는 사진)을 찍어둔다 이미지들은 즉각 볼 수 있게 디지털화해 둔다. 조립 완료 사진을 찾는 시간을 단축하기 위해 새로운 이미지 분류 소프트웨어를 쓴다.

IMPROVING IMAGERY, DATA COLLECTION FOR SPACE SHUTTLE LAUNCH AND LANDING

Documenting the Space Shuttle's launch has been enhanced to now include a minimum of three different views from ground sites as well as aircraft-based video from angles never before available. These additional views and cameras will provide much higher fidelity footage for engineers assessing whether any debris came off the External Tank during the first two minutes of flight when the vehicle encounters the highest aerodynamic portions of the ascent. A total of 107 ground and aircraft-based cameras will document Discovery's launch and climb to orbit.

The Ground Camera Ascent Imagery System was upgraded following the Columbia accident and also will include ship and ground-based radar to compliment the strategically placed cameras. Changes include additional camera sites, upgrades to the cameras themselves, implementation of High Definition Television (HDTV) for quick look analysis, and mirrored server capability to more easily and quickly allow the sharing of imagery between KSC, JSC, and Marshall.

GROUND-BASED IMAGING OF LAUNCH

Before 2003, four short-range tracking cameras were used on the launch pads, at camera site two east of the pad, and at camera site six northwest of the pad.

Remotely controlled from the Launch Control Center adjacent to the Vehicle Assembly Building, one camera focused on the top half of the Shuttle and one focused on the bottom half. Camera site six views the hydrogen vent arm (above the tank) as it swings off the tank and also the underside of the Orbiter's left wing. Camera

site two views the area between the orbiter and the tank to observe any potential debris or ice that might fall.

TYPE	NO.
Infrared (IR)	2
High Speed Digital Video (HSDV)	2
70 mm	3
High Definition (HDTV)	19
National Television Standards Committee (NTSC)	20
35 mm	29
16 mm	32
TOTAL	107

LOCATION	TYPE	NO.
Launch Pad 39B (Launch platform & launch tower)	16 mm	30
Launch Pad Perimeter	16 mm	2
	35 mm	5
Short Range Tracking Sites (3)	HDTV	3
	35 mm	6
Medium Range Tracking Sites (6)	70 mm	1
	NTSC	1
	HSDV	2
	35 mm	7
	HDTV	6
Long Range Tracking Sites (11)	70 mm	2
	NTSC	4
	HDTV	5
	35 mm	11
WB-57 Aircraft (2)	Infrared	2
	HDTV	2
Operational Television (OTV)	HDTV	3
	NTSC	9
Public Affairs	NTSC	6
TOTAL		107

NASA가 2003년 착륙 도중 폭발한 컬럼비아호의 참사 이후 디스커버리호를 쏘아 올리면서 발행한 보도 자료는 발사 과정에서 얼마나 많은 카메라를 얼마나 치밀하게 운용하고 있는가에 대해 자세히 밝히고 있다. 표를 보면 수도 없이 많은 종류의 카메라들이 동원되고 있음을 알 수 있다.

「OD(Foreign object debris): 이전까지는 작업 과정에서 발생한 찌꺼기들(processing debris)이라고 표기되던 것을, 안전을 강조하기 위해 FOD(Foreign object debris: 외부 물체 찌꺼기)라고 표기한다.

일정표: 비현실적인 일정표가 안전하지 못한 조건으로 이어진다. 변화를 위한 여유를 더 많이 둔다. 일상적으로 위험도를 체크한다.

관리팀의 훈련: 승무원과 왕복선에 미칠지도 모를 안전 문제를 어떻게 관리할지에 대한 훈련을 강화한다. 일정표와 안전 지표에 대한 데이터를 실시간으로 받아볼 수 있게 준비한다.

근본적인 원인으로 NASA의 안전 관리 프로그램이 부실한 것으로 드러남에 따라, NASA의 '문화'를 대대적으로 개편할 것이 요구된다는 것이다. 그리고 외부 연료 탱크, 액체산소 공급라인, 산소 공급 탱크, 볼트캐처, 주 날개의 앞부분을 이루는 탄소 부품 등 왕복선의 모든 하드웨어에 대한 대대적인 분석과 개편이 따랐다. 사진 모니터링에 대한 부분은 더 복잡하고 까다롭다.

위성사진: 국방부와 협의해 궤도상에 있는 모든 셔틀의 이미지를 얻어놓을 것. '스파이' 위성이 컬럼비아호의 사진을 찍어놨어야 했으나 하지 않았다. 국립지리첩보원(National Geospatial Intelligence Agency)과 협의할 것.

취직하려면 직계가족은 모두 미국인이어야 하고, 1년이 넘는 신원조회를 거쳐야만 되는 이 특수 첩보 기관과 NASA가 협의해야 한다는 것은 이제 왕복선의 발사 과정을 사진으로 기록하는 것이 우리는 상상도 할 수 없는 정보와

CAMERA LOCATIONS

The ascent ground cameras provide imagery from the launch platform and on the launch tower itself, as well as from short, medium and long-range sites as mentioned above.

Twenty-two 16mm cameras are on the Mobile Launch Platform...

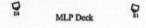

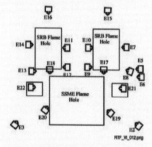

The three short-range camera sites are located within the pad perimeter approximately 422 to 432 yards from the launch pads and include two 35mm cameras and an HDTV camera. These sites provide coverage during the early phases of a launch to image individual portions of the Shuttle stack. Once the vehicle clears the launch tower, these cameras can capture larger portions of the Shuttle, but lose the ability to image and track small debris.

...and eight 16mm cameras are on the launch tower (Fixed Service Structure).

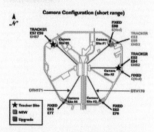

Eleven medium-range sites are located approximately one to six miles away from the launch pads – seven used for Pad 39A and six for Pad 39B. The medium-range sites each have a 35mm camera while 10 of the 11 incorporate

디스커버리호 발사장 주위의 카메라 위치들. 발사 과정에서 생기는 어떤 작은 디테일도 놓치지 않겠다는 태도다.

첩보의 차원에서 벌어지고 있음을 시사한다. '알면 다치는' 영역인 것이다. 발사 과정을 제대로 기록하기 위해서는 해상도가 높은 디지털카메라를 써야 하며 각각의 카메라는 왕복선의 모든 곳을 빠짐없이 볼 수 있고 찍을 수 있는 곳에 설치되어야 한다. 지상의 카메라는 발사 후 고체 연료 부스터가 분리되기까지의 과정을 샅샅이 기록하기 위해 적어도 각기 다른 세 군데에서 사진을 찍어야 하며, 카메라를 업그레이드해야 한다. 발사 후 왕복선의 궤적을 추적하는 고화질 디지털텔레비전 카메라를 추가해야 한다.

　　발사 과정을 기록하기 위해 전부 107개의 지상 카메라와 항공기 탑재 카메라가 쓰였으며, 특히 항공기에는 전에는 본 적이 없는 앵글에서 촬영하기 위해 비디오카메라가 장착되었다. 이렇게 촘촘한 카메라의 조직은 발사 도중 외부 연료 탱크에서 어떤 파편이 떨어져 나오는지 세밀하게 관찰하기 위한 것이다. 특히 컬럼비아호 폭발 이후 카메라를 추가하고, 카메라 자체도 업그레이드되었으며, 빠른 분석을 위해 HDTV 카메라를 설치했다. 이런 개편의 핵심은 플로리다주 케이프커내버럴에 있는 케네디 우주센터(발사 과정을 담당)와 텍사스주 휴스턴에 있는 존슨 우주센터(발사 이후의 비행을 통제), 앨라배마주 헌츠빌에 있는 마셜 우주비행센터 사이에 데이터를 실시간으로 연결해 상호 확인과 분석을 가능케 하는 데 있다. 카메라는 모두 세 군데의 촬영 장소에서 작동되며, 특히 오른쪽 날개의 아래쪽을 볼 수 있는 추적 카메라를 추가해 발사 후 동체가 롤(roll)하면서 나오는 파편도 놓치지 않고 찍을 수 있도록 했다. 각각의 촬영 장소에는 필름 카메라 두 대와 HD급 비디오카메라 한 대가 설치되었다. 단거리 추적 카메라에는 200미리 렌즈와 초당 100프레임을 찍을 수 있는 필름 400피트가 장착되며, 16밀리 영화 필름을 넣은 고정 카메라 42대가 실치되었다. 중거리 추적 카메라는 여섯 군데 설치되었고, 800미리 이상의 장초점 렌즈가 장착되었으며, 이 중 세 대는 400피트 필름, 두 대는 1000피트 필름을 넣었다. 장거리 추적 카메라도

스페이스 셔틀의 발사 과정은 상상을 초월할 만큼 복잡하다. 발사대와 셔틀을 연결하는 케이블들을 제대로 정리하는 작업은 매우 신중하게 이루어진다.

다섯 대 설치되었다. 모든 이미지 데이터들은 발사 후 몇 시간 안에 케네디, 존슨, 마셜의 이미지 분석팀과 열 보호 시스템(Thermal Protection System)에 넘겨져 연구되고 분석된다.

이렇게 많은 눈들의 존재도 못 믿겠다는 듯이, 눈은 하늘에도 떠 있다. 이번 발사에서 특이한 점은 항공기에 장착된 카메라의 사용인데, WB57 항공기에 비디오카메라를 설치해, 이제까지는 볼 수 없었던 앵글에서 발사 과정을 기록하게 한 것이다. 이는 기수에 설치된 직경 76센티미터짜리 볼 터렛(ball turret) 시스템 속에 HDTV 카메라와 적외선 카메라를 넣어, 발사 후 60초부터 주 엔진이 꺼지는 8.5분까지를 추적해서 찍도록 되어 있다.

카메라 외에도 수많은 비시각적 측정 장치들이 채용된다. 이 중에는 광대역 및 도플러 레이더가 왕복선의 발사 직후부터 신호가 사라질 때까지 위치를 추적하게 된다. 광대역 위상정합 C-밴드(Wideband Coherent C-band) 레이더는 파편이 떨어져 나올 경우의 정밀한 상황을 고해상도로 추적하며, 두 대의 바이벨 연속 펄스(Weibel Continuous Pulse) 도플러 레이더는 왕복선과 파편 사이의 속도와 동작의 차동(differential: 差動)을 추적하게 된다. 날개 앞부분에는 88개의 충격 센서를 달아서 파편이 날개를 칠 경우를 측정·기록하며, 가속도계는 초당 2만 회의 빈도로 가속 데이터를 측정·기록해 분석팀의 컴퓨터로 전송하며, 온도 센서는 온도를 측정한다.

결국 디스커버리호의 발사를 찍는 것은 사진만이 아니며, 열·충격·전파 등 다양한 차원의 측정의 심급들(instances)이다. 그리고 사진은 어떤 특정한 장면에 대한 현장 증명으로서보다는, 이런 복잡한 네트워크의 일부로서 의미가 있는 것이다. 그 네트워크는 세 단계로 나눠볼 수 있다. 첫째는 카메라의 네트워크다. 정지 카메라와 리모컨으로 조작되는 추적 카메라, 왕복선에 부착된 카메라는 복수적이고 편재해야(multiple and omnipresent) 한다는

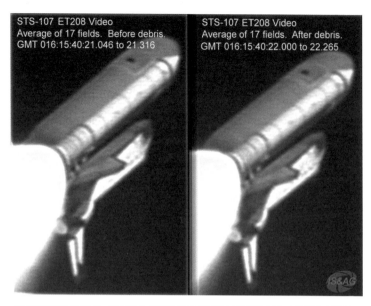

STS-107 ET208 Video
Average of 17 fields. Before debris.
GMT 016:15:40:21.046 to 21.316

STS-107 ET208 Video
Average of 17 fields. After debris.
GMT 016:15:40:22.000 to 22.265

컬럼비아호가 발사되는 과정에서 어떻게 연료 탱크에서 떨어져 나온 스티로폼 조각이
셔틀의 동체를 때렸는지 추정하게 해주는 사진. 이때 생긴 균열이 착륙하는 과정에서
발생한 열 때문에 커져서 폭발한 것으로 추정된다. 두 장의 사진은 조각이 떨어져
나가기 전과 후를 비교하고 있다. 맨눈으로는 차이를 인식하기 어렵다. 의학 사진을
판별하려면 수천 장의 엑스레이를 보며 훈련해야 하듯이, 이 경우도 특수한 종류의 인지
능력(visual literacy)을 필요로 한다. 사진이 과학적 증거로서 작용하려면 복잡한 인증
과정을 거쳐야 한다. 그것은 사진이 진짜인가 가짜인가를 밝히는 수준부터, 사진의 어떤
상태를 증거로 삼을까 하는 수준에 이르기까지 다양한 차원에 걸쳐 있다. 우주선 발사
과정에서 벌어지는 사고의 분석은 동영상을 정지시켜야 가능한 경우가 많다.

컬럼비아호의 사고 원인을 찾기 위해 파편들을 모아 설계도대로 다시 맞추고 있다.
도면과 사진 중 어느 것이 더 강력한 증거인가?

감시 카메라의 철학을 철저히 반영하고 있다. 그다음의 네트워크 단계는 다른 매체와의 직조다. 시각적 측정 장치와 비시각적 측정 장치의 조합은 상상할 수 있는 모든 측정의 층위들을 가득 메우고 있다. 외부 연료 탱크에서 떨어져 나온 파편은 이제 인간적 지각과 기계의 지각을 포함해, 지각의 장을 피해서 어디 갈 데가 없는 것이다. 마지막 네트워크는 기록된 여러 종류의 데이터들을 분석 센터로 보내서 분석하는 지적인 체계다. 결국 사진은 이런 복잡한 직조의 일부로서 기능하는 것이다. 사진이 증거가 되는 것은 이렇게 복잡한 절차와 프로토콜을 거친 다음에나 가능한 일이다.

여기서 두드러지는 것은, 거의 강박증에 가까운 예민함과 철저함이다. 대체 그 원인이 어디에 있을까? 역사에서 찾아보자. 그것은 미국인들이 우주개발에 대해 지니고 있는 역사적 트라우마와 연관된다. 사실 공개적으로 표상된 이미지로서 우주개발은 요즘보다는 1960, 70년대에 더 활발했던 것으로 보인다. 그 사실은『라이프』잡지의 표지를 보면 명백히 드러난다. 1960년대에는 우주개발과 관련한 사진들이『라이프』의 표지를 채운 적이 많았다. 당시는 우주개발이 지금보다 활발했기 때문이기도 하지만, 다른 과학 분야에 비해서 우주개발이 더 신화화되었기 때문인 것으로 보인다. 또한 전략무기만이 아니라 가정집 부엌에서 추상미술에 이르기까지 거의 모든 것이 냉전과의 연관 속에서 미국, 소련의 경쟁의 터전으로 떠오른 그 시대에『라이프』는 미국의 자유민주주의 이데올로기를 사진으로 표상하는 역할을 했었다.『라이프』의 표지에 우주개발이 많이 등장한 이유는 결국 우주개발이 동서 냉전의 한 축으로 설정되었기 때문이다. 1961년 소련의 유리 가가린이 보스토크호를 타고 인류 최초로 우주공간을 비행한 인간이 되었을 때 미국의 충격은 대단했다. 그 이유는 소련과의 과학 경쟁에서 뒤졌다는 상징적 의미 때문만이 아니라, 당시의 로켓 기술이 대륙간탄도탄(ICBM) 기술이기도 했었기 때문이다. 1960년대 미국의 우주개발에 선구적 역할을 한 제미니 로켓의 엔진은 미니트맨(Minuteman)이나 트라이던트(Trident) 같은 대륙간탄도탄에서 쓰는 것과 같은 것이었다.

결국 1960년대가 끝나기 전에 인간을 달에 보내겠다는 케네디 대통령의 예언대로 미국이 1969년 7월 21일 아폴로11호의 루나 모듈을 달에 착륙시켰을 때, 미국은 그 트라우마에서 어느 정도는 벗어날 수 있었다. 그러나 1970년대 내내 미국은 우주개발 경쟁에서 소련을 이겨야 한다는 강박관념 때문에 우주개발에 상당히 많은 투자를 하게 된다. 그리고 실제로 우주개발의 이미지는 강력한 나라 미국의 이미지를 세계에 심는 데 중요한 역할을 한다. 그러나 트라우마는 끝나지 않았으니, 중간중간 로켓 발사가 실패하는 일이 생겼고, 공교롭게도 그런 실패는 항상 텔레비전으로 전 세계에 중계되는 엄청난 재앙의 스펙터클을 낳고는 했다. 이는 로켓 발사 실패로 인한 엄청난 인명 손실 참사를 공개하지 않는 중국과는 크게 다른 양상이라고 할 수 있다. 1986년 챌린저호의 폭발은 그런 트라우마 중에서도 대표적인 것으로서, 이후 상당 기간 동안 미국의 우주개발은 진행되지 못했다. 그것은 안전한 우주개발을 위해 연구하는 기간이기도 했지만, 또 한편으로는 트라우마를 벗어나기 위한 치유의 기간이기도 했다.

트라우마에서 벗어나는 길 중 하나는 외화(外化)하는 것이다. 대개 트라우마는 겉으로 떠올라서는 안 되는 고통스러운 기억이 프로이트가 말한 반복강박에 의해 자꾸 떠오르기 때문에 생겨난다. 아무리 고통스러운 트라우마라 해도 반복되지 않고 일회성으로 끝나면 트라우마가 아니기 때문이다. 외화한다는 것은 고통스러운 반복강박의 형태로 트라우마가 주체의 의지에 반해 떠오르게 놔두는 것이 아니라 겉으로 표상해 객관적 거리를 두고 볼 수 있게 하는 것이다. 그것은 흡사 프로이트가 말 한 '포르드-디(fort-da)' 게임과도 비슷한 것이다. 엄마가 일하러 가서 혼자 방에서 놀아야 하는 아기는 실패의 한쪽 끝을 잡고 던졌다 되감았다를 반복하면서 "갔다(fort)-왔다(da)"라고 반복해서 말한다. 프로이트는 이 행위에 대해, 어린아이가 엄마가 없는 부재의 고통을 언어화를 통해 해소하고 있다고 해석한다. 즉 '엄마가 갔다, 다시 왔다'라고 끊임없이 놂으로써 엄마가 없는 고통은 담론의 표면으로 떠오르고, 담론은 상징질서 안으로 편입되면서 고통은 처리될 수 있는 어떤 것으로 전환된다. 상징질서는 아기에게 "원래 엄마는 항상 바쁜 거야"라거나 "엄마는 너 말고도 만나야 할 사람이 많아" 등 엄마가 없어야 하는 이유들을 아이에게 가르친다. 물론 언어를 통해서다. 아이는 인간으로 성장하기 위해 상징질서에 편입되어야 하고, 엄마가 없어야 하는 이유에 대해 납득하고 적응한다. 그러면서 상실의 고통은 잊혀간다. 잊혀 사라진다기보다 무의식의 어두운 저장고 속으로 감춰지고 만다. 나중에 그 아이는 자기가 상실하고 만 그것을 엉뚱한 데서 찾으려고 하는데, 그게 페티시즘이다.

사진이 증거로서 작용하는 것도 바로 이런 측면이라고 생각된다. 과거는 끊임없이 쏜살같은 속도로 망각의 블랙홀을 향해 돌진해 가는데, 그것은 끊임없는 상실의 경험을 수반한다. 그것이 법의 이름이건 과학의 이름이건 역사 기술의 문제건 간에 그런 상실에 대한 방어 기제로서 증거를 필요로 한다는 점은 비슷하다. 상실은 단순히 없는 게 아니라 부재의 고통을 가져오기 때문이다. 궁극적으로 부재하는 게 무엇인가는 쉬운 질문이 아니므로 여기서는 넘어가기로 하자. 중요한 것은 부재를 대체하거나 부인하게 만드는 작용이 증거로서의 사진에 있다는 점이다. 그러므로 증거와 페티시즘은 바로 맞닿아 있다. 페티시즘도 결국 부재하는 것(대개 어머니의 신체)에 대한 가상적 보상이기 때문이다. 물론 핵심은 무언가가 사라져서 다시는 돌아오지 않는다는 고통스러운 경험에 대한 대체 혹은 부인(disavowal)이다. 더 나아가, 그런 게 부인되고 있다는 것에 대한 부인이다(disavowal of disavowal). 즉, 자기가 무엇을 부인하고 있는지 전혀 의식하지 못하고 있는 것이다. 이는 레베카 코메이가 말한 상실의 상실(loss of the loss)과 비슷한 개념이다.[4] 자기가 무엇을 상실하고 있는지도 모르는 상실. 증거의 개념 속에 상실되고 놓치고 있는 것은 증거가 페티시즘과 맞닿아 있는 채 어떤 상실을 커버해주고 있다는 바로 그 사실이다.

　이는 무엇을 뜻하는가. 사진이론가 존 탁에 따르면, 사진의 증거능력은 사진 속에 어떤 물건이 나타나 있기 때문에 생기는 게 아니다. 그것은 사진의 현실주의, 즉 사진이 현존했던 사물에 대한 기록이어서가 아니라, 사진이 속해 있는 담론적 구성체 때문이라고 존 탁은 주장한다. 사물의 외관을 베껴낸 것일 뿐인 사진 자체는 아무런 발언의 능력이 없다. 사진의 시각적인 면(the visual)은 텍스트적인 것(the textual) 혹은 언어적인 것(왜냐면 증거라는 것은 증언능력이고, 그것은 어떤 게 '있었다'고 적시하는 능력이기 때문이다)을 발생시킬 능력이 없다. 말 없는 사진을 말하게 해주는 것은 사진 자체가 아니라 사진을 채용해 상징질서 안에서 활용하는 법 체계, 과학 체계 등 사진 외적인 체계들이다.[5]

　그런 체계는 객관성과 공정성을 표방하고 있으며,

---

[4]　Rebbeca Comay, "The Sickness of Tradition: Between Melancholia and Fetishism," *Walter Benjamin and History*, Andrew Benjamin (ed.), London: Continuum Press, p.123.

[5]　"나는 기록사진이 사람을 이끄는 무게는 전혀 '현상학적'인 것이 아니라—바르트가 후기에 썼던 용어를 빌리자면— 항상 '담론적'이라는 것을 주장하려는 것이며, 기록의 지위와, 그 증거의 권력 효과는 제도적·담론적·정치적인 것들이 엮어져 있는 장에서만 생겨났다는 것이다." John Tagg, "The Pencil of History," Patrice Petro (ed.), *Fugitive Images: From Photography to Video*, Bloomington/Indianapolis: Indiana University Press, 1995, p.289.

그것은 기술적으로는 대단히 소박한 입장인 것이다. 즉 아무런 의미 체계나 제도, 규칙의 프로토콜도 개입해 있지 않은, 그저 단순히 기계적 절차라는 인상을 주는 것이다. 존 탁의 논의를 좀 길게 인용하자면, 겉으로는 철저히 기술적인 면에 대한 강조인 것처럼 보이는 역사적 증거로서 사진에 대한 논의가 실은 철학적으로 대단히 밀도 있게 얽혀 있다는 것이다.

일반적인 원칙이나 철학적인 논리 체계도 요청하지 않고, 역사적 조사 작업을 소박한 테크닉과 약정의 집합으로서 제시하는 것은 실제로 역사를 가공하는 과정에 아무런 이론적 결정도 개입해 있지 않다는 점에서 중요하다. 우리에게 남은 것뿐이라고는 린 헌트의 말대로 "다큐멘터리 기록의 감식안"에 의존하는 실천밖에 없는데, 그 감식안의 내부에서 사진의 특정한 제도가 동원될 수 있는 것이다. 그러나 전문적인 역사의 테크닉과 병행해 발전한 일반적인 법의 규칙과 실행에서처럼, 증거를 산출하고 평가해야 한다는 요구는 강한 철학적 힘을 가진 것인데, 그 힘은 시간 속에 존재하는 하나의 단일한 실체로서 사건의 개념을 근본적으로 선호하는 것이며, 역사적 조사 작업의 임무는 바로 그 사건이 존재하고 있음을 입증하는 것이다. 그러나 증거에 대한 법적인 범주와 규칙은 진리라는 것을 이미 인정되어 있는 법의 적용 양식이라는 면에서 논의하고, 판정하고, 항고할 수 있는 어떤 것으로 구성하는 반면, 역사 기술의 행위와 역사적 확인의 규칙은 과거의 사건을 오로지 하나의 방식으로만 존재하는 것으로 제한해버리고 나머지 가능성은 완전히 배제해야 한다고 요청하는 와중에서, 위와 같이 강제된 법정 논쟁을 넘어서버린다. 소박한 테크닉이라는 틀 내에서는 사건의 사건성(eventhood)을 구성하고 있는 것은 미리 정해지며, 이론이 개입해 있지 않은 이런 결정 과정에서는, 사건성이 처해 있는 담론적

제도의 행위는—억사의 제도는— 논란의 대상이 되지
않는다.[6]

여기서 '역사'를 '과학기술'로 바꾸어도 논의는 그대로 성립할
것이다. 역사나 과학기술이나 사진 같은 증거의 개념에
강하게 의존하고 있는 지식의 구성체이기 때문이다. 사진의
증거능력은 사진이 가진 가장 강력한 능력이지만 또한 가장
취약한 능력이기도 하다. NASA가 디스커버리호의 발사 때
행한 엄청난 기록과 분석과 종합의 노력이 결국은 상실의
고통에 대한 페티시즘적 대처라고 하면 너무나 허망하지만,
사진 속에 있는 것이 그 사물 자체는 아닌 것은 확실하다. 각종
기록, 측정 장치를 여러 겹으로 쌓아놓는다 해도 말이다. 이제
우리는 누구를 믿고 살아야 하나.

---

6   Ibid., p.289.

테크놀로지의 배신

이 글은 거짓말하는 기계와 진실을 말하는 기계 사이의
단순한 구분에 관한 것이다. 언제부터 테크놀로지가
인간을 속여왔는지는 알 수 없으나 한 가지 확실한 것은
테크놀로지가 이미지 생산에 적극 개입한 이래로 사람을
교묘하게 속여왔다는 것이다. 물론 인간을 속인 것이
테크놀로지만은 아니나 테크놀로지가 인간을 속일 때 가장 큰
문제는 롤랑 바르트가 말한 '순진무구함(innocence)'이라는
탈을 쓰고 작동하는 진리의 기계가 된다는 점이다.[1]
순진무구함이란, 코드와 수사법이 거미줄처럼 얽혀 있는 기호
체계가 마치 그런 것들이 없는 것처럼 행세하는 걸 의미한다.
이는 테크놀로지가 아무런 의미도 갖지 않을 경우 가장
심하게 나타난다.

사람들은 선풍기가 사람을 속인다고 생각하지 않는다.
선풍기는 어떠한 진술도 하지 않으면서 바람만 내보내고 있기
때문이다. 그러나 선풍기가 사람을 속이는 이유는 바람을
내보낸다는 바로 그 지점을 통해서다. 선풍기는 기계로 만든
바람을 내보내면서 마치 자연풍인 것처럼 꾸며서 사람을
속인다. 그러나 선풍기의 바람은 '진짜' 자연풍과는 질이
다르다는 점에서 어수룩하다. 더 이상 선풍기의 바람에 속는
사람은 없기 때문이다. 그러므로 선풍기는 본의 아니게
진실의 기계가 된다. 즉 선풍기의 바람에는 어떤 신화도 없는
것이다. 결국 선풍기는 거짓말을 할 능력이 없다.

반면 에어컨 바람에는 많은 신화가 들러붙어 있다.
오늘날 에어컨 광고에 붙는 수많은 화려하고 착잡한
수사들을 보면 그 신화의 종류와 가짓수를 헤아려 볼 수
있다. 어떤 에어컨 광고를 봤더니 거기 동원되는 어휘는

---

1   롤랑 바르트, 『현대의 신화』, 이화여자대학교 기호학연구소
      옮김, 동문선, 1997년, 323쪽.

315

기분, 공기, 생활, 경제적, 입체, 알레르기, 먼지, 편리, 자유, 언제, 어디서나, 빠르게, 보송보송, 고급, 깔끔… 등이다. 이 어휘들을 종합해보면 에어컨은 단순히 바람을 내보내는 기계가 아니라 인간이 이 혼탁한 세상을 살면서 부딪치는 물리적, 감각적, 신체적, 정신적, 경제적, 의학적 제반 문제들을 해결해주는 만능 기계처럼 보인다. 이 어휘들의 함축 의미가 풍부하면 할수록 에어컨의 매력은 더 커지지만 또 한편으로 거짓말 능력도 더 커진다. 엄밀히 말해 에어컨은 온도가 낮은 공기를 만들어내는 기계일 뿐이지 위에서 나열한 가치들을 생산해내는 어떤 장치나 알고리즘도 지니고 있지 않기 때문이다. 그런 알고리즘은 에어컨에 들어 있는 게 아니라 시나 소설, 영화나 연극 등에 들어 있다. 그러므로 에어컨의 거짓말 능력은 상당하다. 결국 거짓말이란 차용이기 때문이다.

선풍기와 에어컨이라는 단순한 예를 비교했지만, 기능과 구조가 더 복잡하고 정교한 기계에 이르면 기계가 사람을 속이는 능력은 그 단수가 한없이 올라간다. 그 대표적인 게 시각 기계다. 시각 기계 하면 당장 카메라나 망원경을 떠올리겠지만 그 원흉은 1415년경에 필리포 브루넬레스키가 개발한 선원근법(linear perspective)이라고 할 수 있다. 어떤 장치의 구조를 가진 것도 아니고 부피나 무게를 가진 것도 아닌, 개념적인 틀거지지만 선원근법을 기계라고 부르는 이유는 선원근법이 실제로 작동하면서 우리들의 지각 속에 세계의 일정한 상을 제공하며, 심지어 강요까지 하고 있기 때문이다. 즉, 작동하며 기능하면 어떤 것이든 일단 기계로 보자는 것이다. 레온 바티스타 알베르티는 『회화론』에서 기하학의 원리를 이용해 선원근법이 어떻게 3차원의 공간을 정확하게 2차원의 평면에 재현해놓을 수 있는지 설명하고 있는데, 미술에서 주로 사용되고 거론되는 선원근법의 원리가 수학(혹은 기하학)에서 파생했다는 점은 르네상스 이래 인간의 시지각을 지배해온 시각의 장치가 상당히 객관적

근거를 지니려고 노력해왔음 을 보여주는 것이다.[2] 그러나 선원근법에 따라 재현된 공간이 충실하면 충실할수록 그 공간을 닮아가는 게 아니라 독자적인 2차원의 평면으로 남는다는 사실은 원근법 장치의 거짓말을 폭로하는 것이다. 즉 원근법의 장치는 "'나는 3차원의 공간'이라고 내세우는 2차원의 평면임"을 진술하는 것이다. 따라서 원근법 기계는 순진무구하지 않다. 하나의 진술 밑에 다른 진술을 깔고 있기 때문이다.

그러나 선원근법은 그 구조가 훤히 들여다보인다는 점, 그리고 조너선 크래리가 밝혔듯이 이미 1820년대에 페나키스토스코프(phenakisto-scope) 같은 장치를 통해 인간의 눈과 생리적으로 결합되어 있는 시각적 경험들이 나타나고, 이를 반영한 조지프 말러드 윌리엄 터너의 회화에서 보이듯이 망막과 뗄 수 없는 이미지들이 나타나면서 더 이상 주도적인 시각 장치가 아니게 되며 시각의 역사에서 단절을 겪게 된다.[3] 그리하여 선원근법의 거짓말은 유효성을 상실하게 된다. 폴 세잔에서 시작되는 원근법의 어긋남, 입체파에서 나타나는 원근법의 파괴는 원근법이라는 시각 기계의 거짓말이 더 이상 통하지 않음을 증언하는 것일 뿐이다.

기계는 다른 방법으로 인간을 속인다. 그것은 구조와 투명성의 관계를 통해서다. 오늘날 한국에서 누드 전화기 등으로 불리는 아주 특수하고 촌스러운 사례들을 제외하면 20세기의 기계들은 그 구조를 들여다볼 수 없다. 이는 우연이 아니다. 기계는 자신의 진술 구조를 보여주지 않기 위해서 겉을 감싸고 있는 것이다. 기계는 자신이 일하는

---

2 레온 바티스타 알베르티, 『회화론』, 김보경 옮김, 기파랑, 2011년 참고.

3 Jonathan Crary, *Techniques of the Observer: On Vision and Modernity in the Nineteenth Century*, MIT Press, 1994 참고.

구조를 보여주지 않으면서 사람에게 기능, 혹은 작동이라는 깜짝쇼를 보여주는데, 덕분에 인간은 기계를 두려워하지 않게 되었다. 이것이 20세기의 기계가 지닌 신화의 구조이며, 이는 바르트가 말한 현대의 신화의 개념과 정확히 똑같은 것이다. 즉 어떤 진술을 가져다가 형식을 바꿈으로써 신화적 담론으로 만든다는 점, 그 담론은 원래 재료가 되는 담론의 위에 덮어 씌워져 있다는 점에서 말이다. 그리하여 기계는 구차하게 일하는 모습을 보이지 않으면서 어느 틈엔가 작동하고 있더라는 신화적 메시지를 담고 있게 된다.

솔직함을 두려워하는 사람들의 심성과 결합해, 기계의 신화는 완벽히 통용된다. 실린더 안의 폭발이 보이는 자동차, 하드디스크에서 데이터가 드나드는 모습이 보이는 컴퓨터, 제트엔진의 터빈 블레이드가 1만 3000RPM으로 회전하는 모습이 훤히 보이는 여객기가 있다면 참으로 끔찍할 것이다. 그 진실들을 마주 대해야 하니 말이다. 그런데 다행히도 자동차 엔진에는 실린더 블록과 후드가 있으며, 컴퓨터에는 케이스가 있으며 제트엔진에는 나셀(nacelle)과 카울(cowl)이 있다. 은폐와 거짓의 장치들이 얼마나 고마운가.

반면, 디드로와 달랑베르가 18세기에 만든 『백과전서』에 나오는 기계들은 그 구조가 훤히 드러나 있다. 18세기의 기계들은 아직 기능과 의미, 작동과 감각의 층위가 분화되어 있지 않기 때문에 그 구조를 감춰가면서까지 다른 어떤 것으로 행세하지 않는다. 직조기는 직조기일 뿐이고 인쇄기는 인쇄기일 뿐이다.[4] 에어컨 광고에 붙어 있는 현란한 수사는 18세기의 기계에는 당연히 없었다. 그러므로 그 기계는 솔직한 기계다.

그렇다면 요즘에도 솔직한 기계도 있는가? 당연히 있다. 그런데 대부분의 솔직한 기계는 사라져버렸다. 이는 마치 지나치게 솔직한 사람이 사회생활을 할 수 없어서 도태되는

---

4   드니 디드로, 『백과전서 도판집』, 정은주 옮김, 프로파간다, 2017년 참고.

것과 같다. 사상의 비리를 떠들고 다니는 사원이 어떻게 회사에 붙어 있을 수 있겠는가? 항상 실패하게 되어 있는 기계의 운명을 솔직하게 보여주는 기계들은 모두 사라졌다. 저절로 사라진 게 아니라 강제로 파괴되어 폐기 처분되었다. 나치는 엄청난 상상력으로 가득 찬 괴물스러운 스케일의 전쟁 무기를 많이 만들어냈는데, 나치가 패망하고 그들의 무기 창고를 열어본 연합군은 상상을 초월하는 온갖 기계들을 보고 입이 벌어졌다고 한다. 그들은 최초의 제트전투기와 탄도미사일, 돌격 소총을 만드는 등 괴물 기계의 선구 형태들을 많이 만들어냈다. 그러나 정말로 자신의 운명을 솔직하게 표현하면서 장렬하게 폐기된 기계들 중에는 마우스(쥐)라는 이름으로 불린 150톤이 나가는 전차, 한 번 발사하는 데 30분이 걸리는 거대하고 거추장스러운 열차포, 프로펠러가 앞뒤로 달린 비행기 등이 있다. 이런 기계들은 단지 괴물 같은 기이함(idiosyncrasy)을 표상하는 기계, 따라서 기계가 아니라 무슨 불구자 같은 형태로만, 희미한 스케치로만 남아 있을 뿐이다.

그렇다면, 폐기되지 않고 멀쩡히 작동하면서도 솔직한 기계가 있는가? 테크놀로지와 이미지 생산이 결합한 이후로 테크놀로지의 거짓말은 가히 미증유의 차원을 떤다. 도대체 어디부터 어디까지가 거짓말이고, 누가 누구에게 하는 거짓말인지 구분도 할 수 없다. 그런데 놀랍게도, 멀쩡하면서 진실을 말하는 기계가 바로 카메라다. 수차(aberration)는 차라리 카메라(더 정확히 말하면 렌즈)가 자신의 단점을 드러냄으로써 진실을 말하는 중요한 순간이다. 즉 렌즈는 수차를 통해 이 기계의 한계는 바로 여기까지다라는 점을 드러내주는 것이다.

기계가 오차 혹은 결점을 통해서 진실을 말한다는 사실은 무척이나 흥미롭다. 사실 수차는 색이니 형태를 왜곡시키기 때문에 진실의 장치에 난 흠집 같은 것이고 진실의 반대극에 있는 것이다. 물론, 어린아이가 무심코 집안의 부끄러운 진실을 말하려 하는 순간 부모가 재빠르게 아이의 입을 막듯이, 카메라 회사는 수차가 드러나지 않도록 여러 배려를 한다. ED 렌즈니 비구면 렌즈니 컴퓨터 설계니 하는 어휘들이 그런 배려의 이름들이다. 결국 사진의 진실은 진실의 반대극을 억압함으로써 생겨나는 상대적이고 변증법적인 것이며, 고도의 수사와 어휘들의 작동이라는 또 다른 장치들의 산물임이 드러난다.

그러므로 사진을 통해서 진실을 말한다는 것이 개념적으로 어폐임이 드러난다. 설사 진실이 있다 해도, 그것은 비진실과의 대비를 통해서 드러나는 상대적인 것이다. 그런데 엄밀히 말하면 진실은 상대적인 게 아니므로 그것은 진실이 아니다. 단지 진실임을 연기하고 있는 신화적 제스처가 있을 뿐이다. 사람이 연기를 하면 금방 알아볼 수 있는데 기계가 연기하는 것은 눈치조차 챌 수 없다는 게 인간의 문제다.

에필로그
기계기의 형성과 부침, 내가 기계비평가가 되기까지

프로이트가 인간의 성장발달 단계를 구강기, 항문기, 남근기, 잠복기, 생식기로 나누듯이, 대부분의 인간의 성장 발달에는 기계기(machinic stage)라는 단계가 있다. 물론 기계기라는 말은 누구도 정식화해서 한 말이 아니다. 기계기란 기계의 효용이나 매력이 인간의 심리적, 신체적 존재 속에 각인되어 인성의 중요한 부분으로 자리 잡는 기간을 말한다. 내가 기계비평가가 된 것은, 결국은 기계기 때 내 안에 들어선 기계 애호가 어떻게 내 인생의 여러 단계를 거쳐 발현되었다가 억압되고, 그러다가 잠복했다가 다른 계기를 만나 다시 형태를 바꿔서 발현되는가 하는 과정으로 설명할 수 있겠다.

대부분의 인간에게 기계기는 3~5세 사이에 온다. 물론 기계기는 여아보다는 남아에게 더 우세하게 나타나는 게 사실이다. 대개 그 나이에 아이들에게는 기계 장난감이 주어진다. 아주 초보적인 자동차나 탱크 같은 것 말이다. 물론 여아들에게도 그 시기에 기계가 장난감으로 주어지기는 하나 대개 그것이 부엌 세트처럼 여성화한 기계이고, 여성성의 발현이 기계성의 발현보다 더 우세하기 때문에 여아들은 그것을 기계 애호로 발전시키기보다는 기껏해야 가사 노동의 예비 시뮬레이션 단계로 겪는 경우가 많다.

왜 개인의 발달 단계에서 기계기가 중요하냐면, 기계기를 제대로 겪지 않은 사람은 자라서 최소한 기계치가 되거나, 최악의 경우 기계 따위는 참된 인간성의 구현을 가로막는 천한 것이니 무시해도 좋다는 초월적 도사가 될 수 있기 때문이다.

기계기는 역사적 개념이다. 왜냐면, 정확히 언제부터 부모들이 아이들에게 기계를 장난감으로 주기 시작했는지는 모르겠지만, 아마도 기계가 인간의 생활에 깊숙이 들어온 근대, 혹은 후기 근대의 현상일 것이라 생각되고, 지금은 자동차나 탱크 같은 하드한 물질 기계보다는 소프트한 컴퓨터 계열의 게임기 등이 아이들에게 먼저 주어지므로, 더 이상 기계기는 나타나지 않을 것이라고 보이기 때문이다. 우리 삶을 지배하는 기계는 더 이상 하드한 물질 기계가 아니라 소프트한 정보 기계이므로, 지금 이후로 태어나는 아이들은 기계기를 겪지 않은 채 어른이 될 것이다. 아니면 컴퓨터기 혹은 다른 기를 거칠지도 모른다. 결국 기계기란 서양의 경우는 기계가 대중들의 삶에 공기처럼 깊숙이 파고든 19세기 말부터의 일일 것으로 생각되고, 한국 같으면 대한민국 정부 수립 후의 일이 아닐까 싶다. 아마 역사적 현상으로서 기계기는 최소한 한국에서는 개인에게서나 역사에서나 더 이상 나타나지 않을 것이다. 속으로 잠복했다가 오랜 세월 뒤에 사자의 귀환처럼 다시 나타나지 않는 한 말이다.

나에게도 세 살 때쯤 기계기가 온 것 같다. 어렸을 적 사진을 보면 대략 그 나이에 아주 초보적인, 나무로 된 트럭을 갖고 노는 장면이 있기 때문이다. 대부분 가정에서 기계의 담지자가 아버지라는 점에서 기계기는 시기적으로 아버지의 이름이 중요한 시기인 남근기와 일치한다. 그리고 구강기와 항문기에는 아버지의 존재가 별로 중요하지 않다가 남근기에 와서 다시 아버지의 존재가 부각되고 아이가 세상의 질서를 파악하는 데 중요한 역할을 하듯이, 기계기 역시 아버지의 존재가 부각되는 시기다. 남근기에 남아는 오이디푸스콤플렉스를 경험하게 되지만 자신을 자기 부모와 동일시함으로 적절한 역할을 습득해 양심이나 자아 이상을 발달시켜나간다. 이때 아이에게 세상의 질서를 가르치는 가장 중요한 계기는 아버지의 단호한 "노!"다. 즉 아이가 해도 되는 것과 안 되는 것, 가질 수 있는 것과 가질 수 없는 것, 욕망해도 되는 것과 욕망해서는 안 되는 것 사이의 초보적인 구분을 가르치면서 아버지는 아이에게 강하고 중요한 존재로 각인된다. 바로 그 시기에 기계기가 오는 것이다. 거기에는 남자는 기계를 다룰 줄 알아야 하고 여자는 다룰 줄 몰라도 된다는 사회의 일반적 관념이 작용했음은 물론이다. 그러므로 기계기는 아버지의 이름에 묻어오기도 하지만, 사회의 초자아에게 실려서 오기도 한다. 기계기는 기계에 대한 애호 취미와, 남자라면 기계를 다룰 줄 알아야 한다는 일반적 의무감이 섞여 있는 시기라는 점에서 모순되면서도 중요한 순간이다.

나의 경우는 기계기가 대략 세 살부터 열 살까지 이어진 것 같다. 물론 기계기는 열 살에 끝난 게 아니라 세월이 가면서 잠복했다가 격세유전하듯이 모습을 바꿔서 다시 나타나기도 하고, 어떤 때는 퇴행하기도 하는 등 다양한 양상을 보이면서 나선형적으로 발전한다. 내 아버지는 여느 아버지와 비슷하게 내게 장난감 자동차를 사다 주셨지만, 남들과 좀 다른 점은 지속적으로 기계를 공급해주어 내 기계기를 연장해 주셨다는 점이다. 아버지께서는 내가 점점 커감에 따라 일본 마이니치 신문사에서 나온 항공 화보집 『세계의 날개(世界の翼)』같은 책에서부터, 보잉707과 747 같은 항공기, 전함 야마토의 모형 등을 일본에서 사다 주셨는데, 이때 겪은 기계들은 근대 기계의 원형상으로 내게 깊이 각인되어 있다. 흡사 오리가 태어나서 처음 본 것을 자기 엄마라고 생각하듯이(나는 이것을 '오리의 원리'라고 부른다), 내게는 오늘날까지도 보잉707과 747이 가장 아름다운 항공기로 남아 있는 것도 기계기에 형성된 표상이다. 국민학교 4학년 때 그 책에 나오는 사진 속 보잉707을 자로 재어 종이로 모형을 만들 정도로 나는 그 책에 깊이 빠져 있었다. 물론 책 뒤에 나오는 항공기의 제원은 이미 달달 외고 있었다. 또 내가 대여섯 살 무렵에 아버지가 나를 김포공항에 데려가서 더글러스 DC3, 록히드 컨스텔레이션 등의 실제 비행기들을 보여준 것은 이후 내가 실제로 기계 체험을 하기 위해 에어쇼를 찾아가게 된 원형상을 이루게 된다.

이 대여섯 살 무렵 나의 뇌리에 싶이 각인된 기계의 모습은 동체의 반짝이는 금속 표면, 프로펠러가 돌아가는 무서운 힘, 엔진에서 나는 괴물의 울부짖음 같은 소리, 마술처럼 하늘로 날아오르는 운동성이었다. 또한 수원 외갓집

근처 건널목에 매달려 아침저녁으로 보던 디젤기관차의
시커먼 차체, 땅을 울리는 육중한 몸체, 나를 공포로 몰아넣던
기적 소리, 근엄한 엔진 소리도 당시 내게 강력하게 각인된
기계미였다. 한마디로 기계기의 나에게 기계미를 일깨운 것은
하드한 근대의 기계들이었다.

물론 기계기가 오로지 아버지의 영향으로 온 것만은
아니었다. 거기에는 또 다른 계기가 있었으니, 그것은
국민학교 때부터 비행기와 모형 탱크를 함께 만들던
친구들과의 형제애(brothership)에 가까운 우정이었다. 그들
중 한 사람은 조선공학자, 또 한 사람은 기계공학자, 또 한
사람은 전자 제품 디자이너가 되었으니, 사실 나보다는 이
친구들에게 기계기가 더 세게 와서 더 오래가는 편이다. 물론
지금도 그들과는 기계에 대한 얘기를 많이 하고 있다. 대개의
아이들이 6~12세의 잠복기를 거치면서 기계기가 사라지고
철학이라든가 이성 문제, 돈 문제, 집 문제, 땅 문제, 진급
문제 등에 더 관심을 갖는, 더욱 인간적으로 성숙된 단계로
넘어오는 것을 볼 때, 나와 내 친구들에게 기계기는 상당히
오래 지속되는 편이다: 해양연구원에 가서 친구가 조선공학
연구하는 것을 보니 배 모형 만들어서 실험하는 모습이
꼭 나와 내 친구들이 국민학교 때 하던 것을 좀 더 심각한
형상으로 하고 있었기 때문이다.

중학생이 되고 사춘기가 되면서 기계기는 깊은 잠복기에
들어간다. 이때는 이성에 눈뜨든지 고된 중학생 생활에
치이든지 하는 둘 중의 한 시기다. 내게도 중학교 때는
기계기의 발현이 거의 없었던 시기다. 그것은 특히 사립
국민학교를 나와서 공립 중학교로 올라가면서 겪은 충격과도
관계가 깊다. 중학교 1학년 때 이미 어떤 친구는 공장에
나가느라 학교를 다닐 수 없었고, 정말로 전근대적으로
더러운 교실에서 코피를 터뜨려가며 싸우고, 난롯불에다
담배를 붙여 피우던 친구들의 모습은 나에게 세상이 지닌
모순과 악의 형상들을 일찍 가져다주었다.

반면, 중학교 때 내 기계기는 잠정적으로

전자기(electronic stage)라 할 수 있는 단계로 접어든다. 즉 나는 하드한 물질 기계보다는 소프트한 전자 기계에 대한 관심이 컸던 것이다. 물론 전자 기계라고 해봐야 청계천의 장사동에서 트랜지스터나 저항, 다이오드 등을 사다가 라디오 등을 만드는 것이었는데, 아버지께서 전자공학자였음을 상기한다면 이는 자연스러운 변화였다. 사실 나의 관심은 전적으로 소프트하고 논리적인 기계로서의 전자 장치보다는 뭔가 물질적인 냄새가 남아 있는 기계에 향하고 있었다. 당시 만들었던 것 중에 지금 생각해도 제일 재미있었던 것이 CdS(황화카드뮴)를 써서 빛을 받으면 버저가 울리도록 한 장치였다. 황화카드뮴이 빛을 받으면 전기저항이 줄어들어 회로를 작동하게 만든 이 장치를 나는 실제로 아침에 나를 깨우는 기능을 하도록 사용하기도 했는데, 중간에 전기의 흐름을 기계적인 스위치의 조작으로 바꿔주는 릴레이도 무척이나 흥미로운 장치였다.

고등학교에 가면서 내 기계기는 플라스틱 모형 취미로 되살아난다. 이것도 사실 내게는 일반적인 모형 취미의 범주에서 크게 벗어나지는 않지만, 주위의 어떤 친구들은 오늘날 말로 하면 오타쿠 수준으로 빠져들어, 제2차 세계대전 때의 영국 전투기만을 만든다든지, 트랙의 모든 마디를 일일이 손으로 맞춰야 할 정도로 정교한 레오파르트 전차 등 아주 특이한 기계에 빠져든 경우도 있었다. 지금 생각하면 이런 취미들이 내 기계기의 성좌를 이루는 별들이었던 것 같다. 하지만 고등학교 때 간신히 살아난 내 기계기는 입시 스트레스에 눌려 깊숙이 억압되고 만다. 그것이 다시 표면으로 드러난 것은 한참 후였고, 모형 취미와는 다른 영역이었다.

대학 때와 대학원 때는 기계기가 가장 깊숙이 숨어버린 시기다. 대학을 서울대 자연과학대학으로 갔지만 입학 초부터 예술과 철학으로 빠져들어 과학이라는 전공은 내 인생에서 그저 잠깐 택했던 과목 이상의 의미는 없었다. 그런데 사실 이때 가지고 있던 예술의 개념은 오늘날 보면 크게 편협한,

기계와는 유리된 낭만적 예술이었으니, 사실 나는 예술의 분위기에 취해 주변을 맴도는 딜레탕트에 지나지 않았던 것이다. 그래도 이때가 내 일생에서 예술에 대한 열망을 가장 열심히 태우던 시기였으니, 다니던 화실에서 그림 그리다 화판 앞에서 쓰러져 잠이 들기도 했다. 하여간 당시 나를 사로잡은 예술의 개념은 뭔가 실존적이고 현상학적인 경험을 중시하는 것이었으니, 기계와는 전혀 상관이 없다고 설정된 것이었다. 더군다나 대학원 때 어설프게 읽은 하이데거는 기계문명 같은 것은 심오한 인간존재의 본질과는 동떨어진, 편리와 기능만으로 채워진 천박한 것이라고 하여, 내게 기계에 대한 경멸감을 심어주는 데 결정적인 역할을 했다. 바바리코트 깃을 세우고 소정(小亭)이나 의재(毅齋) 같은 동양화 육대가들의 그림을 즐겨 보러 다니던 대학원생으로서는 당연한 귀결이었던 것 같다. 기계기의 억압은 그간 내가 만든 플라스틱 모형들을 스스로 무참히 파괴해버리는 타나토스적 행동으로 나타났다.

하지만 워낙 내 무의식의 심층 깊은 곳으로 가라앉은 기계기의 영향은 그리 쉽게 사라지지 않았다. 석사 논문을 쓸 때가 되면서 기계에 대한 내 관심은 서서히 되살아났다. 그리고 대학원 2학년으로 올라가면서 회화에 대한 관심이 사진에 대한 관심으로 옮겨간 것도 잠복해 있던 내 기계기가 꼴을 달리해 나타나던 양상의 일부였다. 석사 논문은 미학자 중에서 기계를 다룬 사람에 대해서 쓰게 되었다. 그래서 고른 사람이 발터 벤야민이었다. 예술 작품을 복제 기술과 연관시켜 논한 점도 흥미로웠지만, 예술을 마치 기계 장치처럼 기능 전환(Funktionswandel)이라는 관점에서 본 그가 당시 내게는 떠받들어 모셔야 할 신주처럼 보였다. 사실 오늘날의 관점에서 보면 벤야민의 사상에는 기술결정론 등의 문제점이 많지만, 예술과 기술의 관계를 논한 선구자라는 점에서는 이론이 있을 수 없다. 그리고 이 무렵 나는 사진과 카메라에 관심을 갖게 되었는데, 사실 카메라는 내가 생전 처음 만져본 정밀 기계였다. 그리고 카메라처럼 많은 아우라에 쌓인 기계도 드물었다. 그런 점에서 벤야민은 니콘 F2를 볼 때까지 살아 있었어야 했다. 사진에 막 눈뜬 내게 카메라와 렌즈의 모든 면들은 신기하게 다가왔는데, 그것은 비단 그것들이 신묘한 이미지를 만들어내는 기계여서만이 아니라, 카메라의 각 부분이 도대체 여기는 왜 이렇게 생겨야 하는지, 저 렌즈는 왜 앞 유리가 저렇게 말갛고 큰지, 저 카메라의 펜타프리즘은 왜 저렇게 혹처럼 툭 튀어나와 큰지, 모든 것이 궁금증의 대상이었다. 그리고 그 궁금증은 카메라에 대한 끊임없는 아우라를 만들어냈다.

아마 대부분의 사진 애호가들이 그렇지만, 사진 애호는 결국은 카메라에 대한 페티시즘에 가까운 애호라는 것을 누구나 인정할 것이다. 사진을 찍지 않는 동안에도 집에서 수도 없이 카메라를 매만지고, 필름 안 든 카메라의 셔터를 눌러보면서 그 소리를 즐기고, 렌즈를 이것저것 바꿔 껴보는 것을 낙으로 하는 것은 사진 애호가들의 공통된 증상인 것이다. 사실 카메라 기계에 대한 그런 시각적, 청각적, 촉각적(어떤 경우는 후각적) 경험을 통해, 카메라는 심미적 시각 기계로 나의 기계기에 새로운 전기를 마련한다. 그리고 이런 심미성은 기계비평가가 되었다고 아주 버린 게 아니라, 기계의 미학이라는 다른 종류의 심미성으로 되살아난다. 물론 시간상으로나 나의 감각과 사상 편력으로나 한참이 지난 후의 일이다.

지금 생각해보면 1992년 유학 가기 전까지는 한국에 예술로서의 사진이라는 것이 일천하던 시절이었는데, 나는 그럭저럭 사진 평론이라는 것을 하는 둥 마는 둥 하다가 유학을 가게 된다. 그전까지 나의 비평은 주로 예술을 대상으로 하고 있었다. 사실 이때의 경험이 오늘날에 와서 아무 의미도 없었던 건 아니었던 것이, 예술 작품을 비평적으로 다룰 때의 관찰력과 기술 능력, 언어 구사력이 이때 형성되었고, 예술 작품이라는 사물의 보이는 겉면과 보이지 않는 속면을 꿰뚫어 보는 습관이 나중에 기계를 비평할 때도 많이 적용되었기 때문이다. 대상이 예술이건 기계이건 간에 아마 평론이라는 행위의 꼴은 비슷하지 않을까 싶다. 둘 다 대상에 숨어 있는, 혹은 대상으로부터 풀려나올 수 있는 담론들을 펼치는 행위이니 말이다. 물론 더 이상 예술비평을 하지는 않지만, 내게는 기계가 이미 예술이다.

1992년에서 1999년 사이의 미국 유학 기간 동안 내 기계기는 완전히 잠복기로 들어선 듯싶었다. 뉴욕주립대학(빙엄턴) 미술사학과에 가서 엄격한 교수 밑에서 스트레스에 짓눌려 가며 사진 이론에 대한 박사 논문을 준비하고 있는 동안 내 기계 취미는 전혀 살아날 기미를 보이지 않았다. 그러나 기계와 산업의 메카 미국에서 기계기가 완전히 억압되거나 퇴행한다는 건 가능하지 않은 얘기였다. 내가 유학 가서 경험하기로 한 게 둘 있었는데, 사진 이론 공부와 미국적 스펙터클이었다. 사진 이론이야 학교만 착실히 다니면 배우는 것이지만, 미국적 스펙터클은 스스로 찾아서 봐야 했다. 자동차의 나라 미국에서 최대의 스펙터클 중 하나는 자동차경주였다. 나는 지금도 좋아하는 스포츠가 자동차경주 하나밖에 없는데, 그 이유는 기계로 하는 스포츠이기 때문이다.

어떤 스포츠도 그렇지만, 현장에 가서 보면 육체의 대결에서 오는 폭력적 긴장감의 극한이 느껴진다. 자동차경주의 경우 육체란 경주용자동차다. 우리의 상상을 초월하는, 길이가 4킬로미터나 되는 초대형 트랙에서 경주용자동차들이 엄청난 폭음을 내며 시속 400킬로미터로 범퍼가 앞뒤 차에 찰싹 달라붙은 채 세 시간을 계속 달리는 모습을 보면 기계의 폭력미의 극한을 느끼게 된다. 어떤 스포츠든지 일정 정도의 광기를 지니고 있지만, 자동차경주는 투우에 맞먹는 죽음의 광기를 내포하고 있는 스포츠다. 마치 사자를 수십 마리 풀어놓으면 지네들끼리 물어뜯어 죽이듯이, 질주 욕구로 가득 찬 40대의 자동차들을 통제되지 않는 스피드 속에 풀어놓는다는 것은 자동차 기계들을 미필적 고의의 죽음으로 내모는 광기일 뿐이다. 물론 가끔은 드라이버가 죽기도 하지만, 그들을 대신해서 죽는 것은 자동차 기계들이다. 그 기계들이 죽는 스펙터클은 긴장감과 흥분으로 둘러싸인 드라마를 만들어낸다. 앨 언서 주니어가 인디 500에서 벽을 들이받았지만 살아났다든가, 대니 설리번이 360도 스핀 했지만 차를 망가트리지 않고 결국 우승했다든가 하는 등등, 스포츠에 으레 따라다니는 수많은 신화들 말이다. 자동차경주는 내가 목격한 광기의 기계의 극한이었다. 그때 경험한 스피드는 단순히 스포츠의 스펙터클로 끝나지 않고, 지금까지 동시대의 스피드에 대해 생각할 수 있는 중요한 계기를 내게 마련해주었다. 그것은 마치 악천후 속의 야간비행에서 비행기를 조종하면서 거의 죽음의 문턱을 겪은 생텍쥐페리가 그 경험을 문학으로 승화시킨 것과 비슷한 것이었다.

　　　미국에서 접한 또 다른 기계의 스펙터클은 에어쇼였는데, 항공의 나라 미국에서는 어디서나 에어쇼를 볼 수 있다. 그리고 아무리 시골 도시에서 벌어지는 에어쇼에도 스텔스 전투기에서 2차 대전 때의 B17 등 미국을 대표하는 군용기종들이 다 나온다. 그것은 미국의 항공 전력을 가늠해볼 수 있는 좋은 기회이기도 했지만, 무엇보다도 항공 기계에 매료되는 좋은 기회이기도 했다. 아마 오랫동안 잠복해 있던 내 기계기를 다시 일깨운 게 에어쇼였던 것 같다. 특히 믿을 수 없을 정도의 저속으로 선회하는 F18 호넷 전투기나, 놀라운 속도로 수직 상승해 구름 속으로 사라져버리는 F16 팰콘 전투기의 모습은 기계를 나의 영웅으로 만들기에 충분한 스펙터클이었다. 물론 이런 아름다운 기계가 무시무시한 살인 기계라는 모순도 살짝 인식이 되기는 했었다. 사실 그것은 군사 무기뿐 아니라 모든 기계에 내재한 모순율이다. 그게 자동차건 컴퓨터건 휴대전화건, 어떤 기계든지 다 효용성과 억압성이라는 모순되는 특질들을 지니고 있는 게 사실이며, 이런 모순의 변증법적 처리야말로 인간이 당면한 기계의 문제인 것이다. 그러므로 미국의 군산복합체와 정부의 결탁으로 생겨난 특정한 무기의 패러다임과, 그것이 미국의 세계 지배에서 하는 역할 따위의 골치 아픈 문제들은 내가 해결할 수 없는 문제로 한옆으로 치워버렸다.

이 시기 동안 기계기는 살짝 고개를 들지만 관조의 층위에만 가만히 머물러 있다. 나는 그저 신나는 구경꾼으로만 머물렀던 것이다. 이때만 해도 내가 기계비평을 하리란 건 꿈도 꾸지 않았다. 미국에서 보고 체험한 기계문명을 언젠가는 비평의 행위 속에 녹여보리라는 막연한 생각은 하고 있었지만, 문제는 그렇게 할 수 있는 개념적 도구를 발견하지 못하고 있었다는 점이다. 이는 유학 후 한참이 지나서야 풀린 문제였다.

결국 기계기가 고등학교 때 이후 잠복기로 들어갔다가 다시 고개를 든 건 유학을 갔다 와서의 일이다. 한국으로 돌아온 나는 홍익대, 중앙대, 상명대 등을 돌며 열심히 사진 이론과 평론의 과목을 맡아 시간강사를 하고 있었는데, 나의 비평은 살짝 방향을 틀어 사진 비평에서 이미지 비평으로 바뀌어 있었다. 사진은 이 세상의 수많은 이미지 속에서 맥락을 부여받는 것이기 때문에, 옛날부터 나는 사진이란 이미지의 바다에 떠 있는 상태로 해석되어야 한다는 생각을 항상 하고 있었고, 그런 관심이 눈에 보이는 건 무엇이든지 비평한다는 이미지 비평으로 발전한 것이다. 결국 『이미지 비평』이란 책을 2004년에 내게 되는데, 이 책의 출간을 계기로 나는 예술에 대한 비평을 더 이상 하지 않기로 마음먹는다. 이 무렵 슬슬 『속도와 정치』와 같은, 내 기계비평의 대선배인 폴 비릴리오의 텍스트가 눈에 들어오기 시작했고, 아울러 기계의 스펙터클을 다시 체험해보고 싶다는 욕구가 고개를 들기 시작했다.

그러나 나이 40이 다 되어가는 마당에 어린애처럼 쪼그리고 앉아서 플라스틱 모델을 요리조리 들여다보며 즐거워하는 식보다는 좀 더 성숙한 체험을 해야겠다는 생각을 하게 되었고, 그런 욕구는 인천의 공장이나 항만 등을 방문해 엄청난 기계의 스펙터클을 체험하는 쪽으로 발현이 되었다. 2003년 무렵에 내게 많은 도움을 준 분이 극동중공업 사장님인 백승철 씨였다. 고등학교, 대학교를 전부 공업 쪽으로 나와서 지금도 쇠를 다루는 일을 하는 백승철 씨는 '철의 인간'이라고 불릴 만큼 기계공업을 업으로 삼는 분이었다. 대형 카메라를 써서 공장 지대의 철의 문명이 만들어낸 스펙터클을 훌륭한 사진 작업으로 만들어내는 그분의 도움으로 나는 인천의 많은 공장을 볼 수 있었고, 이제 나의 기계기는 다시 잠복하거나 돌이킬 수 없는 단계에 와버렸다. 이때까지만 해도 내가 기계비평을 하리라는 생각은 하지 못했지만, 기계의 스펙터클을 비평적 해석의 중요한 대상으로 해야겠다는 생각은 대강 굳히게 된다. 인천의 공장 지대에서 본 기계들이 너무나 인상적이었을 뿐 아니라, 이제 시대의 대세는 이런 철의 기계가 아니라 눈에 안 보이는 소프트한 기계들로 옮겨 가는데, 이런 것들이 사라지기 전에 기록해두고 해석해두어야겠다는 생각이 들기 시작했던 것이다.

이제 기계기는 어릴 적의 기계미에 대한 소년적 동경에서, 성인으로서 각종 담론들을 들이대어 관찰하고 해석하는 쪽으로 나타나게 된다. 40년 정도의 세월 동안 나의 기계기는 많은 변화를 겪으며 다시 표면으로 튀어나온 것이다. 그렇다고 내가 완전히 기계에 대해 초연한 도사처럼 된 건 아니다. 내게는 아직도 어릴 때 김포공항에서 DC3를 보고 놀라워하던 소년이 남아 있어서, 나는 여전히 기계를 보면 입을 헤 벌린 채 구경하는 구경꾼인 것은 여전했다. 그때와 다른 점이라면 입을 헤 벌리고 구경하는 나 자신을 설명할 수 있게 되었다는 점이다. 그런 점에서 내 기계기는 예나 지금이나 근본적으로 달라진 게 없다. 겉으로 나타나는 방식이 달라졌을 뿐이다. 달라진 점이라면 담론의 힘을 빌려 스스로를 기계라는 대상으로부터 개념적인 거리를 두고 분석해 언어로 분질화힐 수 있게 되었다는 점이다. 어차피 평론가는 대상에 대한 진리를 설파하는 도사가 아니라, 그 대상을 특정한 관점으로 바라볼 수밖에 없는 자기 자신을 설명하는 사람이므로, 기계비평이란 인간이 왜 기계와 더불어

살아야 하는가, 당대에 내 옆에 있는 기계의 패러다임은 무엇인가, 왜 인간은 기계를 바라보며 칭송하든지 아니면 왜 기계에 대해 공포를 느끼고 있는지를 설명하면 되는 것이다.

그런 막연한 의무감 같은 것을 느끼고 있을 무렵에, 더 이상 팔짱 낀 관조자가 아니라 아예 기계 속으로 뛰어들기로 했다. 그래서 철도건 선박이건 직접 체험해보기로 했다. 그렇게 해서 이 사람 저 사람에게 부탁해 디젤기관차도 타볼 수 있게 되었고, 큰 배를 타고 먼 바다에 나가볼 수도 있게 되었다. 사실 기계비평은 그런 체험에 대한 과장된 감탄의 수사를 조금 더 냉정한 평론의 수사로 옮겨놓은 것에 불과하다.

이 책에 실린 대부분의 글들은 대상이 되는 기계들에 대한 직접 체험을 바탕으로 하고 있으며, 그에 대한 설명이고, 따라서 부분적이다. 이 책이 부분적인 이유는, 기계의 총체를 체험한다는 일이 누구에게도 가능하지 않기 때문이다. 기계를 다루는 실무자는 눈앞에 놓여 있는 기계가 처해 있는 역사적 맥락을 볼 수 있는 원근법을 갖고 있지 않다. 역사적 원근법을 가진 사람은 관찰자나 학자인데, 그들은 기계의 심장 소리를 들을 만큼 기계에 가까이 가지 않는다. 설사 가까이 간다고 해도 잠깐뿐이다. 1년의 9개월을 바다에 떠 있는 배에 기껏 11일을 타보고 글로 써서 책으로 내는 건 내가 생각해도 낯간지러운 일이다. 그러나 기계를 보는 새로운 스코프를 상상해본다는 데 중요성이 있다고 본다. 자기 마누라보다 더 기계를 가까이하며 매일 접하는 사람도 가지지 못한 스코프 말이다. 일생 배를 탄 선장도 왜 배의 우현을 스타보드라고 하는지 모른다. 그 이유를 캐내는 사람은 평론가나 역사가다. 평론가나 역사가는 기계의 계보학에 관심이 있기 때문이다. 더 정확히 말하면 기계에 대한 지식의 계보학에 대한 관심이라고 할 수 있을 것이다.

그런 점에서 의왕기관차 사무소를 방문했을 때 그곳의 관리장과 나눈 대화는 매우 상징적이었다. 내가 왜 디젤기관차는 그냥 디젤 동력을 바로 바퀴로 전달하지 않고 중간에 전기로 바꿔 전달하는 디젤전기기관차인가 하는 질문을 했을 때, 27년간을 같은 기관차를 다루었다는 관리장은 그 원리를 말로 설명할 수 없었다. 그는 자신이 검수(정비)하는 기관차의 구석구석을 자기 몸처럼 잘 알고 있을 텐데도 말이다. 마르크스가 말한 대로, 그는 '행하기는 하지만 알지는 못하는' 것이었다. 역사적 스코프는 말할 것도 없고, 전기공학과 기계공학의 지식은 그에게 담론의 수준으로 내장되어 있지 않았다. 나중에 이 질문에 대한 답을 찾은 것은 철도에 대한 다음카페에서였다. 그 질문에 답을 하기 위해서는 부하(load)와 축마력(axle power)의 개념이 있어야 하는데, 관리장은 그런 개념을 설명할 담론을 가지지 못했다. 그 질문에 대답해준 사람은 아마 철도에 종사하는 분이었던 것 같은데, 사실 평론가라고 해서 현장의 실무자들이 알지 못하는 지식을 가지고 있는 건 아니다. 다만 기계에 대한 지식의 원천들을 모아 더 총체적이고 메타적인 지식의 형태로 가공하는 일을 할 뿐이다. 그 과정에서 밝혀지는 것은 기계에 대한 담론의 작동 양상이다. 예술비평이건 기계비평이건, 그것이 펼쳐지는 필드는 담론이지 대상 그 자체는 아닌 것이다. 그 상태에서 기계비평이 새로운 스코프를 들이댈 수 있다면 순전히 기계에 대한 지식을 수집해 평론의 언어로 바꿔놓는다는 것뿐이다.

　　사실 이 책으로 내가 기계비평가가 되었다고 하는 것도 좀 낯간지러운 노릇이다. 세 살 때 시작된 기계기가 좀 어른의 꼴을 갖추면서 모양새가 약간 복잡해졌다고 하는 정도가 옳을 것이다. 대부분의 사람들은 기계기를 벗어나지 못하고 어른이 되어서까지 그런 표상을 가지고 있는 경우 유치하다는 말을 듣는다. 마치 어른이 되어서도 구강기를 벗어나지 못하고 손가락을 빠는 사람을 그렇게 보듯이 말이다. 그러나 와인 테이스팅이나 클래식 음악 감상 같은 취미는 고상하다고 하면서 기계 감상은 유치하다고 할 이유는 전혀 없다. 그렇게 말하는 사람 자신이 기계기에 각인된, 유치한 기계에 대한 선입관념을 극복하지 못했기 때문이다. 그래서 사람들은 기계기를 승화시키는 방편으로 기계에 엄청난 돈을 쓰는 매니아가 된다. 그것이 모형 비행기건 실제의 스포츠카이건 산악 자전거이건 말이다. 물론 거기에도 상당량의 담론들이 있다. 엄밀히 말하면 뒷담화 말이다. 그러나 그것은 사실은 기계기를 성숙한 단계로 끌어올린 것이라기보다는 어릴 적 장난감으로 주어진 기계를 좀 더 비싸고 정교하게 바꿔놓은 것일 뿐이다. 단계는 바뀌지 않고 겉에 감싼 비늘의 색깔만 바꾼 것이다. 기계비평은 비늘을 설명하려는 시도다. 무지개송어의 비늘처럼 반짝이는 비평이 되려면 기계비평은 많은 기계와 담론의 오디세이를 겪어야 할 것이다.

참고 문헌

드디 디드로, 『백과전서 도판집』, 정은주 옮김, 프로파간다, 2017년.

레온 바티스타 알베르티, 『회화론』, 김보경 옮김, 기파랑, 2011년.

롤랑 바르트, 『현대의 신화』, 이화여자대학교 기호학연구소 옮김, 동문선, 1997년.

박천홍, 『매혹의 질주, 근대의 횡단』, 산처럼, 2003년.

발터 벤야민, 『발터 벤야민의 문예이론』, 반성완 옮김, 민음사, 1983년.

발터 벤야민, 『아케이드 프로젝트』, 조형준 옮김, 새물결, 2005년.

야마노우치 슈우이치로, 『철도 사고 왜 일어나는가』, 김해곤 옮김, 논형, 2004년.

질 들뢰즈, 펠릭스 가타리, 『천 개의 고원: 자본주의와 분열증 2』, 김재인 옮김, 새물결, 2001년.

폴 비릴리오, 『속도와 정치: 공간의 정치학에서 시간의 정치학으로』, 이재원 옮김, 그린비, 2004년.

Allan Sekula, *Fish Story*, Düsseldorf: Richter Verlag, 1995.

Andrew Benjamin (ed.), *Walter Benjamin and History*, London: Continuum Press, 2005.

Beaumont Newhall and Diana E. Edkins (eds.), *William Henry Jackson*, Fort Worth/Texas: Amon Carter Museum of Western Art, 1974.

Caroline Jones & Peter Galison (eds.), *Picturing Science, Producing Art*, New York/London: Routledge, 1998.

David Nye, *Technologies of Landscape: From Reaping to Recycling*, Amherst: University of Massachusetts Press, 1999.

David Pascoe, *Aircraft*, London: Reaktion Books, 2003.

Fred E.C. Culick, "What the Wright Brothers Did and Did Not Understand About Flight Mechanics—In Modern Terms," California Institute of Technology, 2001.

George E. Smith, David A. Mindell, *Atmospheric Flight in the Twentieth Century*, Springer, 2000.

Jonathan Crary, *Techniques of the Observer: On Vision and Modernity in the Nineteenth Century*, MIT Press, 1994.

Kaja Silverman, *Male Subjectivity at the Margins*, London: Routledge, 1992.

Patrice Petro (ed.), *Fugitive Images: From Photography to Video*, Bloomington/Indianapolis: Indiana University Press, 1995.

Paul Virilio, *Aesthetics of Disappearance*, New York: Semiotext(e), 1991.

Paul Virilio, *Speed and Politics*, New York: Semiotext(e), 1991.

Roland Barthes, *A Barthes Reader*, New York: Hill & Wang, 1986.

Sanford Kwinter & Daniela Fabricius, *Mutations*, Barcelona: Actar, 2001.

Wolfgang Schivelbusch, *The Railway Journey: The Industrialization of Time and Space in the 19th Century*, American Sociological Association, 1977. 볼프강 쉬벨부쉬,『철도 여행의 역사』, 박진희 옮김, 궁리, 1999년.

기계비평가 이영준의 약력

1961   7월 2일, 서울 청량리에 있는 위생병원에서 태어남.

1967   김포공항에서 더글러스 DC3와 록히드 컨스텔레이션을 본 것이 비행기를 가까이서 본 최초의 경험.

1969   아버지께서 일본에서 유나이티드 항공의 마킹이 된 보잉707 모형을 사다 주심.

1970   F4 팬텀, A4 스카이호크 등을 플라스틱 모델로 만듦.

1972   마이니치 신문사에서 나온 항공 화보집『세계의 날개(世界の翼)』를 보고 비행기의 이미지에 빨려듦.

1973   아버지께서 일본에서 보잉747 모형을 사다 주심.

───── 친구들과 처음으로 배기량 0.049큐빅인치(0.819cc)의 엔진이 달린 유선 조종 비행기를 돈암동의 삼원사에서 사서 날림.

───── 아버지께서 합동과학에서 나온 천체망원경을 사 주셔서 그걸 조립해 달도 관찰하고 옆집의 인체도 관찰.

1974   청계천에서 저항기, 트랜지스터, 다이오드 등을 사다가 플라스틱 비누갑을 케이스로 해서 라디오 등을 만듦.

───── CdS(황화카드뮴)와 릴레이를 이용해 빛을 받으면 부저가 울리는 장치를 만듦.

1975   『학생과학』의 열렬한 구독자가 되어 거기서 시뮬레이터, LED, 스마트폭탄, 연료전지 같은 말들을 처음 봄.

───── 친구 생일에 모형 비행기 만드는 데 쓰는 접착제 엄브로이드를 선물.

───── 항공내학에서 열린 진국모형항공기대회에 무동력 글라이더로 참가해 남의 비행기만 실컷 구경하고 옴.

1976   제트엔진을 만들기 위한 설계에 착수. 중학생의 재정 형편으로는 제트엔진을 만드는 데 필요한 내열

재료를 구할 수 없음을 알고 포기. 제트엔진 대신 성냥황을 까서 모아다가 알루미늄 호일에 넣어 고체 연료로 삼고, 분필을 깎아 만든 노즐을 통해 추진력을 발생시키는 추진 기관을 만들어 자작한 미그기 모형을 약 2미터 비행시키는 데 성공.

1977 M60·치프턴·센추리온·레오파르트 등의 전차, M8·마더 등의 장갑차, B52 폭격기 등을 모형으로 만듦.

1980 서울대 자연과학대학에 들어가지만 대학 시절은 테크놀로지에 대한 관심이 제일 적었던 시기임.

1981 서울대학교 식물학과에서 처음으로 사진 현상하는 법을 배움.

──── 유전학 가르치는 교수들은 전부 밥맛이 없는 쫌팽이들임을 알게 됨.

1983 친구에게서 미국의 대학 도서관은 도서 목록이 전부 전산화되어 있다는 얘기를 듣고 심오한 학문의 세계를 얄팍한 테크놀로지로 해결하려는 미국이란 나라에 대해 깊은 경멸감을 가짐.

1984 서울대 미학과 대학원에 들어가서 하이데거의 『예술작품의 근원』을 읽고는, 테크놀로지를 경멸하는 어쭙잖은 하이데거리즘에 빠져 고등학교 때 만든 프라모델들을 전부 파괴함.

1985 기계에 의해 만들어지는 이미지라는 점 때문에 사진을 일생의 업으로 공부하기로 마음먹음. 테크놀로지에 대한 경멸은 사진 기계에 대해서는 작용하지 않음. 자연과학대학에 놀러갔다가 컴퓨터로 논문 쓰고 도트 매트릭스 프린터로 출력하는 광경을 처음 보고 의아해 함.

1987 소련의 어느 학자가 쓴 마르크스주의 관련 해설서에서 과학기술은 사회주의 건설의 원동력이라는 구절을 읽고는 과학기술의 중요성을 다시 알게 됨.

──── 디스플레이 속도가 타이핑 속도를 못 따라가는 XT급 PC로 워드를 쓰기 시작.

1988   컴퓨터에서 내 글을 블록 설정해서 복사한 후 다른
        글에 붙여서 짜깁기한 것이 꼼꼼한 독자에 의해
        탄로가 남.

1993   유학 시절, 미국 빙엄턴에서 열린 에어쇼에서 A10,
        FA18, P3C 등 미국의 군사력을 대표하는 온갖 중요한
        기종들을 만져봄.

1994   미국 워싱턴 DC에 있는 국립항공우주박물관을
        보았으나 이상하게도 별 감흥을 느끼지 못함.

1998   아버지한테 휴대전화를 처음으로 선물받고 당혹해 함.

1999   컴퓨터 없이는 글을 쓸 수 없는 지경에 이름. 손으로
        글 쓰는 능력은 현저히 퇴화.

2001   성남비행장에서 열린 서울에어쇼에서 수호이 SU27의
        유명한 코브라 기동과 서머솔트 기동을 처음 봄.

——   항공에의 꿈을 못 버리고 전기모터로 나는 모형
        비행기를 구입하나 시간과 끈기 부족으로 끝내 날리지
        못함.

2002   나의 최초의 디지털카메라, 니콘 쿨픽스 5700을 구입.

2003   예술비평을 포기하겠다고 마음먹음.

——   테크놀로지 비평의 기초인 공장과 연구소 등 산업시설
        견학을 시작함.

——   EF소나타를 몰아보고는 한국의 자동차 산업 수준에
        놀람.

2004   미국 캘리포니아 새크라멘토에 있는 철도 박물관을
        가보고는 최첨단의 고속철도가 있는 한국에 철도의
        역사가 제대로 정리되어 있지 않음을 보고 통탄함.

——   미국 샌프란시스코에 있는 항공 박물관에서 온갖
        항공기들의 변종들과 이종들을 보고 테크놀로지는
        레벨이 아주 다양함을 느낌.

——   독일 진스하임에 있는 기술 박물관에서 니치 시대의
        희한한 테크놀로지들을 봄.

——   스탠퍼드 대학의 선형입자가속기를 보려고 예약까지
        했으나 실패.

———— 서울대 홍성욱 교수 등과 함께 과학기술철학 연구
　　　모임을 시작.

———— 서울대에서 열린 동아시아 과학기술연구
　　　콘퍼런스에서 '항공기의 구경 습관'에 관한 짧은
　　　논문을 발표해 과학기술 연구에 데뷔함.

2005　GMC EMD GT26CW형 디젤기관차를 타고 경춘선을
　　　여행하며 디젤기관차와 철도 운행에 대해 많은 것을
　　　배움.

———— 생애 최초로 헬리콥터를 타고 인천 일대를
　　　항공촬영하며 항공이란 매우 위험하고 힘들고 거친
　　　일임을 깨달음.

2006　자동차 운반선 그랜드 머큐리를 타고 거친 바다를
　　　11일간 항해하며 선박과 항해에 대해 많은 것을
　　　배우고 새로운 세계를 겪어봄.

———— 프랑스 파리 샤를 드골 공항의 관제탑을 구경하며
　　　항공관제의 실상을 목격함.

———— 한 달간 네덜란드 암스테르담에 있는 KLM 항공사의
　　　이미지 아카이브에 있는 사진 1만여 장을 들여다봄.
　　　이를 토대로 향후 항공기술에 대한 논문을 쓸 계획.

———— 현실문화연구에서 『기계비평: 한 인문학자의 기계문명
　　　산책』을 출간하며 기계비평가로서 삶을 시작.

2012　상호기계성을 중심으로 여러 잡다한 기계들을 묶어
　　　『기계산책자: 비평가 이영준, 기계들의 도시를
　　　걷다』(이음) 출간.

———— 5년의 수소문과 섭외 끝에 길이 363미터, 높이 65미터,
　　　재화중량 13만 톤의 초대형 컨테이너선 페가서스를
　　　타고 상하이항부터 사우샘프턴까지 항해한 후
　　　『페가서스 10000마일』(워크룸 프레스)을 출간.

2014　산업 현장을 좇으며 강철 풍경을 사진에 담아온
　　　조춘만과 함께 『조춘만의 중공업』(워크룸 프레스)
　　　출간.

2015　오래 전부터 느껴온 과학 사진에 대한 관심을 바탕으로

『우주생활: NASA 기록 이미지들』전시를 기획하고
일민미술관에서 개최함.

———— 임태훈, 홍성욱과 함께『한국일보』에서 '프로메테우스
만물상' 연재 시작.

———— 오영진의 주도로 한양대학교 안산캠퍼스에 개설된
'기계비평' 교양 강좌에서 강의.

———— 임태훈, 강부원, 오영진, 조형래 등 기계비평에 관심을
가진 연구자들과 함께 성균관대학교에서 '기계비평'
심포지엄 개최.

2016 『우주 감각: NASA 57년의 이미지들』(워크룸 프레스)
출간. 사람들이 더 이상 '사진 비평가'나 '미술
비평가'라고 소개하지 않음.

2017 35회를 끝으로 마무리된 '프로메테우스 만물상' 연재
원고를 묶어『시민을 위한 테크놀로지 가이드』(반비)를
출간.

2019 『기계비평: 한 인문학자의 기계문명 산책』출간 후
10여 년이 흐르는 동안 '기계비평'이란 작은 놀이터에
놀러온 연구자들이 모여『기계비평들』(워크룸 프레스)
출간.

36, 40, 44, 46, 48. 50, 52, 54, 56, 58, 66, 68, 70, 72, 74, 76, 78, 80, 84, 86, 88, 94, 96, 112, 116, 138, 140, 142, 146, 152~153, 154, 156, 158, 178, 224(위), 226, 228, 232, 234, 236, 240, 246, 250, 252, 254~256, 258, 262, 264, 266쪽 © 이영준

126쪽 © Space Imaging

134쪽 © NASA 드라이든 비행연구소

162쪽 © Alstom

174쪽 위키미디어 커먼스

180쪽 위 © Mel Lawrence

180쪽 아래 © William Ronciere

194, 200쪽 © 미 공군

206(아래), 300, 302, 304, 306~307 © 미국항공우주국

216쪽 © 레이먼드 한

이영준은 기계비평가이자 계원예술대학교 융합예술과 교수다. 인간보다 기계를 더 사랑하는 그는 정교하고 육중한 기계들을 보러 다니는 것이 인생의 낙이자 업이다. 일상생활 주변에 있는 재봉틀에서부터 첨단 제트엔진에 이르기까지, 독특한 구조와 재료로 돼 있으면서 뭔가 작동하는 물건에는 다 관심이 많다. 원래 사진 비평가였던 그는 기계에 대한 자신의 호기심을 스스로 설명해보고자 기계비평을 업으로 삼게 됐다. 그 결과물로 『기계비평: 한 인문학자의 기계문명 산책』(2006), 『페가서스 10000마일』(2012), 『조춘만의 중공업』(공저, 2014), 『우주 감각: NASA 57년의 이미지들』(2016), 『시민을 위한 테크놀로지 가이드』(공저, 2017), 『한국 테크노컬처 연대기』(공저, 2017) 같은 저서를 썼다. 또한 사진 비평에 대한 책(『비평의 눈초리』, 2008)과 이미지 비평에 대한 책(『이미지 비평의 광명세상』, 2012)도 썼다. 『사진은 우리를 바라본다』(1999), 『서양식 공간예절』(2007), 『xyZ City』(2010), 2010 서울사진축제, 『김한용—소비자의 탄생』(2011), 『우주생활』(2015) 등의 전시를 기획했다.

기계비평

이영준 지음

1판 1쇄 발행 2006년 12월 1일, 현실문화연구
2판 1쇄 발행 2019년 2월 15일, 워크룸 프레스
2쇄 발행 2023년 1월 15일

편집. 박활성
디자인. 워크룸
인쇄 및 제책. 세걸음

워크룸 프레스
03035 서울시 종로구 자하문로19길 25, 3층
전화 02-6013-3246
팩스 02-725-3248
이메일 wpress@wkrm.kr
홈페이지 www.workroompress.kr

ISBN 979-11-89356-14-9 03300
값 20,000원